Andreas Kemper
Sarrazins Correctness

UNRAST

Für Ingrid

»Sich fügen heißt lügen!«

Erich Mühsam,
1934 von deutschen Untertanen erschlagen

Andreas Kemper, Soziologe, engagiert sich schwerpunktmäßig in Theorie und Praxis gegen Diskriminierung aufgrund der sozialen Herkunft. Er gründete das erste autonome Referat für studierende Arbeiterkinder und das Magazin *Dishwasher. Magazin für studierende Arbeiterkinder*. Seit 2005 ist er bei Wikipedia im Themenbereich Diskriminierung aktiv. Er schreibt an seiner Doktorarbeit zum Thema ›Klassismus‹.

Andreas Kemper

Sarrazins Correctness

Zur Tradition der Menschen- und Bevölkerungskorrekturen

UNRAST

Bibliographische Information der Deutschen Bibliothek
Die Deutsche Bibliothek verzeichnet diese Publikation in der Deutschen Nationalbibliographie; detaillierte bibliographische Daten sind im Internet über http://dnb.ddb.de abrufbar.

Ein Index zum vorliegenden Band steht hier zum Download zur Verfügung: http://www.unrast-verlag.de

Andreas Kemper
Sarrazins Correctness
1. Auflage, März 2014
ISBN 978-3-89771-561-5

Postfach 8020, 48043 Münster – Tel. (0251) 66 62 93
www.unrast-verlag.de – kontakt@unrast-verlag.de
Mitglied in der assoziation Linker Verlage (aLiVe)
Umschlag: UNRAST Verlag, Münster
unter Verwendung einer Fotografie © picture alliance / dpa
Satz: UNRAST Verlag, Münster
Druck: CPI – Ebner & Spiegel, Ulm

MIX
Papier aus verantwortungsvollen Quellen
FSC® C006701

Inhalt

Vorwort

> »Wenn den rechtgläubigen Juden ein Eßgerät kultisch unrein geworden ist, dann reinigen sie es, indem sie es in Erde vergraben. Man sollte viele Worte des nazistischen Sprachgebrauchs für lange Zeit, und einige für immer, ins Massengrab legen.«
>
> Victor Klemperer

1914 wurden die ersten Abschnitte des Romans ›Der Untertan‹ veröffentlicht, mit dem Heinrich Mann vor einer deutsch-spießigen Untertanenmentalität warnen wollte. Wenig später begann mit lautem Hurra-Patriotismus der Erste Weltkrieg und nur wenige Akademiker*innen[1] und Schriftsteller*innen wie Heinrich Mann verweigertem sich diesem Kriegstaumel. Heinrich Manns Bruder, Thomas Mann, hingegen, griff diese pazifistischen ›Zivilisationsliteraten‹ in den ›Betrachtungen eines Unpolitischen‹ von 1918 scharf an. Er verteidigte die deutsche Kultur und die wilhelminische Ständegesellschaft gegen die Demokratisierung[2] und die Werte der Französischen Revolution: Gleichheit, Freiheit, Brüderlichkeit. Ein ganzes Kapitel war gegen den Tugendterror der ›Zivilisationsliteraten‹ gerichtet, die sich nicht dem preußischem Militarismus und der preußischen Ständegesellschaft beugen wollten. Doch schon wenig später, geschockt durch politische Morde rechter Freikorps und ihrer Nachfolgeorganisationen, erkannte Thomas Mann seine Fehler – freilich ohne zuzugestehen, dass er sich im allgemeinen Kriegstaumel verrannt hatte. In seiner

1 In einer von 3.000, also von fast allen Hochschullehrer*innen unterschriebenen ›*Erklärung der Hochschullehrer des deutschen Volkes*‹ hieß es: »Der Dienst im Heere macht unsere Jugend tüchtig auch für alle Werke des Friedens, auch für die Wissenschaft. Denn er erzieht sie zu selbstentsagender Pflichttreue und verleiht ihr das Selbstbewußtsein und das Ehrgefühl des wahrhaft freien Mannes, der sich willig dem Ganzen unterordnet. [...] Unser Glaube ist, daß für die ganze Kultur Europas das Heil an dem Siege hängt, den der deutsche »Militarismus« erkämpfen wird, die Manneszucht, die Treue, der Opfermut des einträchtigen freien deutschen Volkes.« (Seeberg 1914)

2 Thomas Mann setzte in seinen ›Betrachtungen ‹ Demokratisierung und Entdeutschung gleich: »Welches ist nun diese Entwicklung, dieser Fortschritt, von dem ich sprach? Aber es ist eine handvoll schändlich häßlicher Kunstwörter nötig, um anzudeuten, um was es sich handelt. Es handelt sich um die Politisierung, Literarisierung, Intellektualisierung, Radikalisierung Deutschlands, es gilt seine ›Vermenschlichung‹ im lateinisch-politischen Sinne und seine Enthumanisierung im deutschen ... es gilt, um das Lieblingswort, den Kriegs- und Jubelruf des Zivilisationsliteraten zu brauchen, die *Demokratisierung* Deutschlands, oder, um alles zusammenzufassen und auf den Generalnenner zu bringen: es gilt seine Entdeutschung ... Und an all diesem Unfug sollte ich teilhaben?« (Mann 1920: 30)

Schrift ›Von deutscher Republik‹ (Mann 1922) distanzierte er sich vom Wilhelminismus, sprach vom Krieg als Lüge und erkannte die Demokratie und das allgemeine Wahlrecht als Fortschritt an. Nur ein Jahrzehnt später sollte sich die von Heinrich Mann skizzierte Untertanenmentalität in ihrer ganzen Brutalität zeigen. Sein jüngerer Bruder – geheilt von seiner Deutschtümelei – schrieb 1945 in seiner Erklärung ›Warum ich nicht nach Deutschland zurückgehe‹:

> »Es mag Aberglaube sein, aber in meinen Augen sind Bücher, die von 1933 bis 1945 in Deutschland überhaupt gedruckt werden konnten, weniger als wertlos und nicht gut in die Hand zu nehmen. Ein Geruch von Blut und Schande haftet ihnen an; sie sollten alle eingestampft werden.« (Mann 1945)

Ich habe diesen Zwist der beiden Brüder Heinrich und Thomas Mann, ausgedrückt in den Publikationen ›Der Untertan‹ und ›Betrachtungen eines Unpolitischen‹, aus einem ganz einfachen Grund an den Anfang des Vorwortes gestellt: Dieser Konflikt ist heute wieder aktuell. Heute werden die ›Betrachtungen eines Unpolitischen‹ wieder aus dem Hut, aus der verstaubten Pickelhaube, gezaubert[3]: sich hinwegsetzend über Thomas Manns Erfahrungen mit den Freikorps-Mördern und dem Nationalsozialismus; sich hinwegsetzend über Thomas Manns Sprachgebrauch, welcher sich im NS-Regime mit systematischem Morden verband[4] und damit seine Unschuld verlor; und sich schließlich hinwegsetzend über Thomas Manns deutliche Distanz zu Schriftstellern, deren Literatur zwischen 33 und 45 in Deutschland gedruckt wurde. Der hier sich hier reaktionär hinwegsetzt ist Norbert Bolz, ein Medienphilosph. Er macht ungeachtet all dieser Distanzen und Distanzierungen Thomas Mann zum Kronzeugen einer angeblichen Vorherrschaft der Politischen Korrektheit und zwar aufgrund von Manns derart überholter Warnung vor der »Auferstehung der Tugend in politischer Gestalt, das Wieder-möglich-werden eines Moralbonzentums sentimental-terroristisch-republikanischer Prägung, mit einem Worte: die Renaissance des Jakobiners« (Mann 1920: 382; s.a. Bolz 2012: 8). Norbert Bolz beruft sich in seiner Polemik gegen den »Tugendterror« nicht nur auf den damals noch anti-demokratischen Thomas Mann, sondern auch auf

3 Peter Sloterdijk verfasste 2013 das Buch ›Reflexionen eines nicht mehr Unpolitischen‹ im Suhrkamp Verlag, Frankfurt, welches bewusst auf Thomas Mann anspielt.

4 Nur als ein Beispiel: Die antidemokratische Tendenz der Floskel ›Jedem was ihm gebührt‹ (Mann 1920: 407) wurde erst nach dem Spruch ›Jedem das seine‹ im Haupttor des KZ Bergen-Belsen kenntlich. Wir können diesen Spruch heute nicht mehr verwenden, ohne Bergen-Belsen zu reflektieren.

Carl Schmitt und Ernst Jünger, die in der Weimarer Republik zu den antidemokratischen Wegbereitern des NS-Regimes zählten.

Exakt 100 Jahre nach dem Erscheinen von Heinrich Manns ›Der Untertan‹ erscheint Thilo Sarrazins ›Der neue Tugendterror. Über die Grenzen der Meinungsfreiheit in Deutschland‹ (Sarrazin 2014). Es handelt sich um nicht mehr als eine von vielen Neuauflagen von Thomas Manns gesellschaftspolitisch vergorener ›Betrachtung eines Unpolitischen‹. Entsprechend kopierend hatte sich bereits Sarrazins *Deutschland schafft sich ab* in die Riege verstaubter Thesen zum angeblichen Untergang Deutschlands eingereiht[5], denn auch dieses dünkelhafte Gerede begann vor 100 Jahren bspw. mit Verlautbarungen aus dem ›Archiv für Rassen- und Gesellschaftsbiologie‹. Gerade aufgrund der schonungslosen Entfaltung, die die Untertanenmentalität mit ihren Dünkel gegen Emanzipation und Gleichheit in der Geschichte, vor allem im Nationalsozialismus erfuhr, erscheinen mit mehr oder minder großem Mediengetöse stets die selben überholten Inhalte mit neuem Anstrich[6] – wobei der DVA-Verlag die letzten drei Bücher Sarrazins farblich passend in schwarz-weiß-rot herausgab.

Wenn heute die vermeintliche ›politische Korrektheit‹ angegriffen wird, so geschieht dies wie vor 100 Jahren vom Standpunkt der ›Betrachtung eines Unpolitischen‹, der die Korrektheit für sich reklamiert. Angegriffen wird also nicht so sehr die Korrektheit als vielmehr die spezifisch *politische* Korrektheit. Am Streit über die geschlechtergerechte Sprache lässt sich zeigen, dass nicht einfach nur graphostilistische Mittel wie das Binnen-I, der Unterstrich, das Sternchen usw. als drohender Zwang zu einer entsprechenden Sprachgestaltung aufgefasst wird, sondern es wird auf die vermeintlich korrekte Rechtschreibung verwiesen, aus der das Politische sich bitte heraushalten solle. Dass die Verfechter der strikten Durchsetzung des Maskulinums in der deutschen Sprache oftmals Antifeminist*innen, sie selber also sehr wohl politisch sind, wird aus diskursstrategischen Gründen verneint. Denn in der genuin politischen Auseinandersetzung hätten die Antifeminist*innen schlechte Karten, also spielen sie ein anderes Spiel und

---

5 Vgl. ›Die Angst vor dem Abstieg – Malthus, Burgdörfer, Sarrazin: eine Ahnenreihe mit immer derselben Botschaft‹ (Etzemüller 2012)

6 Um entsprechende Kenntlichkeiten zu vermeiden, setzte das Lektorat gegenüber Sarrazin durch, dass in der Buchausgabe von *Deutschland schafft sich ab* die Vokabel ›Rasse‹ durch ›Ethnie‹ ersetzt wurde, was in einer rassenbiologischen Argumentation eigentlich keinen Sinn macht, die naheliegende Assoziation zum Nationalsozialismus allerdings weitgehend blockiert.

betrachten den Konflikt lieber ›unpolitisch‹. ›Unpolitisch‹ meint dann gottgegeben oder naturgegeben, in jedem Fall außerhalb gesellschaftspolitischer demokratischer Aushandlungsprozesse. Diese Ausweichstrategie lässt sich nie lange aufrechterhalten, deshalb muss mit neuer Geschmacksverstärkung und umettikettiertem Haltbarkeitsdatum die alte Ideologie wieder aufgetischt werden.

Unabgegolten hingegen ist Heinrich Manns ›Der Untertan‹. Hier muss nichts umgeschrieben werden. Man stelle sich die Urenkel Diedrich Heßlings in Joop-Klamotten mit Smartphone, Facebookzugang und Mittelklassewagen vor: ›Leistungsträger‹, die ja wohl noch sagen dürfen, was ihr Urahn vor 100 Jahren im trotzigen Klartext von sich gab. Es braucht hier keine Neuauflage und erst recht kein Verleugnen des Originals.

Allgemein gilt: Wer von *Gutmenschen* und *Tugendterror* spricht, will die Primärtugenden der Menschlichkeit durch die Sekundärtugenden der Korrektheit ersetzen. Thilo Sarrazin stellt sich in seinem neuen Buch *Der neue Tugendterror* als Widerstandskämpfer gegen *Political Correctness* dar. Er lenkt damit ab von der Tradition der Korrektions-Anstalten und eugenischen Bevölkerungskorrekturen, deren Ideologie er vertritt. Um von der problematischen eigenen politischen Verortung abzulenken, wird mit Vokabeln wie ›Politisch Korrekte‹, ›Tugendwächter‹ und ›Gutmenschen‹ auf Sarrazins Kritiker*innen eingehämmert. Ein Beispiel aus der Broschüre *Sarrazin ... und er hat doch Recht!*:

> »Es ist nicht schwer festzustellen, wer eigentlich zu den ›politisch Korrekten‹ gehört: Ein Gemisch aus (vorwiegend) linken politisch Aktiven und ›moderner‹ Medienmenschen sowie Vertretern der Kirchen und Sozialverbände. Sondergruppen wie attac oder Robin Hood (sic!) etc. sind per se die fleischgewordene Korrektheit. Alle diese, sich selbst als aufrichtig, ehrlich, betroffen und Wer-weiß-was-noch-Menschen (›Gutmenschen‹) ettikettierend, bilden eine in hehrem Geiste verbundene Gemeinschaft von Tugendwächtern. Sie überprüfen ungefragt Meinungen von Bürgern auf ihre Übereinstimmung mit den Prinzipien der Gutmenschen, die man natürlich selbst nicht in Frage stellen darf; denn diese Gutmenschen – ›Berufsempörer‹ nennt sie Peter Sloterdijk – sind nahezu unfehlbar und gerieren sich als hohe moralische Instanz. Sie organisieren Kampagnen und/ oder Fernsehtribunale, um die politisch Nicht-Korrekten an den Pranger zu stellen – die ohne ›Prozeß‹ bereits von den Korrekten vorverurteilt sind. ...« (Helmes 2010:18)

Dieses Stakkato, dieses Einhämmern der immer selben Schlagworte, ist eine Grundeigenschaft im nationalsozialistischen Sprachgebrauch, die Victor Klemperer als sprachliche ›Armut‹ bezeichnete. Diese ›Armut‹ ist nicht zu verwechseln mit einer vermeintlichen Spracharmut, die man aus bildungsbürgerlicher Sicht gerne Arbeiter*innen andichtet[7], sondern Klemperer spricht von einer Art selbstauferlegtem »Armutsgelübde« (Klemperer)[8] Diese Sprachnormierung hatte im NS-Staat auch mit der Übernahme militärischer Bezeichnungen zu tun, die wiederum mit einem Kontrollapparat verbunden gewesen waren, also einer Disziplinierung der Sprache zur besseren Kontrollierbarkeit des Gesagten. Darüber hinaus sollte die Sprachbeschränkung auch alternative Betrachtungsweisen ausschließen. »Sie war nicht nur deshalb arm, weil sich jedermann zwangsweise nach dem gleichen Vorbild zu richten hatte, sondern vor allem deshalb, weil sie in selbstgewählter Beschränkung durchweg nur eine Seite des menschlichen Wesens zum Ausdruck brachte.« (ebd.: 42) Diesen Aspekt der Denkbeschränkung durch Sprachbeschränkung hatte wenige Jahre nach Klemperer George Orwell in seiner Dystopie ›1984‹ zentral behandelt.

Sarrazin beschränkt seine Sprache im Rahmen einer bestimmten Leistungsideologie, die den Vorgaben bürgerlich-deutscher ›Leitkultur‹ folgt. Diese Richtungsvorgabe war bis in die frühen 1960er Jahre hinein geprägt durch den ›Kanon‹, was im Lateinischen ›gesetzter Maßstab‹ heißt und sich aus dem griechischen Wort für ›Rohrstock‹ ableitet. Ab Ende der 1960er Jahre kam dieser Kanon in die Krise, sowohl der Bildungskanon[9] in den Gymnasien als auch der Rohrstock in den Volksschulen. Es geht

7 Kritisch zum Sprachbarrieren-Ansatz und zum restringierten Code: Jäger 2001, 28ff

8 Es findet sich allerdings nicht nur dieses Anti-PC-Gehämmer, sondern auch ein peinlich-elitärer Schreibstil. Hier ein Beispiel des Maskulisten Michail Savvakis, der den norwegischen Faschisten Breivik als Opfer von PC darstellen möchte und dies mit einem aufs Tiefenschwärmerische angelegten Dukturs versucht: »Gerade nun die Methode Politische Korrektheit, die durch Okkupation der Schaltstelle Sprache das Individuum zu der Schizoidität nötigt, sich über zwei widersprüchliche Ausgaben seiner selbst zu verstehen und zu äußern, sollte hier (gesetzt, die norwegischen Ereignisse haben sich so zugetragen, wie es die Medien schilderten) mit angeklagt sein. Es ist ihr menschenverachtender Bruch zwischen Erleben und Bekennen, der all jene Konstrukteure der Sprachlosigkeit, die allenthalben ihr frömmelndes Herz für universale Menschenrechte zu proklamieren pflegen, als widerwärtige ›Pharisäer‹ entlarvt [...] Gerade derlei Anmaßungen hinsichtlich des unsäglichen Dramas von Norwegen, die zeigen, daß die Geistesfolterer der Korrektheit, Feministen und andere, keinen Fußbreit von ihren politischen und kulturellen Ansprüchen zurück zu treten gedenken, läßt kaum etwas anderes in Zukunft annehmen, als deren Aufhebung. [...] Daß die kommende Zeit den Klügeren dazu gereichen wird, das Fanal von Norwegen auch als das blutige Zerplatzen einer kulturpolitischen Blase zu begreifen, von Kräften aufgebläht, die weiter munter so vieler Seelen kulturelle Heimat ›dekonstruieren‹, wäre zu wünschen.« (Savvakis 2011)

9 Ein typischer Vertreter dieses alteuropäischen Bildungskanons ist Dietrich Schwanitz, der den Band ›Bildung. Alles was man wissen muss‹ herausgab. Es ist sicher kein Zufall,

den Gegner*innen der vermeintlichen politischen Korrektheit darum, den Kanon wieder zu etablieren. Der preußisch-ständische Kanon soll wieder zum Korrektionsmaßstab aufpoliert werden. Wenn Teile der Bevölkerung nicht den Korrektionsmaßstäben entsprechen, muss die Bevölkerung korrigiert werden. Probleme mit ^Unterschichten^[10], die dieser Leitkultur nicht entsprächen, müssten sich also »auswachsen«, Menschen, die sich dieser Norm nicht anpassen, könnten auch gerne »woanders nichts leisten«. Sarrazin stellt sich als Opfer eines ›Tugendterrors‹ dar. Er musste wegen seiner rassistischen und klassistischen[11] Thesen, die er im Lettre-Interview 2009 und in seinem Millionen-Bestseller *Deutschland schafft sich ab* 2010 verbreitete, seinen Vorstandsposten bei der Bundesbank aufgeben. Er handelte allerdings eine gute Pension aus und wurde durch den Bucherfolg von *Deutschland schafft sich ab* zum Millionär. Gabriel Kuhn und Regina Wamper hatten sich bereits 2011 in ihrem Artikel ›Das wird man ja wohl noch sagen können. Wie männliche, *weiße*, sozial Privilegierte zum Opfer der Unterdrückung wurden‹ (Kuhn/ Wamper 2011) im Sammelband ›Rassismus in der Leistungsgesellschaft‹ (Friedrich 2011) kritisch mit dem Argument der Meinungsfreiheit in der Sarrazin-Debatte auseinander gesetzt. Sie sahen in dem Slogan ›Das wird man ja wohl noch sagen dürfen‹ in der *Bild*-Zeitung am 09.09.2010 eine genau auf den Punkt gebrachte Diskursstrategie. Es sei an der Zeit, so die *Bild*, die ›falsche Rücksichtnahme‹ fallen zu lassen, um die ›fehlende Integrationswilligkeit‹ der Migrant*innen offen zu thematisieren. Bei dieser Diskursstrategie würde zwar die von Sarrazin geäußerte Position nicht hundertprozentig übernommen, so habe bspw. *DER SPIEGEL* (Ausgabe 37/ 2010) den biologistischen Begründungszusammenhang abgelehnt. *DER SPIEGEL* warnte aber gleichzeitig davor, das »Versagen in der Integrationspolitik« (ebd.: 21; zit. n. Kuhn/ Wamper 2011: 252) weiterhin zu verschweigen. Wenn nämlich die »Ausländerproblematik« (ebd.) nicht entschlossen angegangen würde, könnte diese Unfähigkeit wie in anderen Ländern auch rechtspopulistische Parteien nach oben spülen. Kuhn und Wamper stellten fest, dass die Argu-

---

dass Schwanitz mit seinen ›Campus‹-Romanen die Anti-PC-Debatte massiv anschob und Michel Foucault aus dem Bildungskanon explizit ausschloss.

10 Mit den Circumflexen (Dachzeichen) kennzeichne ich vertikalistische Begriffe. Also Begriffe, die soziale Phänome vertikal anordnen (^Bildungsaufstieg^, ^Untermensch^, ^aufgewertet^)

11 Klassismus ist Diskriminierung/ Ausbeutung aufgrund des sozialen Status. Vgl: Kemper/ Weinbach 2009

mentationsfigur, bei aller Kritik doch auch einen wahren Kern zu finden, sich durch etliche Medien zog. Hierbei seien Kategorien wie ›Fremdheit‹ oder Werte wie ›kulturelle Homogenität‹ unkritisch vorausgesetzt worden und damit auch die darin enthaltenen rassistischen Setzungen. Rassismus wird hierdurch zur ›Ausländerproblematik‹ umgedeutet, schuldig seien die Migrant*innen. Sie verwiesen auf ähnliche Diskursstrategien im Rahmen der massiven rassistischen Angriffe auf Flüchtlingsheime Anfang der 1990er Jahre, die zu einer Infragestellung des Asylrechts führte: »Die faktische Abschaffung dessen sollte auch die Pogromstimmung mildern.« (ebd.: 253) Bereits damals sei den Kritiker*innen dieser »perfiden Logik« (ebd.) vorgeworfen worden, sich der ›notwendigen Debatte‹ zu verweigern bzw. mediale Hetzjagden auf ›Andersdenkende‹ zu begehen. (ebd.) Hierzu ist anzumerken, dass Anfang der 1990er Jahre dieser Diskursstrategie noch nicht das politische Schlagwort ›Political Correctness‹ zur Verfügung stand, jedenfalls nicht in Deutschland. Mit diesem Schlagwort war es wenige Jahre später sehr viel einfacher, die Diskursstrategie zu fahren, vor allem in der extremen Rechten. Auch diese habe in der Sarrazin-Debatte mitgemischt. Während im Mainstream-Diskurs die rassistischen Setzungen nur implizit vorkämen, würden sie von der extremen Rechten expliziert. Sarrazin wird dabei von Udo Voigt (NPD) in eine Reihe mit ›nationalen Bürgern‹ und der NPD gestellt, da nun auch Sarrazin zu denjenigen gehöre, die erfahren müssten, was es heiße, tagtäglich verfolgt zu werden, wenn man etwas politisch vermeintlich Unkorrektes sage. Auch auf die *Junge Freiheit* gehen Gabriel Kuhn und Regina Wamper in ihrem Artikel zur Opferumkehrung in der Sarrazin-Debatte ein. Die *Junge Freiheit* ist eine Wochenzeitung, die konservative Positionen und die der Neuen Rechten vermittelt. Kuhn/Wamper beziehen sich auf den Artikel »Die Treibjagd auf Sarrazin« (*Junge Freiheit* 36/2010) von Thorsten Hinz. Diese »Treibjagd« zeige, dass in Deutschland noch immer »Tabus und ›Diskursverbote‹» (Kuhn/ Wamper 2011: 253) bestünden. Dabei merke Hinz an, dass in Deutschland auch in Bezug zum Nationalsozialismus keine Meinungsfreiheit bestünde. Regina Wamper, die zum Antisemitismus in der *Jungen Freiheit* ein Buch herausgebracht hatte (*Das Kreuz mit der Nation. Christlicher Antisemitismus in der Jungen Freiheit*, Münster 2008), sieht diese Äußerung von Hinz als gewohnte Manier, mit der die *Junge Freiheit* für das »›Recht‹ auf Verharmlosung und Leugnung des Holocaust« kämpfe (Kuhn/ Wamper 2011: 253). In der *Süddeutschen Zeitung* schaltete die *Junge Freiheit* am 02./03.10.2010 eine Anzeige, die ›Klartext‹

fordere (ebd.: 253f.). Die rechtspopulistische Partei Pro Deutschland sei in Solidarität mit Sarrazin sogar auf die Straße gegangen um vor der Gefährdung der Meinungsfreiheit zu warnen (ebd.: 254).

Mit der vorliegenden Publikation *Sarrazins Correctness. Zur Tradition der Menschen- und Bevölkerungskorrekturen* soll eine kurze Geschichte der Ideologie der Menschenkorrekturen seit dem 19. Jahrhundert dargestellt und gezeigt werden, dass ausgerechnet die Vertreter*innen dieser Ideologietradition den Begriff *Political Correctness* benutzen, um damit Kritik abzuwehren. Thilo Sarrazin versucht mit Hilfe des Schlagwortes *Poltical Correctness* die Vorrangstellung von Primärtugenden gegenüber Sekundärtugenden (Fleiß, Pünktlichkeit, Ordnung, ...) als ›politisch korrekt‹, damit als ›korrekt‹ im spießigen Sinn von ^Oberkorrektheit^ zu diffamieren. Das Kennzeichen von Spießigkeit, nämlich der fortschrittsfeindliche Vorrang der Sekundär- vor den Primärtugenden, wird damit unsichtbar gemacht: Es sei spießig, Spießertum abzulehnen. Nun geht es im vorliegenden Buch nicht nur um den Zusammenhang von Sekundärtugenden und Spießigkeit. Es geht um die Geschichte der Disziplinaranstalten und der qualitativen Bevölkerungsregulierung. In einem 400-jährigen Prozess der Disziplinierung wurden aus Bäuer*innen Fabrikarbeiter*innen fabriziert. Mit den Schlagworten *Korrekturen* und *corrections* wurden im 19. Jahrhundert Menschen in Anstalten gesperrt, um ihnen die Sekundärtugenden des Industriekapitalismus einzubläuen. Moderne Varianten dieser *correctional camps* sind heute als *boot camps* bekannt. Es ging darum, Menschen zu korrigieren, sie an die Erfordernisse des Industriekapitalismus anzupassen. Im zwanzigsten Jahrhundert erforderte die zunehmende Arbeitsteilung immer feinere Korrekturen: Der Korrektionalismus weitete sich auf die gesamte Bevölkerungsstruktur aus. Die Ideologie der Correctional Camps in den USA und Korrektions-Anstalten in Deutschland verband sich im Fin de Siècle, also um 1900, mit Theorien zur Vererbung von Tüchtigkeit und Intelligenz, mit den Ideen der rassenhygienischen Bevölkerungspolitik. Die *Disziplinarmacht* wurde zur *Biomacht* (Michel Foucault). Zur Feinsteuerung in den Arbeits- und Zuchthäusern, Schulen und Fabriken, trat die selektive Einwanderungs- und Familienpolitik. Da das *Menschenmaterial* nicht beliebig formbar, korrigierbar, erschien, musste die Produktion und der Zustrom dieses *Materials* der Korrektur unterzogen werden. Die Ideologie der Rassenhygiene, die um 1900 entstand, hatte im Nationalsozialismus ihren Höhepunkt. Allerdings konnten einige nationalsozialistische Ideologen der Rassenhygiene, oder gar Hauptideologen wie Otmar von

Verschuer, bis Ende der 1960er Jahre als Dekane an medizinischen Universitätsinstituten weiter wirken. Thilo Sarrazin befindet sich nachweislich mit seinen Thesen des Bestsellers *Deutschland schafft sich ab* in dieser Traditionslinie. Auch Sarrazin fordert qualitative Bevölkerungskorrekturen und bezieht sich dabei auf Intelligenzforscher aus dem eugenischen Netzwerk der Zeitschrift *Mankind Quarterly*, welches von Verschuer mitgegründet wurde. In Deutschland richtete sich der Terror von Korrektionsanstalten und Bevölkerungskorrekturen zur Einpflanzung preußisch-korrekten Sekundärtugenden wie Gehorsam, Pünktlichkeit, Fleiß vor allem gegen Kinder aus armen Familien. Das Beispiel Thilo Sarrazin zeigt, dass sich die Ideologie des *Workfare*, des *Forderns und Förderns,* noch immer mit Fragen der *qualitativen Bevölkerungspolitik* verbindet. Neokonservative US-Amerikaner, die erfolgreich die Politik des *Workfare* in den Vereinigten Staaten einforderten, hatten mit dem Buch *The Bell-Curve* eine ebenfalls vieldiskutierte Neuauflage rassenhygienischer Ideologien vorgelegt. Und sie besetzten in den sogenannten *Culture Wars* um 1990 den Begriff *Political Correctness*. Es ist daher kein Zufall, dass Dieter E. Zimmer, der gleichzeitig mit Mathias Matussek 1993 das politische Schlagwort *Political Correctness* in Deutschland bekannt machte, auch einer der bekanntesten Verfechter der Idee ist, dass sich Intelligenz vererbe, während sich Matusseks Antifeminismus aus katholischer Ideologie speist: Biologischer und theologischer Essentialismus traten hier vereint gegen *Political Correctness* auf. Der Essentialismus stellt die (biologisch festgelegte oder gottgewollte) Natur des Menschen in den Vordergrund und schränkt damit den Bereich des gesellschaftlich Verhandelbaren ein: wenn Heterosexualität gottgewollt ist, dann wird Homosexualität nicht unter dem Vorzeichen der Selbstverwirklichung und der Menschenrechte verhandelt, sondern unter dem Vorzeichen der Korrigierbarkeit.[12] Der Korrektionalismus verweigert sich seiner demokratischen Infragestellung, er entzieht sich der Sphäre des Politischen. Der entpolitisierende Korrektionalismus bekämpft aus antidemokratisch-ständischem Dünkel *politische* Korrekturen. Mit diesem Trick der Zuschreibung von Correctness/ Korrektheit an Menschen, die für Gleich-

12 In einem Beitrag für die WELT mit dem provokanten Artikel: ›Dann bin ich wohl homophob. Und das ist auch gut so‹, der zehn Tage vor Sarrazins ›Der neue Tugendterror‹ erschien, kennzeichnete Matussek die Abweichung der Homosexualtität von der Norm, in dem er diese mehrfach mit den Vokabeln »ganz normaaaal« überzeichnete. Zudem zitierte er Robert Spaemann mit den Worten: »"Das Natürliche ist auch moralisches Maß für die Beurteilung von Defekten. Nehmen Sie die Homosexualität: Die Abwesenheit der sexuellen Anziehungskraft des anderen Geschlechts, [...] ist ein solcher Defekt.«

berechtigung und kulturelle Vielfalt eintreten, schieben Rechtskonservative den abgestandenen Muff der Oberkorrektheit den emanzipatorischen Maßnahmen und Gruppen in die Schuhe. Sie drehen den *Spieß des Klein-Bürgertums* um und lassen ihn gegen sich gerichtet erscheinen.

Der Medienwissenschaftler Michael Haller kritisierte 2012 in einem Interview (Haller 2012) die Redaktionen der Massenmedien in der Sarrazin-Debatte. Diese hätten »kopflos« (ebd.) reagiert, da die meisten Journalist*innen den Rassismus Sarrazins nicht durchschaut hätten. Stattdessen fanden sie es »hip«, dass Sarrazin die Ängste des Kleinbürgertums bediene, in dem er eine »bildungsunfähige neue Unterschicht« (ebd.) als Last darstelle, an der das deutsche Schulsystem zu zerbrechen drohe. Durch die weitgehend unkritischen Artikel zum Besitzstandsdenken der Kleinbürger*innen konnte die Ideologie der Eugenik unwidersprochen ins kollektive Gedächtnis einsickern. Mit dem von ihm und Martin Niggeschmidt herausgegebenen Buch *Der Mythos vom Niedergang der Intelligenz. Von Galton zu Sarrazin: Die Denkmuster und Denkfehler der Eugenik* (Haller/ Niggeschmidt 2012) wurde eine analytisch-kritische Auseinandersetzung angestoßen, die vor allem in den Blogs der Internet-Community aufgegriffen wurde. Allerdings gab es bei den meisten Mainstream-Medien kaum Interesse, diese »begangenen Kopflosigkeiten« (Haller 2012) selbstkritisch zu reflektieren. Das Thema erschien den Redaktionen abgegrast.

In der Hoffnung mit dem vorliegenden Band diesmal rechtzeitig mit einer analytisch-kritischen Auseinandersetzung die Mainstream-Medien zu erreichen, wird versucht, zeitlich möglichst parallel zu Sarrazins neuem Machwerk die entsprechende Kritik herauszugeben.

1 Sarrazins Correctness

1.1 Der verdrehte Spieß

Thilo Sarrazin und auch die Verteidiger seines Buches *Deutschland schafft sich ab* haben mehrfach behauptet, die Meinungsfreiheit sei eingeschränkt, er dürfe seine Thesen nicht äußern. Tatsächlich hat er sie mit einer Millionenauflage und in zahlreichen Talkshows äußern können. Zu diesem offensichtlichen Unsinn ist eine Menge geschrieben worden. Insbesondere wurde angemerkt, dass aus dieser Wahrnehmung von Kritik als Zensur vielmehr das Bedürfnis zu sprechen scheint, die Kritik zu unterdrücken. So bemerkt Volker Weiß:

> »Kritik ist aber ein normaler Bestandteil ernsthafter Debatten und kann nicht mit Zensur gleichgesetzt werden. Das im Fall Sarrazin unterstellte ›Diskursverbot‹ ist eine reine Propagandafloskel. Vielmehr lässt, wer die Gegenargumente für Zensur hält, selbst den Wunsch durchblicken, diese verstummen zu lassen. In der Stilisierung Sarrazins zum Helden des offenen Wortes brach sich augenscheinlich ein autoritäres Bedürfnis Bahn. Hermann L. Gremliza brachte den diesem Geschrei um Sprechverbote innewohnenden Wunsch auf den Punkt: ›Der Ruf nach Meinungsfreiheit ist der Ruf nach Zensur: Es gehört verboten, Sarrazins Rassenkunde zu widersprechen.‹ Bestätigt wurde dies schließlich im äußerst rüden Ton, den der Autor gegenüber seinen Kritikern anschlug, so dass ihm Beobachter attestierten, er sei selbst nicht diskussionsfähig.« (Weiß 2011)

Dies ist nicht die einzige Verdrehung. Es geht nicht nur darum, Kritik zu zensieren, sondern es soll zudem das Korrektionsgebaren, welches aus Sarrazins Buch spricht, den Kritiker*innen untergeschoben werden. In diesem Kapitel werde ich anhand eines Vortrags Thilo Sarrazins zur ›Politischen Korrektheit‹ zeigen, dass Sarrazin in seinem Bemühen, die ›politisch Korrekten‹ als die eigentlichen Spießer darzustellen, eine Vielzahl von Verdrehungen der Wirklichkeit bemüht. Um befreit vom Muff der Spießigkeit weiterhin kleinkarierte Anpassungen und Einschränkungen der Geringverdienenden und Arbeitslosen fordern zu können, versucht Sarrazin den Vorwurf der Korrektions-Forderungen zurückzugeben, den Spieß umzudrehen und auf sich zu richten mit den Worten ›Schaut her! Schaut her! Seht, wie die Tugendterroristen mich bedrohen!‹ Wie verdreht diese Sache mit dem umgedrehten Spieß ist, wird am Ende des Kapitels ersichtlich. Im Kapitel ›Abgeschriebene Rassenhygiene‹ möchte ich anhand von Anekdoten zur Wiederbelebung bevölkerungsqualitiativer Diskurse deutlich machen, vor welchen Schwierigkeiten Sarrazin und seine Vordenker*innen stehen. Denn die Ideen der Rassenhygiene müssen in einer Weise abgeschrieben werden, aus der nicht erkenntlich wird, dass sie im doppelten Sinn des Wortes abgeschrieben sind. In den dann folgenden Kapiteln wird herausgearbeitet, dass Sarrazins Workfare- und bevölkerungspolitischen Forderungen in der Tradition der Körper- und Bevölkerungskorrekturen stehen.

1.1.1 Sekundärtugendterror – Eine Widerstandskonferenz der Deutschen Universität für Verwaltungswissenschaften Speyer

Nach dem zweiten Weltkrieg gab es in Deutschland das Problem, dass das Beamtentum weitgehend aus Menschen bestand, die jahrelang das NS-Regime aufrecht erhalten hatten. Mit der neuen Verwaltungshochschule in Speyer sollte versucht werden, Verwaltungsfragen nicht nur von der Denkweise der Juristen der 1940er Jahre bestimmen zu lassen.[13] Es sollte eigentlich eine ›Entpreußung deutscher Verwaltung und Kultur‹ erreicht werden – eigentlich. So wäre es theoretisch ein gutes Zeichen, wenn an der Verwaltungshochschule Speyer, die auch als ›Kaderschmiede‹ gilt, da sie Führungskräfte ausbildet, Demokratietagungen stattfinden. Während der Dreizehnten Demokratietagung im Jahr 2011 ging es jedoch sehr viel eher um Widerstand als um Demokratie, und als kompetente Vortragende waren Thilo Sarrazin und Hans-Olaf Henkel eingeladen. Letzterer hatte schon häufiger betont, dass er die Thesen Sarrazins teile. Sarrazin hat einen Lehrauftrag für praktische Finanzfragen an der Verwaltungshochschule Speyer. In seinem Tagungsvortrag mit dem Titel *Widerstand mit Wort und Feder: gegen Politische Korrektheit* (Sarrazin 2012) behandelte er jedoch keine Finanzfragen, sondern das Thema, zu dem aktuell auch sein neues Buch herausgekommen ist: ›Tugendterror‹ und ›Political Correctness‹. Die Öffentlichkeit nahm von der Tagung keine große Notiz. Dass es sich nur um eine reaktionäre Form von Widerstand handeln kann, wenn dieses Thema von einer Verwaltungshochschule organisiert wird, hatte sich zumindest auch die Landtagsfraktion der NPD in Sachsen gedacht, die daher die Ta-

13 Erst während der Studierendenproteste der Apo Ende der 1960er Jahre wurden Kontinuitäten unterbrochen. Während zwei Studierende in Hamburg 1967 mit dem Transparent »Unter den Talaren – der Muff von 1000 Jahren« gegen den Elitismus (›Talare‹) und die biografischen NS-Kontinuitäten (›1000 Jahre‹) aufmerksam machen wollten, rief ihnen ein Professor zu: »Sie gehören alle ins Konzentrationslager.« (Der Spiegel 1967: 84) Ähnlich wie in der Medizin, einem Fachbereich, der es vielen führenden Rassenhygieniker gestattete, nach 1945 noch weiter an Hochschulen tätig zu sein (Kemper 2012: 55f.), sind auch die meisten Juristen in ihren Posten geblieben, bzw. haben noch Karriere gemacht (Schumann 2013: 110).

gung besuchte und eifrig mitdiskutierte. Von einer ›Entpreußung‹ kann also zumindest an jenem Wochenende nicht mehr die Rede sein.

In der Pressemitteilung der Landtagsfraktion der NPD-Sachsen vom 1. November 2011 heißt es entsprechend:

> »Zusammen mit dem Parlamentarischen Berater Per Lennart Aae und Pressesprecher Thorsten Thomsen besuchte der Landtagsabgeordnete und haushaltspolitische Sprecher der NPD-Fraktion, Arne Schimmer, am 27./28. Oktober 2011 die 13. Speyerer Demokratietagung, die unter der wissenschaftlichen Leitung des renommierten Staatsrechtlers Prof. Dr. Hans Herbert von Arnim an der Deutschen Hochschule für Verwaltungswissenschaften Speyer stattfand.« (Thomsen 2011)

Es gab – zumindest nach dieser Pressemitteilung – während der Tagung und am Rand der Veranstaltungen offenbar einen regen Austausch zwischen den Vortragenden und der NPD-Fraktion über die Frage der Widerstandskritierien:

> »Hierbei kam es zu ebenso lebhaften wie fruchtbaren Diskussionen sowie interessanten Kontaktgesprächen am Rande der Veranstaltung, an denen die Vertreter der NPD-Fraktion intensiv teilnahmen. [...] Auch viele der entscheidenden Fragen an den Gastgeber Professor von Arnim kamen von den Vertretern der NPD-Fraktion. Erst dadurch bekam der Referent die Möglichkeit, in seiner abschließenden Aussage die Widerstandskriterien noch einmal inhaltlich anzusprechen, und zwar in Bezug auf ihre Aktualität in der heutigen politischen und rechtlichen Situation« (ebd.).

Neben der NPD nahm auch der ehemalige FAZ-Journalist Klaus-Peter Krause an der Tagung teil. Klaus-Peter Krause und der Tagungsleiter Hans-Herbert von Arnim hatten bereits in der Ausgabe vom 21.4.2006 in der neurechten Zeitung *Junge Freiheit* zum Schwerpunktthema ›Erosion des Rechtsstaates durch Legitimierung der kommunistischen Verfolgungs- und Enteignungspolitik‹ Beiträge verfasst. Um gegen diese ›Erosion des Rechtsstaates‹ vorzugehen, wurde bereits damals über eine Reform der politischen Entscheidungsstruktur nachgedacht. Hans-Herbert von Arnim stellte klar, dass es in der Sowjetunion bei den Enteignungen nicht nur um eine ›Bodenreform‹ ging, sondern um die Zerschlagung einer ›bestimmten Klasse‹. Er vergaß aber darauf hinzuweisen, dass diese seine Herkunftsklasse, die ostelbischen Junker, maßgeblich dazu beigetragen hatten, eine demokratische, nicht-ständische Gesellschaft in Deutschland zu verzögern. Dankenswerterweise machte der *Junge Freiheit*-Autor Thorsten Hinz im Leitartikel unmissverständlich klar, dass er sich diese elitären Junker zurückwünsche:

»[Mit den Enteignungen] sollte – unbeschadet der Tatsache, daß die überwiegende Mehrheit der Enteigneten Bürgerliche, wenn nicht sogar Mittelständler waren – die Renaissance der sogenannten preußischen Junker verhindert werden ›vielleicht die einzige, sicher die stärkste herrschaftsfähige und staatsbildende Kraft, die Deutschland in der Neuzeit hervorgebracht hat‹ und die einst ›Geschlossenheit, Stil, Herrschaftswillen, Durchschlagskraft, Selbstsicherheit, Selbstdisziplin, Moral‹ verkörperte (Sebastian Haffner). Es galt, diesem Herkunftsstolz die räumliche und ökonomische Wiederverankerung zu verweigern, hätte sie doch einen potentiellen Nukleus der Unabhängigkeit gegenüber dem unersättlichen Staat bilden können. In dieser aus egalitärer Überzeugung gespeisten Abneigung stimmten die ›arbeiterlich‹ (Wolfgang Engler) geprägte DDR und die kleinbürgerliche Bundesrepublik überein. [...] Es hätte Führungspersönlichkeiten gebraucht [...] Weil er [der bundesdeutsche Staat, A.K.] im historischen Niemandsland wurzelt, verfügt er auch über keine kraftvolle, werbende Staatsidee. Folglich ist das Politische auf eine kannibalistische Sozialpolitik als Sedativ für die Bevölkerung geschrumpft« (Hinz 2006).

Interviewt wurde in dieser Ausgabe auch Beatrix von Storch, die dann – um weitere ›Erosionen des Rechtstaates‹ (bspw. beim Steuerrecht oder in der EU-Politik) zu verhindern, zusammen mit Karl-Peter Krause die *Zivile Koalition* gründete und später am Gründungsprozess der *Alternative für Deutschland* beteiligt gewesen ist, in der schließlich auch Hans-Olaf Henkel Parteimitglied wurde. Hans-Olaf Henkel, die Zivile Koalition und Hans-Herbert von Arnim repräsentieren nicht gerade die sogenannten ^unteren Schichten^. Wenn sie sich auf einer Tagung zum Thema Widerstand treffen, dann gilt ihre Sorge in erster Linie der drohenden Schlechterstellung gutverdienender ›Steuerzahler‹. Mit diesen Randbemerkungen wollte ich nur kurz darauf verweisen, dass sich die Herren und Damen während der Tagung nicht völlig fremd waren. Dennoch gab es auch während der Tagung zum Thema Widerstand Widerspruch, allerdings nach Aussage von Karl-Peter Krause nur von den ›politisch Korrekten‹:

»Später in der Diskussion spürte man, dass die Zahl der politisch Korrekten unter den Teilnehmern nicht gerade klein war und die durchaus zutreffenden Ausführungen Sarrazins eher missvergnügt oder zumindest reserviert zur Kenntnis nahm« (Krause 2011).

Thilo Sarrazins neues Buch, welches im März 2014 erschienen ist, trägt den Titel ›Der neue Tugendterror. Über die Grenzen der Meinungsfreiheit in Deutschland‹. Sarrazin möchte dort Redeverbote und Meinungskonformitäten benennen und die »14 vorherrschenden Denk- und Redeverbote unserer Zeit« analysieren, wie es in der Verlagsankündigung hieß. Da Sarrazin bereits Ende Oktober 2011 seine Thesen zur angeblichen ›Politischen

Korrektheit‹ während der Demokratietagung in Speyer vortrug, werde ich diesen Text, in dem von ›13 Elementen der Politischen Korrektheit‹[14] die Rede ist, zur Grundlage nehmen, um Sarrazins Angriff auf ›Politische Korrektheit‹ als den Versuch zu deuten/entlarven, den Spieß der kleinbürgerlichen Korrektheit umzukehren. Der Analyse des Textes von Sarrazin soll ein kleiner Exkurs zum geschichtlichen Phänomen des Spießers vorangehen.

1.1.2 Exkurs: Spießbürger, autoritärer Charakter, Ungleichzeitigkeit

Wenn vom ›Spießer‹ die Rede ist, dann geht dies zurück auf die Figur des sogenannten ›Spießbürgers‹. Dieser Begriff führt ins Mittelalter, Spießbürger waren demnach die ärmeren Bürger in der Stadt, die mit den leicht anzufertigenden Spießen in den Krieg zogen. Spieße waren auch die Waffen der Bauern, mit denen sie durchaus militärische Erfolge gegen berittene Adelige hatten. Allerdings waren diese Waffen spätestens dann veraltet, als Schusswaffen perfektioniert wurden. Zunächst wurde das Wort ›Spießbürger‹ klassistisch abwertend gegen ärmere Stadtbewohner*innen benutzt, später scheint dann auch die Antiquiertheit der Waffe den Aspekt der Rückschrittlichkeit in die Bedeutung von ›Spießbürger‹ hineingebracht zu haben. Karl Marx, dem wahrscheinlich aufgrund seiner Herkunft die Abwertung geläufig sein musste, hatte zwischen ›Spießbürgern‹ und ›Proletariern‹ differenziert. Unter ›Spießbürger‹ wurde fortan vor allem in sozialkritischen Texten das rückschrittliche ›Kleinbürgertum‹ verstanden. In der ersten Hälfte des 20. Jahrhunderts wurden Spießbürger/ Kleinbürger schließlich hinsichtlich ihres autoritären Charakters zum Untersuchungsgegenstand sowohl in der Literatur als auch in der Sozialpsychologie. Hervorgehoben werden muss hier der Roman ›Der Untertan‹ von Heinrich Mann. Kindlers neues Literaturlexikon fasst die Charakterisierung des Protagonisten Diedrich Heßling aus Heinrich Manns ›Der Untertan‹ folgendermaßen zusammen:

> »An dieser Kette von Episoden und mit Hilfe eines aus Kaiserreden entlehnten Zitatfeldes wird die Doppelrolle Heßlings als Tyrann und Untertan entwickelt. Einerseits prägt ihn ›Zugehörigkeit zu einem unpersönlichen Ganzen, zu diesem unerbittlichen, menschenverachtenden, maschinellen Organismus‹, den die Hierarchie des imperialistischen Wilhelminismus in jeder ihrer Institutionen darstellt. Andererseits verschafft ihm gerade das Erleiden institutioneller Macht – in Schule, Universität, Korporation, Militär etc. – persönlichen Machtbesitz; in Heßlings Maxime ›wer treten wollte, mußte sich treten lassen‹ versteinert der

14 Das 14. Element ist »Das traditionelle Familienbild hat sich überlebt. Kinder brauchen nicht Vater und Mutter« (Sarrazin 2014: 41)

> Opportunismus dieses Lebenslaufs zum Erfolgsgesetz. In Momenten totaler Unterwerfung verschiebt sich der Machtwille Heßlings zum Umsturz-Rausch; doch jedesmal, wenn er ›alles niedergeworfen, zerstoben‹ sehen will: ›die Herren des Staates, Heer, Beamtentum, alles Machtverbände und sie selbst, die Macht!‹, richtet er selbst ›das Gebäude der Ordnung‹ wieder auf« (Kindlers neues Literaturlexikon; zit. n. Deutsches Historisches Museum 2014).

Heinrich Mann beschreibt ein psychologisches Muster, welches später in der Psychoanalyse und vor allem in der Traumaforschung als ›Identifikation mit dem Aggressor‹ bezeichnet werden sollte. Ich habe dieses Phänomen anhand der Biografie Niccolo Machiavellis beschrieben, dessen berüchtigtes Werk ›Il Principe‹ nur unter der Berücksichtigung von Machiavellis Foltertrauma richtig gedeutet werden kann. ›Der Untertan‹ ist nicht nur die Momentaufnahme eines wilhelminischen Charakters, sondern als Charakterstudie verweist sie auf Persönlichkeitsstrukturen, die auch 50 Jahre später noch zu erkennen waren. So teilte Heinrich Böll nach der Lektüre von *Der Untertan* 1968 mit:

> Im ›Untertan‹ ist die deutsche Klein- und Mittelstadtgesellschaft bis auf den heutigen Tag erkennbar. *Es bedarf nur weniger Veränderungen, um aus diesem scheinbar historischen Roman einen aktuellen zu machen: den Mißbrauch alles ›Nationalen‹, des ›Kirchlichen‹, der Schein-Ideale für eine handfest-irdisch-materielle bürgerliche Interessengemeinschaft, der alles Humanitäre, sozialer Fortschritt, Befreiung jeglicher Art verdächtig ist, deren Moral heuchlerisch* ist, die kritiklos Untertan ist. Ich war erstaunt, als ich den ›Untertan‹ jetzt wieder las, erstaunt und erschrocken: Fünfzig Jahre nach seinem Erscheinen erkenne ich immer noch das Zwangsmodell einer untertänigen Gesellschaft« (Böll 1968; zit. n. Emmerich 1980: 156).[15]

Neben *Der Untertan* gab es weitere literarische und künsterische Publikationen zur Spießigkeit des wilhelminischen autoritären Charakters. Vor allem der Malik-Verlag kritisierte das spießige Bürgertum, so erschien dort 1921 vom Zeichner George Grosz ›Das Gesicht der herrschenden Klasse‹. Grosz veröffentlichte 1925 zudem ›Der Spießer-Spiegel‹. Hierfür erfuhr er mehrfach Repressionen, so wurde er dreimal zu Geldstrafen verurteilt. Analytisch-sozialpsychologische Studien zum Kleinbürgertum gibt es ebenfalls bereits seit etwa 100 Jahren. Zunächst finden sich hier Studien

15 Ausgerechnet Heinrich Böll wird von Klaus Bittermann und Gerhard Henschel als Prototyp des Gutmenschen angegriffen: »Seit Heinrich Böll sein Regiment als kritisch-sympathisch-christlich durchwirktes ›Gewissen der Nation‹ entfaltet hat, nur in den frühen 70er Jahren vorübergehend angefochten, doch nicht ernstlich gefährdet von der hippiesken Pop-Version, gilt unverbrüchlich: Der gute Mensch plaziert sich am geschicktesten mit Nesselhemd und selbstgestrickter Mütze vor Raketenrampenzäunen, mit dem Grundgesetz und dem Neuen Testament unterm Arm.« (zit. n. Huhnke 199)

von Otto Rühle und Wilhelm Reich zur ›Verkleinbürgerlichung‹ des Proletariats. Die Frankfurter Schule (Erich Fromm/Theodor W. Adorno) führte schließlich umfangreiche Studien zum autoritären Charakter durch. Erklärt wurde der autoritäre Charakter durch die Repression in den bürgerlichen Kleinfamilien. Michel Foucault nahm in den 1970er Jahren die ›Repressionshypothese‹ auf und ersetzte sie durch sein ›Bio-Macht‹-Konzept[16]. In den Kapiteln zur Menschen- und Bevölkerungskorrektur werde ich ausführlich auf Foucaults Untersuchungen zurückgreifen. Ernst Bloch versuchte das Kleinbürgertum als ›ungleichzeitiges Phänomen‹ zu fassen. Im Exil verfasste er den Text ›Erbschaft dieser Zeit‹ (Bloch 1962), der die Attraktivität der rückschrittlichen Nazi-Ideologie insbesondere für den Mittelstand mit der Ungleichzeitigkeit Deutschlands, die sich vor allem im Habitus des deutschen Bauern- und Beamtentums fand, zu erklären versuchte. Die Gründe für die Herrschaft der Bürokratie in Deutschland habe nach Wolfgang Schluchter (Schluchter 1985: 43) erstmals Friedrich Engels in seiner Schrift ›Der Status quo in Deutschland‹ (Engels 1966) dargelegt. Diese sei auf das Fehlen einer bürgerlichen Revolution zurückzuführen, wie sie 1648 in England und 1789 in Frankreich stattgefunden habe. Hierdurch sei in Deutschland die Grundlage für eine politische Machtverteilung zugunsten des Grund besitzenden Feudaladels und des Manufaktur betreibenden Kleinbürgertums gegeben. Beiden, vor allem aber dem Kleinbürgertum, fehle die kosmopolitische Orientierung. Diese Provinzialität und der Klassenkompromiss zwischen Feudaladel und Kleinbürgertum führten zu einer Delegierung der direkten politischen Herrschaft an die Bürokratie, welche allerdings durch den Adel geprägt sei (Schluchter 1985: 44). Ein ähnlicher Klassenkompromiss fand in der zweiten Hälfte des 19. Jahrhunderts statt, diesmal zwischen Industriekapitalisten und ostelbischem Junkertum, wodurch sich die bereits zuvor konstituierte »besondere Offiziers- und Beamtenkaste«, die »dem Staat den Schein der Selbstständigkeit gegenüber der Gesellschaft« (Engels 1960: 574; zit. n. Schluchter 1985: 44) gebe, nochmals verstärkte.

> »Aus einem Unternehmer mit liberaler Gesinnung wird vielmehr ein Parvenü, der, als Mitglied einer ökonomisch aufsteigenden Klasse eigentlich zur Durch-

16 Im Bio-Macht-Konzept verweist Foucault darauf, dass die Disziplinierungen nicht direkt der Unterdrückung galten, sondern vielmehr indirekt der Ausbeutung. Es ging e um die Fabrikation eines ›gelehrigen Körpers‹ und um eine Wissensproduktion, die eine größere Macht auf die Zugriffe der zu Disziplinierenden (die sogenannten ›Corringenden‹, also ›zu Korrigierenden‹) erlauben solle.

setzung eines neuen ›Ethos‹ in der deutschen Politik berufen, in Wirklichkeit seine ökonomisch dominierende Stellung dazu benutzt, sich über den Erwerb von Grundbesitz nobilitieren zu lassen« (Schluchter 1985: 94) und sich so »›in der Gnade des Hofes zu sonnen‹ (Weber, Gesammelte Aufsätze zur Soziologie und Sozialpolitik, 1924, S. 393; zit. n. Schluchter 1985: 94).

Mit der Reichsgründung und der sich beschleunigenden Welthandelssituation entwickelte sich der industrielle Kapitalismus in Deutschland, was dem ostelbischen Junkertum die ökonomische Grundlage entzog. Damit hätten Bourgeoisie und Proletariat ins Zentrum des politischen Herrschaftssystems treten müssen, was nach Weber jedoch aus ideologischen Gründen nicht möglich sei (ebd.: 94f.). Denn das mangelhafte parlamentarische System verbreite eine cäsarisch-patriarchale Atmosphäre, die neuerdings, so Weber 1897, durch eine »spießbürgerliche Furcht vor dem roten Gespenst verzerrt« sei (Weber 1988: 31). Weber sah in der typisch deutschen lutheranischen Untertanenmentalität (Mommsen 2004: 92) und dem Erliegen des Bürgertums vor den Prätentionen des Adels (Schluchter 1985: 95) die Ursache dafür, dass jede selbstständige Regung der ›neuen Klassen‹ im Keime erstickt werde. Engels machte für die Entstehung der bürokratischen Herrschaft in Deutschland vor allem eine fehlende kraftvollen kapitalistischen Entwicklung verantwortlich, Weber betonte das Fehlen einer angemessenen politischen Kultur (Schluchter 1985: 96).

Nach Max Weber sei das Berufsbild von Beamten dadurch gekennzeichnet, dass sie eine entpersonalisierte Verantwortung für das Amt, aber eine Eigenverantwortung für ihre Sache hätten (Schluchter 1985: 98). Hieraus folge das Bewusstsein des Beamten, die »spießbürgerliche Erweichung des Gemütes, welche politische Ideale durch ›ethische‹ ersetzen zu können meint und diese wiederum harmlos mit optimistischen Glückshoffnungen identifiziert« (Weber: Gesammelte politische Schriften, Tübingen 1958. s. 24; zit. n. Schluchter 1985: 99). Noch schärfer kritisierte Weber das deutsche Beamtentum. Dieses sei zu seiner Zeit nicht überparteilich, sondern konservativ, eine Herrschaft des altpreußischen Junkertums in überkommener Form. Dem bürgerlichen Beamtentum fehle die »weltmännische Erziehung« des ›aristokratischen‹ Beamtentums. Die aristokratische Prätention des deutschen Beamtentums erschöpfe sich in formalen Kastenkonventionen, in ihm verfestigten sich antikapitalistische und antidemokratische Einstellungen mit einer »allmächtigen agrarischen Phrase«, wodurch es zum Bollwerk der Reaktion werde. (Schluchter 1985: 97)

1.1.3 Meinungsfreiheit: *für* oder *gegen* Menschenrechte?

Sarrazins Tagungs-Text *Widerstand mit Wort und Feder* beginnt mit den »Grenzen der Meinungsfreiheit in Deutschland« (ebd.). Diese seien gesetzlich geschützt, doch die »tatsächlich gelebte und praktizierte Meinungsfreiheit weist andere Grenzen auf als jede des Gesetzes« (ebd.). Hierbei abstrahiert Sarrazin sowohl von Inhalten als auch Machtverhältnissen. Eine restriktive Sexualmoral, die jede Benennung von Sexualität tabuisiert, wird formal gleichgesetzt mit Restriktionen, die man eventuell aufgrund eines »verfehlte[n] Scherze[s] zur Nazi-Diktatur oder zu Frauenrechten« erfährt. So ein Scherz könne die Karriere kosten, dagegen enden heute Karrieren nicht mehr aufgrund »außerehelicher Affären oder einer bekannt gewordenen von der Norm abweichenden sexuellen Neigung« (ebd.). Bereits diese einleitenden Sätze zeigen, dass Sarrazin einerseits die Diskriminierungen der Vergangenheit und Gegenwart verharmlost. Eine »von der Norm abweichende sexuelle Neigung« hat in der Vergangenheit nicht einfach ›nur‹ zu einem Karriereverlust geführt, sondern oftmals zum sozialen Tod, wenn nicht sogar zur Selbststötung oder Ermordung. Sarrazin übersieht auch, dass die katholische Kirche nach wie vor Arbeitgeber für zahlreiche Menschen ist – eine Scheidung aufgrund »außerehelicher Affären« bedeutet bspw. die Entlassung aus dem Schuldienst und die Aberkennung der Missio, wenn ein Fach der Lehrkraft Religion gewesen sein sollte, also eine Aberkennung der Ausbildung. Andererseits übersteigert Sarrazin die Konsequenzen, die »verfehlte Scherz[e] zur Nazi-Diktatur oder zu Frauenrechten« nach sich ziehen. In der Regel bedeuten diese »Scherze« eben nicht das Ende der Karriere (während ein offener Umgang zur eigenen Homosexualität vor 40 Jahren ganz sicher mindestens das Ende der Karriere zur Folge hatte). Zudem kann es sehr wohl gerechtfertigt sein, aufgrund »verfehlter Scherze zu Frauenrechten« in der Karriere gebremst zu werden, nämlich spätestens dann, wenn sich Vorgesetzte über die Frauenrechte lustig machen. Und je nachdem, wie und in welcher Situation zur Nazi-Diktatur ›gescherzt‹ wird (Stichwort ›Vergasung‹) kann es geboten sein, eine Karriere zu beenden. Sarrazin scheint hier bewusst vom wesentlichen Unterschied abzusehen, ob die Einschränkung einer Karriere erfolgt, weil den Betroffenen Menschenrechte nicht zugestanden werden (sexuelle Identität, Partner*innenwahl) oder weil die Betroffenen sich über Menschenrechte lustig machen. Seine ganze Argumentation baut auf dieser Ausblendung von Menschenrechten auf. Sarrazin entpolitisiert damit Sprache, er transformiert Sprache in orwellsches *Neusprech* (*Newspeak*), mit der Emanzipation nicht mehr möglich ist.

1.1.5 »Denken ist Macht« – Bildung und Meinungsfreiheit

Die Wichtigkeit der Meinungsfreiheit leitet Sarrazin daraus ab, dass Denken Macht sei. Sarrazin schreibt:

»Gesellschaften, die ein Übermaß an Mitteilungs- und Denkverboten praktizieren, behindern ihre eigene Entwicklung. Häufig allerdings sind diese Verbote tief in den historischen, kulturellen und religiösen Traditionen dieser Gesellschaften angelegt. Dann sind sie ein nicht hinterfragter, integraler und selbstverständlicher Teil des gesellschaftlichen Seins und des Bewusstseins ihrer Menschen. Solche Gesellschaften sind sich ihrer eigenen Grenzen gar nicht bewusst und können diese folglich auch nicht überwinden. Das gilt für die heilige Kuh bei den Hindus genauso wie für die untergeordnete abhängige Rolle der Frau in den meisten islamischen Ländern« (Sarrazin 2012: 113).

Thilo Sarrazin gibt mit der Passage »selbstverständlicher Teil des Seins und des Bewusstseins des Menschen« eine Abwandlung der bekannten Aussage von Karl Marx wieder, nach der das Sein das Bewusstsein bestimme. Allerdings spart sich Sarrazin den Hinweis darauf, dass auch Staaten mit einem kapitalistisch organisierten Wirtschaftssystem, unhinterfragte Selbstverständlichkeiten haben, dass beispielsweise das Privateigentum an Produktionsmitteln nicht in Frage gestellt wird und Unternehmen ebenso wie staatliche Institutionen (Ämter, Schulen, etc.) hierarchisch, aber keinesfalls demokratisch organisiert sind. Wer diese Selbstverständlichkeiten in kapitalistisch organisierten Gesellschaften in Frage stellt, der hat tatsächlich sehr schnell ein Ende seiner Karriere zu erwarten. Die Grundbedingungen für eine Karrirere sind Bekenntnisse von der Art, nichts lieber zu machen, als für diesen Betrieb zu arbeiten, und die Befehlskette des hierarchischen Systems nicht anzuzweifeln. Diese Selbstverständlichkeiten werden von Sarrazin nicht aufgeführt, weil ihm als Gesellschaftsmitglied seine »eigenen Grenzen gar nicht bewusst sind« oder weil er sie aus argumentationstaktischen Gründen besser weglässt. Denn mit seiner lückenhaften Argumentation lässt sich unsere Gesellschaft als eine darstellen, die im Gegensatz zu Indien und arabischen Ländern keine »Mitteilungs- und Denkverbote praktizier[t]«.

Tatsächlich heißt es im folgenden Abschnitt:

»Der Aufstieg des westlichen Abendlandes wurde ermöglicht durch die Freiheit des Denkens und Forschens, die seit der frühen Renaissance auf allen Gebieten um sich griff. Die formale Garantie von Meinungsfreiheit im Rahmen der Gewährung bürgerlicher Freiheiten stand am Ende, nicht am Anfang dieses Prozesses. Zuerst kam die Inanspruchnahme von Meinungsfreiheit, dann ihre Kodifizierung im Gesetz« (ebd.).

Auch hier ›übersieht‹ Sarrazin wichtige Fakten. Das ›westliche Abendland‹ ist eine Konstruktion. Die abendländische Philosophietradition, auf die Sarrazin verweist, wenn er von der Renaissance spricht, verstand sich keineswegs durchgehend als abendländisch. Die für die Renaissance wichtigen Philosophen der Antike haben sich natürlich nicht als Europäer verstanden. Sie standen nicht mit den als ›barbarisch‹ wahrgenommenen West- und Mitteleuropäer*innen im kulturphilosophischen Austausch, sondern mit den ihnen entsprechend zivilisierten Stätten in Asien und Afrika. Angeschoben wurde die Renaissance, weil arabische und persische Philosophen die Schriften von Platon und Aristoteles lebendig gehalten haben. Um es in der Sprache Sarrazins auszudrücken: Dem christlichen Abendland wurden die für die Renaissance wichtigen Schriften aus dem islamischen Morgenland vermittelt. Als sich in Italien mit der Renaissance allmählich Denkfreiheiten durchsetzten und als Luther das Papsttum in Frage stellte, wurden parallel die Bauernaufstände niedergeschlagen und statt einer Freiheit auch für die einfachen Bauern und Bäuerinnen kam es zu einer Refeudalisierung, die quasi die Wiedereinführung der Leibeigenschaft zur Folge hatte. Später sollten die Bauern und Bäuerinnen in Arbeitshäuser und Korrektionsanstalten gezwängt werden, wenn sie nicht reibungslos in den aufkommenden Manufakturen und Fabriken arbeiteten. Hiervon wird im Kapitel *2.1 Geschichte der Korrektionsanstalten* noch zu reden sein. Eine »Meinungsfreiheit« gab es sehr lange nach der Renaissance nur für Privilegierte, keinesfalls aber für die arme Bevölkerung. Und was nützte ihnen die formale Freiheit, sagen zu können, dass die Erde sich bewegt, wenn ihnen Bildung vorenthalten wurde.

»Denken ist Macht, und wo um gesellschaftliche Macht gerungen wird, da wird gleichzeitig auch immer um den Umfang und das Ausmaß gesellschaftlicher Denkverbote gerungen. Diese wiederum werden durchgesetzt über die gesellschaftlichen Regeln zu den Grenzen der freien Meinungsäußerung« (ebd.).

Es ist unglaublich, wie leichtfertig Thilo Sarrazin im Kontext von Denken und Macht nur über Meinungsfreiheit, nicht aber über Bildungsfreiheit spricht. Wenn über Meinungsfreiheit gesprochen wird, wird in der Regel nur davon gesprochen, die eigene Meinung aussprechen zu dürfen, es geht weniger um die Frage, in welchem Umfang diese Meinung geäußert werden kann (privat oder in Massenmedien) oder ob die Meinung aufgrund von Vorurteilsstrukturen als irrelevant abgewertet wird. Noch seltener wird von der Freiheit gesprochen, sich eine eigene Meinung ausreichend bilden zu können. Freie Meinungsbildung und freie Meinungsäußerung stehen aber in einem wechselhaften Verhältnis: Bildungsbenachteiligung führt zu einer geringeren politischen Partizipation der sozial Selektierten.[17] Wenn über Meinungsfreiheit gesprochen wird, wird also selten die soziale Selektion im Bildungsbereich thematisiert. Durch diese soziale Selektion wird jedoch die Freiheit der Meinung in vielfacher und extremer Weise bestimmt.

Soziale Selektion im Bildungsbereich funktioniert in Deutschland über eine Reihe zusammenhängender Mechanismen. Zunächst gibt es primäre Bildungsbenachteiligungen aufgrund der unterschiedlichen sozialen Herkünfte. Wenn es zuhause keine Bücher gibt und auch keine Stadtteilbibliotheken in der näheren Umgebung, sind Kinder benachteiligt gegenüber denen, die aus dem häuslichen Bücherbestand schöpfen können. Auch Reisen sind wichtig und nach sozialer Herkunft ungleich verteilt. Das soziale Kapital, also der Kontakt zu Menschen, die erfolgreich Bildungsinstitutionen durchlaufen (haben), spielt eine weitere wichtige Rolle. Das Ziel eines Bildungssystems sollte sein, diese primäre Bildungsbenachteiligung auszugleichen. Allerdings ist in Deutschland das Gegenteil der Fall, zur primären Bildungsbenachteiligung kommt eine sekundäre Benachteiligung hinzu, die die erstere massiv verschärft. Grundlage der sekundären Bildungsbenachteiligung durch das Schulsystem, insbesondere die mehrgliedrige Schulstruktur, ist der frühe Selektionszwang, der vor allem von Eltern mit akademischem Hintergrund gefordert wird. Sie können durch diese frühe Separation ihren Kindern Vorteile verschaffen, wobei sie zum einen auf den Elternwillen bei der Schulformwahl pochen, zum anderen klassistische Vorurteile der Lehrkräfte und mangelndes Selbstbewusstsein[18], als Effekt »symbolischer Gewalt« (vgl. Bourdieu 1997: 158) von Eltern mit ^niederen^ Bildungszertifikaten nutzen. Die sozial selektive Vergabe von Bildungszertifikaten hat zwei Folgen, die hier von Belang sind: Sie erlaubt den Zugang zu Bildungsinstitutionen, in denen Wissen eingeschlossen ist,

17 »Die Befunde der empirischen Analyse über den Zusammenhang von sozialer Ungleichheit und politischer Partizipation könnten eindeutiger kaum sein: Politische Partizipation steigt mit der Verfügbarkeit von Einkommen und Bildung.« (Bödeker 2012: 37)

18 das »zweite Bewusstsein« (Popitz u.a. 1967: 205)

und sie wirkt als Zertifizierung von Sprecherpositionen. Bildungsinstitutionen werden in der Regel nur als Orte betrachtet, die Wissen und Bildungszertifikate vermitteln. Die Tatsache, dass Bildungsinstitutionen Orte sind, in denen das Wissen eingeschlossen ist und Gatekeeper (Torwächter) bestimmen, wer Zugang zu diesem Wissen hat, kommt selten in den Fokus. Arbeiter*innenkinder, die aufgrund einer unfairen sozialen Selektion häufig vom Gymnasium fern gehalten werden, können beispielsweise nicht am Lateinunterricht teilnehmen, da dieser nur an Gymnasien vermittelt wird – ob sie es wollen oder nicht,oder ob Latein ein sinnvolles Schulfach ist, ist dabei unerheblich. Menschen ohne Abitur dürfen nicht in die Hörsäle oder Seminare, nur wenige wissen überhaupt, dass auch Nicht-Studierende auf den reichen Fundus der Universitätsbibliotheken zurückgreifen können, sondern begnügen sich mit dem, was die Stadt(teil)bibliotheken zu bieten haben, oder aber sie ziehen ihr Wissen aus Online-Enzyklopädien wie Wikipedia, also auch nur vorselektiert. Das heißt, die frühe und nachhaltige soziale Selektion im Bildungsbereich schränkt die Freiheiten zur Meinungsbildung von Arbeiter*innenkindern massiv ein. Hinzu kommt, dass über die sozial selektive Vergabe von Bildungszertifikaten auch Sprecherpositionen legitimiert werden. Die Meinung einer Person mit einem Hauptschulabschluss gilt als weniger als die Meinung von Akademiker*innen mit ›bildungsadeligen‹ Namenszusätzen wie ›Prof. Dr.‹. Entlang dieser Differenz wird eine Linie gezogen zwischen bloßer Meinung und ›Expertenwissen‹. Das sogenannte ›Expertenwissen‹ leidet also unter einer klassenbezogenen Verzerrung, da es geprägt ist durch die zumeist unreflektierte Perspektive von Akademiker*innenkindern, die unter ihresgleichen an ^Hochschulen^ »scholastisches Wissen« (Bourdieu 2001) herstellen, also ein bestimmtes Wissen, welches von der eigentlichen Arbeitswelt abstrahiert. Diese Trennlinie zeigt sich sehr schön im deutschsprachigen Wikipedia. Wikipedia will das Wissen der Welt ›neutral‹ darstellen, dergestalt zitiert Wikipedia nicht einfach nur Meinungen, sondern »etabliertes Wissen« von Menschen mit entsprechenden Zertifikaten. Auch legt Wikipedia nicht zu jeder Person Artikel an, sondern nur zu »relevanten Personen«, wobei Professor*innen automatisch als relevant gelten.[19]

19 Es heißt dort: »Wikipedia-Artikel sollen gut gesichertes, etabliertes Wissen enthalten, mit dem Ziel, den aktuellen Kenntnisstand darzustellen. Grundsätzlich sind daher wissenschaftliche Publikationen, insbesondere Standardwerke, begutachtete Veröffentlichungen und systematische Übersichtsarbeiten, die für das Fachgebiet des jeweiligen Lemmas relevant sind, zu bevorzugen. [...] Ebenfalls zu berücksichtigen ist, inwieweit diese Quellen in

Legitimationsgrundlage der sozialen Selektion im Bildungssystem ist die Begabungsideologie. Diese besagt, dass unterschiedliche Begabungen bestünden, die sich durch Unveränderbarkeit auszeichneten und zumeist angeboren seien. Bezugssysteme dieser Begabungen wären beispielsweise Tüchtigkeit und Intelligenz. Mit dieser Begabungsideologie kann die Einschränkung der Meinungsfreiheit sowohl verschleiert als auch legitimiert werden. Aktuell warnen verschiedene Studien davor, dass die Benachteiligung aufgrund der sozialen Herkunft zunehmend zu einem geringeren politischen Engagement führe: Menschen mit einer sogenannten ^niedrigen^ sozialen Herkunft zögen sich aus der Politik zurück, dies gelte sowohl für parlamentarische Wahlen und Volksentscheide, als auch beim außerparlamentarischen politischen Engagement. Anscheinend gingen diese durch das Bildungssystem benachteiligten Menschen davon aus, dass ihre Meinung sowieso nicht zähle. *Das* ist das eigentliche Problem der Meinungsfreiheit in Deutschland.

1.1.6 Wutbürger gegen »Medienklasse« oder medial gehypte Hassbürgerlichkeit?

Im Vokabular des SPD-Mitglieds Thilo Sarrazin findet sich der Begriff ›Klassengesellschaft‹ nicht. Das Wort ›Klasse‹ kommt bei ihm dennoch in einer verfremdeten Definition vor. So spricht er von der »sinnstiftenden Medienklasse« (Sarrazin 2012: 113) und von der »politischen Klasse«[20] (ebd.: 114). Die im Medienbereich Tätigen hätten aufgrund ihrer Ausbildung »keinen ausgeprägten Sinn für Zahlen, Proportionen oder die Widerspenstigkeit realer Sachzusammenhänge« (ebd.).[21] Die politische und die Medienklasse seien aufeinander angewiesen. Und sie seien dadurch vereint,

---

den akademischen Diskurs, etwa in akademischen Fachzeitschriften des betreffenden Themengebiets, einbezogen werden und welches Gewicht ihnen darin beigemessen wird.«

20 Der Begriff ›politische Klasse‹ geht zurück auf den Elitenforscher Gaetano Mosca (Mosca 1923: 52ff.)

21 Sarrazin hingegen scheint einen ausgeprägten Sinn für Zahlen zu haben, vor allem, wenn diese mit einem Prozentzeichen verbunden sind. So tauchen allein auf der Seite, wo er über den mangelnden Sinn für Zahlen der Medienklasse schreibt, an zwei Stellen Prozentangaben auf: 90% der Bürger folgen den Medien dort, wo sie nicht selber Experten seien. Und 70% der Kommentatoren seines Buches *Deutschland schafft sich ab*, hätten sein Buch allenfalls durchgeblättert und maximal 10% »es zur Gänze gelesen«. Interessant hieran ist die feinsinnige Unterscheidung zwischen den 90%, die das Buch nicht vollständig gelesen und den 70%, die es allenfalls durchgeblättert haben sollen. Diese genauen Prozentangaben, die sicher nicht auf wissenschaftliche Analysen zum Leseverhalten der Kommentatoren von Sarrazins *Deutschland schafft sich ab* beruhen, suggerieren eben diese Wissenschaftlichkeit. Sarrazin

»dass sie nur selektiv lesen und oft genug auch wenig lesen« (ebd.). Als ein Beispiel führt Sarrazin an, dass auch sein Buch *Deutschland schafft sich ab* maximal von 10% der Kommentator*innen zur Gänze gelesen worden sei.[22] Sarrazin ist jedoch optimistisch, dass sogenannte ›Wutbürger‹ sich die Unterdrückung der Meinungsfreiheit durch die vereinigte Medien- und Politikerklasse nicht mehr gefallen lassen würden. Zunächst führt er drei Volksabstimmungen an, die sich gegen gesellschaftliche Minderheiten richteten: die beiden Schweizer »Volksabstimmungen zum Minarettverbot und zur sogenannten Ausschaffungsinitiative für kriminelle Ausländer«[23]. Die dritte angeführte Volksabstimmung fand in Hamburg statt. Dort setzte eine Initiative im Interesse privilegierter Eltern durch, dass die frühe soziale Selektion nach der vierten Klasse im Hamburger Schulsystem erhalten bleibt. Was Sarrazin nicht erwähnt: Die Wahlbeteiligung am Volksbegehren spiegelte die Armutsverteilung. In den reichen Vierteln lag die Wahlbeteiligung bei circa 60 Prozent, in Vierteln mit einer hohen Arbeitslosenquote bei unter 30 Prozent. Sarrazins »ausgeprägter Sinn für Zahlen« scheint gelegentlich zu schlafen.[24] Es war beim Hamburger Schulstreit keineswegs so, dass die »sinnstiftende Medienklasse« die Meinungsfreiheit der Schulreformgegner*innen unterdrückte. Im Gegenteil: die Position der Schulreform-Gegner*innen wurde durchgehend von den Mainstream-Medien in Hamburg wiedergegeben, obwohl sie das Expert*innenwissen der Bildungsforschung gegen sich hatte (Kemper 2010). Die von Sarrazin herbeigeredete Gruppe von Wutbürgern, die von einer wissenschaftsfeindlichen Medienklasse in ihrer Meinungsfreiheit unterdrückt sei, ist ein Phantasma.[25]

---

hätte auch schreiben können: Nur wenige meiner Kommentatoren haben tatsächlich das Buch gelesen – dem steht aber wohl sein »ausgeprägter Sinn für Zahlen« entgegen.

22 Aufgrund seiner Äußerung zum Thema Volkmar Weiss, kann mit guten Grund hinterfragt werden, ob Sarrazin sein Buch zur Gänze gelesen habe.

23 Diese Initiativen wurden von der Schweizer rechtspopulistischen Partei SVP initiiert, Sarrazin war zum Jahreswechsel 2013/2014 bei der SVP als Redner aufgetreten.

24 Nur am Rande sei vermerkt, dass Sarrazin sich anscheinend sehr viel mehr Zeit genommen hatte, ALG-II-Bezieher*innen vorzurechnen, mit wie wenig Geld sie am Tag auskommen könnten, als beispielsweise für die Überprüfung einer Wette der Berliner Verkehrsbetriebe (BVB). Nach vier Minuten habe Thilo Sarrazin als ehemaliger Finanzsenator von Berlin diese vollkommen unsinnige, da falsch interpretierte, Wette durchgewunken, wodurch die BVB 160 Millionen Euro verlor. Sarrazins ›Sinn für Zahlen‹, bzw. seine Erbsenzählerei, scheint von einer sozial selektiven Korrektheit angetrieben zu sein.

25 Interessant an diesem Volksbegehren ist ferner, dass Klaus von Dohnanyi einer der führenden Repräsentanten für die Schulreform gewesen ist, also für die spätere Selektion nach dem sechsten Schuljahr. Kaum hatte er das Volksbegehren verloren, trat er als Ver-

In seinem Vortrag *Widerstand mit Wort und Feder: gegen Politische Korrektheit* führt Sarrazin nach den Auflistungen zu den Volksentscheiden sein Interview im *Lettre International* (2009) und seine Buchveröffentlichung *Deutschland schafft sich ab* an, um eine Entwicklung zu dokumentieren, mit der angeblich weder die Politiker- noch die Medienklasse gerechnet habe:

> »In beiden Fällen waren die negativen Voraburteile aus politischem Munde und in den Kommentarspalten praktisch bereits gesprochen oder gedruckt, ehe die Druckerschwärze der Zeitschrift bzw. des Buches überhaupt trocken war. Beide Male gab es einen völlig unerwarteten anhaltenden Mediensturm bei Lesern und Zuschauern zugunsten meiner Aussagen. Das führte dazu, dass Politik und Medien ihre Positionen teilweise korrigierten« (ebd.: 115)

Vor dem Hintergrund, dass der Erfolg von Sarrazins *Deutschland schafft sich ab* sich wesentlich aus einer noch nie zuvor gegebenen Medienkampagne vor und während des Erscheinens *zugunsten* Sarrazins speiste, ist die Aussage, dass die »Medienklasse«

nicht mit der Entwicklung »gerechnet habe«, mehr als problematisch. Selbst der konservative Kolumnist Jan Fleischhauer kann hier die Opferhaltung Sarrazins nicht nachvollziehen:

> »Das gipfelt dann unweigerlich in der Formulierung: ›Das muss man doch noch sagen dürfen‹ und den Hinweisen darauf, was man in Deutschland heute angeblich alles nicht sagen darf. Ich muss gestehen, ich kann an dem Punkt nicht ganz folgen. Gerade Sarrazin ist ein eigentümlicher Beweisfall. Ein Mann, der 1,5 Millionen Bücher verkauft hat, in jeder relevanten Talkshow des Landes mindestens dreimal aufgetreten ist und der vor Publikation seines Buches einen Vorabdruck in *Bild* und *DER SPIEGEL* hatte, den beiden publikumsreichsten Organen des Landes, beklagt sich darüber, dass er nicht an der öffentlichen Debatte teilnehmen darf und wird von anderen dafür hochgehalten. Ein echtes Phantasma« (Fleischhauer 2014).

Jan Fleischhauer betrachtet den Anti-PC-Code Sarrazins nur formal, er abstrahiert von den Inhalten und übersieht damit eine Diskursstrategie, die schon Jahrzehnte vor Sarrazin Anwendung fand. Die Strategie Sarrazins – sein Unterdrückungsphantasma – ist Bestandteil seiner ›In-Deutschland-kriegen-die-Falschen-die-Kinder‹-Ideologie. Thomas Etzemüller sieht in seinem Artikel ›Die Angst vor dem Abstieg – Malthus, Burgdörfer, Sarrazin: eine Ahnenreihe mit immer derselben Botschaft‹ Sarrazin als jemand,

---

teidiger Sarrazins auf mit dem Hinweis, dass auch andernorts von »social races«, sozialen Rassen, gesprochen werde, womit er sich des Applauses sicher sein konnte von den Gegner*innen der Schulreform, die vor dem ›akademischen Proletariat‹ warnten.

der sowohl inhaltlich als auch in der Vermarktungsstrategie Vorläufer hatte, die stets nach demselben Muster vorgehen:

»Die Allianz zwischen Autor und Lesern wird [...] gefestigt, indem lauthals ein ›Schweigekartell‹ beklagt wird, das nun gebrochen werden müsse. Auf der anderen Seite nämlich wird ein unheiliges Bündnis ausgemacht. Es besteht aus denen, die böswillig den Bestand des Volkes aufs Spiel setzen, sowie denjenigen Experten, die die Probleme, die unser Autor endlich zu benennen wagt, schlechtweg leugnen. ›Wir‹ gegen ›die‹ – erst wenn diese Frontstellung erfolgreich gezogen ist, lässt sich der publizistische Erfolg kalkulieren. Dass solche Bücher dann in großen Publikumsverlagen erscheinen und mehrere Auflagen erreichen, dass sie stapelweise in den Eingangsbereichen der Buchhandelsketten aufgebaut sind, dass den Autoren ganze Seiten in den Leitmedien eingeräumt werden und sie in jeder erdenklichen Talkshow auftreten – all das kann der Rede vom Schweigekartell nichts anhaben. Denn es gibt ja immer Experten, Publizisten, Leser, Buchhändler und Politiker, die widersprechen oder die brisanten Thesen gar ignorieren. Irgendwann erreichen Verkaufszahlen und Publizität dann einen Punkt, an dem selbst kritische Experten ein solches Buch nicht mehr ignorieren können und Stellung beziehen müssen. Diese Stellungnahmen können vernichtend ausfallen, doch in der Öffentlichkeit entsteht der Eindruck, dass mittlerweile eine ›Auseinandersetzung‹ begonnen hat, und die scheint zu belegen, dass der Autor wohl doch nicht so unrecht hatte, einen ›Nerv getroffen‹ oder zumindest eine überfällige Debatte angestoßen hat« (Etzemüller 2012: 158f.).

Sarrazins Buch *Deutschland schafft sich ab* erschien am 30. August 2010 im Verlag *DVA*, der zur Verlagsgruppe *Random-House* gehört, welcher wiederum Teil des Bertelsmann-Imperiums ist. Zu Bertelsmann gehört Europas zweitgrößtes Druck- und Verlagshaus *Gruner + Jahr*, zu dem unter anderem der *Stern* und zu einem Viertel *DER SPIEGEL* gehören. Teil des Bertelsmann-Konzerns ist zudem die *RTL-Group* (*RTL*, *n-tv*, *VOX*, ...). Sarrazin hat also sein Buch nicht in einem rechten Kleinverlag publiziert[26], sondern in einem der weltweit größten Medienkonzerne. Da der Bertelsmann-Konzern zu recht einen Millionenerfolg witterte, können wir davon ausgehen, dass Sarrazin einen Großteil der von ihm gescholtenen ›Medienklasse‹ hinter sich hatte. Sarrazin wurde bereits vorher zum Helden der Zivilcourage aufgebaut. So verglich der für das Ressort Innenpolitik verantwortliche Redakteur der *Frankfurter Allgemeinen Zeitung*, Jasper von Altenbockum, Thilo Sarrazin mit einem Mann, der zu Tode geprügelt wurde, weil er Kindern zur Hilfe gekommen war:

»Was hat der Fall Brunner mit dem Fall Sarrazin zu tun? Auf den ersten Blick nicht viel. Brunner kam Kindern zur Hilfe und wurde dafür zu Tode geprügelt.

26 Anders als Volkmar Weiss, dessen Buch ›Die IQ-Falle‹ im rechtsextremen Leopold-Stocker-Verlag erschien

> Sarrazin sprach unbequeme Wahrheiten aus und wurde dafür heftig kritisiert. Doch beide Fälle haben mit Zivilcourage zu tun; beide mit einer Öffentlichkeit, die empört reagiert – einmal für, einmal gegen den Helden« (Altenbockum 2009).

Derart als Held aufgebaut, kam es im August 2010 zu einer einmaligen Medienkampagne zugunsten von Thilo Sarrazin. Eine Woche vor der Buchveröffentlichung, am 23. August 2010 bringt der *Focus* einen Kommentar zu Sarrazin mit der Überschrift: »Die verlorene Ehre des Thilo S.« (Wilke 2010) Der Kommentator Otto Wilke lehnt sich hier an Heinrich Bölls »Die verlorene Ehre der Katharina Blum« an. Im Focus-Kommentar schreibt Wilke darüber »Wie der Bundesbank-Vorstand Thilo Sarrazin (SPD) in die Medienmühle geriet und nun als ›Volksverhetzer‹ dasteht«, über »jagdfiebrige Meinungswächter, die Andersdenkende mit dem politischen Strafrecht würgen« und über Thilo Sarrazin, einen »Bundesbanker mit Hang zur Provokation, der irrtümlich annimmt, dass seine messerscharfen Argumente allein deshalb jeden Gegner überzeugen, weil sie stimmen« (ebd.). Es ist ein starkes Stück, Heinrich Bölls *Die verlorene Ehre der Katharina Blum* mit der Situation Thilo Sarrazins zu vergleichen. Tatsächlich weist der Roman von Böll Parallelen zur Hetzjagd gegen den Psychologie-Professor Peter Brückner auf. Brückner wurde von der *Bild*-Zeitung verfolgt, er erhielt Berufsverbot, unter anderem reiste Michel Foucault nach Deutschland, um gegen die Verfolgung Brückners zu protestieren. Brückner hatte zuvor für einen Gerichtsprozess in einem Gutachten dargelegt, dass die *Bild*-Zeitung Volksverhetzung betreibe:

> »Bild repräsentiert, so wäre abschließend zu bemerken, insofern einen neuen Typ von Tageszeitung, als seine Leser eben nicht mehr, wie bei Zeitungen in der älteren Kommunikationsforschung angenommen, desperse publica sind, sondern Leserschaften mit enger emotioneller Bindung. Von der Seite des Mediums her wäre damit mindestens für Bild bestätigt, daß psychologisch-technische Bedingungen dafür geschaffen worden sind, Meinungsbildung, Urteil und soziale Haltung von Populationen erfolgreich zu lenken« (Brückner 1969: 353).

Inhaltich stehen die Analysen Peter Brückners den Positionen von Thilo Sarrazin diametral gegenüber. Klaus-Jürgen Bruder schreibt zum Begriff ›innerstaatliche Feinderklärung‹, den Peter Brückner von Carl Schmitt übernommen hatte:

> »Der ›absolute Feind‹ war für den konservativen Staatstheoretiker Schmitt (1923) der Kommunismus – aber durchaus auch jede andere politische Bewegung, die auf eine Umverteilung von Eigentum an den Produktionsmitteln und eine politische Emanzipation der Arbeiterklasse abzielt. Brückner sieht, dass

der Kreis des absoluten Feindes (vom Staat) zugleich ausgedehnt wird auf (von diesem Staat) schwerer Definierbares: nämlich Anarchie, Nachlassen bestimmter Massenloyalitäten, Schwäche des reflexartigen Unterwerfungsverhaltens der Massen-Population unter Gesetze und sittliche Normen. Das Prinzip der innerstaatlichen Feinderklärung ist es, Illoyalität exemplarisch zu bestrafen – also nicht die ›Masse‹, die illoyal ist, sondern – stellvertretend – den Einzelnen, der durch den Staat selbst bzw. durch die Presse herausgegriffen wird. Herausgegriffen, weil er sich dafür eignet, gerade wenn er die Masse zu repräsentieren scheint, für sie spricht, ihre Forderungen und Vorstellungen artikuliert. Brückner hat das Vorgehen zur Herstellung von Massenloyalität verglichen mit der Herstellung von Gesetzesloyalität, das heißt der Bereitschaft, Gesetze, gesetzlich geregelte Normen des zwischenmenschlichen Verkehrs, wie selbstverständlich hinzunehmen und zu (be-)achten, sie fast reflexartig zu befolgen [...]. Auf ihr, auf dieser Gesetzesloyalität riesiger Populationen, beruht die Ordnung in einer Herrschaftskultur, der soziale Friede in den Bevölkerungsmassen der Klassengesellschaft [...]. Die Macht der Staatsgewalt, kriminelle Handlungen zu verfolgen und zu bestrafen, wird erst auf der Folie jener grundlegenden Loyalität wirksam [...]. Diese Sicht erinnert heute an Foucault, mit dem Brückner in Kontakt stand und der sich zur selben Zeit, also etwa ab 1971, im Rahmen der *Groupe d'information sur les prisons* mit der Situation der Insassen der französischen Gefängnisse auseinander gesetzt hatte« (Brunner 2013: 17).

Während also Heinrich Böll mit seinem Buch *Die verlorene Ehre der Katharina Blum* Parallelen zum Umgang der *Bild*-Zeitung mit Peter Brückner zeigen wollte, Brückner aber in der ›innerstaatlichen Feinderklärung‹ als marxistischer Sozialpsychologe Thilo Sarrazin, dem Ideologen aus der Tradition gegenübersteht, so zeigt sich dieser ideologische Gegensatz auch durch die Parteinahme der *Bild*: in einem Fall Verfolgung, im anderen Fall Unterstützung. Genau an dem Tag, an dem Otto Wilke Bölls Roman zur Opfererklärung Sarrazins missbrauchte, am 23. August 2010, startete die *Bild* eine Medienkampagne für das eine Woche später erscheinende Buch von Thilo Sarrazin, indem sie ihn zum aufrechten »Klartext-Rebellen« aufbaute, mit einer Serie von fünf aufeinander folgenden ganzseitigen Vorabdrucken seines Buches. Die *Bild* kündigt die »knallharte Analyse« mit folgenden Worten an:

»Geburtenrückgang, Bildungs-Misere, wachsende Unterschicht und mangelnde Integration – wenn nicht bald etwas passiert, schaffen sich die Deutschen selbst ab. So lautet die provokante These, die der streitbare SPD-Politiker Thilo Sarrazin (65) in seinem neuen Buch vertritt. Dümmer, ärmer und zu wenig tüchtiger Nachwuchs: Schonungslos beschreibt Thilo Sarrazin in *Deutschland schafft sich ab* die Bedrohung der deutschen Gesellschaft und ihres Wohlstands. BILD druckt ab heute in einer großen Serie Auszüge der knallharten Analyse des SPD-Politikers« (Sarrazin 2010d).

Selbst in diesem Vorabdruck des Massenblattes, also gleichzeitig mit der damit einhergehenden medialen Aufmerksamkeit, wird das sogenannte ›Sprechverbot‹ »des politisch korrekten Diskurses« beschworen: »Die Tendenz des politisch korrekten Diskurses geht dahin, die Menschen von der Verantwortung für ihr Verhalten weitgehend zu entlasten, indem man auf die Umstände verweist, durch die sie zu Benachteiligten oder gar zu Versagern werden« (ebd.) und »Sich um Deutschland als Land der Deutschen Sorgen zu machen, gilt fast schon als politisch inkorrekt« (ebd.).

In der Woche vor der Buchveröffentlichung erschienen folgende ganzseitigen Texte mit Vorabdrucken aus *Deutschland schafft sich ab*:

- 23.08.2010: »Deutschland wird immer ärmer und dümmer!«
- 24.08.2010: »Will ich den Muezzin hören, dann reise ich ins Morgenland«
- 25.08.2010: »Thilo Sarrazin: Jeder Schüler sollte eine Uniform tragen!«
- 26.08.2010: »Bei keiner anderen Religion ist der Übergang zu Gewalt und Terrorismus so fließend«
- 27.08.2010: »Es wächst eine weitgehend funktions- und arbeitslose Unterklasse heran«
- 28.08.2010: »Deutschland in 100 Jahren – Traum oder Albtraum?«

Als würde man sicher gehen wollen, dass nicht nur die Leserschaft der *Bild*-Zeitung das Sarrazin-Buch kauft, sondern eine auch bildungsbürgerlichere Schicht, erschien parallel zu den Vorabdrucken an eben jenem 23.08. zusätzlich im Magazin *DER SPIEGEL* ein mehrseitigen Vorabdruck: »Debatte: Was tun? Der SPD-Politiker Thilo Sarrazin über die Folgen einer missglückten Einwanderungspolitik – und seine radikalen Lösungsvorschläge« (Sarrazin 2010c). In der auflagenstärksten Zeitung (*Bild*) und im auflagenstärksten Magazin (*DER SPIEGEL*) erschienen also parallel Vorabdrucke für ein Buch, dass im größten europäischen Medienkonzern (Bertelsmann) erschienen ist. Gleichzeitig erklärt der Autor dieses Buches in zahlreichen Talkshows, seine Thesen würden tabuisiert durch die Medienklasse. Zumindest würde eine Debatte zu diesen Thesen nicht zugelassen. Die Berliner Tageszeitung *taz* hatte den Chefredakteur des Nachrichtenmagazins *DER SPIEGEL,* Matthias Müller von Blumencron, zum Vorabdruck interviewt. Dieser teilte mit:

> »Aber so ist das bei Meinungstexten: Um Debatten einzuleiten, müssen wir auch Beiträge drucken, mit deren Aussagen wir nicht einverstanden sind [...] Wenn

Thilo Sarrazin irgendein Autor wäre, würde die Sache anders aussehen. Aber ihn zeichnen gleich zwei Dinge aus: Er war Finanzsenator in Berlin und ist immer noch ein prominenter Sozialdemokrat – und noch viel wichtiger: Sarrazin ist Mitglied des Vorstands einer der ehrwürdigsten Institutionen dieser Republik, der Bundesbank. Er ist daher eine Stimme des öffentlichen Lebens, die sich auf diese Weise in die Debatte einbringt. Das hat uns letztlich bewogen, den Text zu drucken« (Blumencron 2010).

Interessanterweise verfehlte jedoch auch *DER SPIEGEL* die eigentliche Intention Sarrazins, da – wie Blumencron im Interview mit der taz deutlich vermerkte – das Thema ›Integration‹ der eigentliche Kern der Debatte sei: »Ich möchte, dass man sich mit dem Kern der Debatte beschäftigt – mit dem Thema Integration, aber auch damit, wie in Deutschland darüber diskutiert wird« (ebd.). Sarrazin ging es aber wesentlich um seine Vererbungsthesen. Und er hatte behauptet, das es mit dem Erscheinen seines Buches eine Entwicklung gegeben habe, mit der weder die »Politikerklasse noch die Medienklasse gerechnet« (Sarrazin 2012: 115) hätten. Mit welcher Entwicklung rechnet die *Bild*-Zeitung, wenn sie in der Woche vor dem Erscheinen des Buches von Sarrazin jeden Tag jeweils eine ganz *Bild*-Seite Vorabdruck bringt; wenn parallel dazu *DER SPIEGEL* einen mehrseitigen Vorabdruck bringt; wenn die Privatfunkmedien, die zum Bertelsmann-Konzern gehören, in dem das Buch erschienen ist, auf das Buch neugierig machen; wenn in weiteren Zeitungen und Zeitschriften Sarrazin zeitgleich als Opfer der Medien und als couragierter Held gefeiert wird? Jedes Buch hätte es mit dieser Medienkampagne sofort auf Platz 1 der Bestseller-Liste gebracht, unabhängig vom Inhalt. Wenn der Inhalt zudem noch gespickt ist mit Thesen, die gesellschaftlichen Diskriminierungen und Privilegierungen mit dem Verweis auf vermeintliche erbbiologische Faktoren rechtfertigen bzw. zu deren Verschärfung beitragen; und wenn diese Thesen durch Vorabdrucke in den größten Printmedien geadelt werden, dann fühlen sich viele Bürger*innen aufgerufen, endlich ihrem Hass (nach Sarrazin: »Stau in den Unterströmungen des nicht sichtbaren politischen Diskurses« (Sarrazin 2012: 115) freie Bahn zu lassen. Das Märchen der Zensur wird auch Monate später noch gesponnen. Die *Bild*-Zeitung erscheint am 4. September 2010 mit dem Titel: »Das wird man ja wohl noch sagen dürfen«. Volker Weiß schreibt dazu:

»[Armgard] Seegers präsentierte in ihrer Darstellung die in diesem Milieu typische Auslegung des Zensurbegriffs: ›Die Tatsache, dass 600 Journalisten zur ersten Vorstellung von Thilo Sarrazins Buch kamen, dass diese Präsentation live im Fernsehen übertragen wurde, macht klar, dass es Sprechverbote bei uns gibt. Aber das gehört möglicherweise auch schon zu den Sprechverboten, auszusprechen, dass es sie gibt.‹ Neben der *Bild*-Zeitung meint auch der konservative Publizist Norbert Bolz trotz der Omnipräsenz Sarrazins ein »Sprechverbot« ausmachen zu können. Auch die *Junge Freiheit* schmückte mehrfach ihre Titelseite mit Sarrazins Konterfei. Sie stilisierte den Sozialdemokraten zum verfolgten politischen Dissidenten und sah in den wochenlangen Diskussionen gar insgesamt ein »Diskursverbot« am Werk. Neben der offensichtlichen Realitätsverweigerung offenbart die Zeitung eine bedauerliche diskurstheoretische Unkenntnis, sonst wüsste sie, dass sich Diskurse nicht verbieten lassen. Verbieten kann man eine Zeitung, eine Partei oder Bücher, es lässt sich politische Zensur ausüben, auch wenn in diesem Fall der Begriff nicht angemessen ist. Diskurse dagegen sind ohnehin kaum verhinderbar« (Weiß 2011).

Sarrazin beschwerte sich darüber, dass seine Fans zusammen mit den Protestierenden gegen das Bahnhofsprojekt Stuttgart 21 als ›Wutbürger‹ bezeichnet wurden. Ich würde hier tatsächlich diese beiden Gruppen auseinanderhalten wollen und die Verteidiger der Thesen aus *Deutschland schafft sich ab* treffender als ›Hassbürger‹ bezeichnen.

1.1.7 Sarrazins 14 Elemente der ›Political Correctness‹

Sarrazin führt die Entstehung der ›Political Correctness‹ in der ›Medienklasse‹ auf die »besonders großen mentalen Verwüstungen« (ebd.: 118) durch den Nationalsozialismus zurück: »Die Verunsicherung des Bürgertums und der Wunsch nach einer heilenden Utopie führten dazu, dass antiautoritäres, linksliberales und teilweise auch marxistisches, in jedem Fall aber antibürgerliches Gedankengut die Werte und Gesinnungen in der Medienklasse weitaus stärker prägte als in der Gesellschaft insgesamt« (ebd.: 118). Hierzu ist anzumerken, dass es »antiautoritäres, linksliberales und teilweise auch marxistisches« Gedankengut bereits vor dem Nationalsozialismus gab; dass dieses Gedankengut – und zwar genau und gezielt dieses Gedankengut mit den Bücherverbrennungen vernichtet werden sollte; dass Menschen mit diesem Gedankengut im Herrschaftsbereich der Nationalsozialisten verfolgt, gedemütigt, ermordet oder zur Emigration gezwungen wurden: dass also in der Tat im Nationalsozialismus eine ›mentale Verwüstung‹ hergestellt wurde mit der Folge, dass ›antibürgerliches Gedankengut‹ auch 20 Jahre nach der Befreiung vom nationalsozialistischen Regime in der Bundesrepublik Deutschland kaum eine Rolle spielte und dass erst im Zuge der internationalen Studierendenproteste gegen Mitte und Ende der 1960er Jahre »antiautoritäres, linksliberales und teilweise auch marxistisches« Denken die mentale Wüste etwas fruchtbarer machen konnte. Wie die ›Medienklasse‹ auf diese mentale Urbarmachung reagierte, wissen wir seit den Schüssen auf Rudi Dutschke.

Sarrazins ›Demagogie im Namen der Gleichheit‹

- »Ungleichheit ist schlecht, Gleichheit ist gut«
- »Sekundärtugenden wie Fleiß, Genauigkeit und Pünktlichkeit haben keinen besonderen Wert. Leistungswettbewerb ist moralisch fragwürdig (außer im Sport), weil er die Ungleichheit fördert.«
- »Wer reich ist, sollte sich schuldig fühlen – außer er hat sein Geld als Sportler oder Pop-Star verdient. Wer arm ist, ist ein Opfer von Ungerechtigkeit und mangelnder Chancengleichheit.«
- »Unterschiede in den Lebensverhältnissen liegen nicht an den Menschen, sondern an den Umständen.«
- »Alle Kulturen sind gleichwertig, insbesondere gebührt den Werten und Lebensformen des christlichen Abendlandes und der westlichen Industriestaaten keine besondere Präferenz. Wer anderes glaubt, ist provinziell und fremdenfeindlich.«
- »Der Islam ist eine Kultur des Friedens, wer Bedenken gegen muslimische Einwanderung hat, macht sich der Islamophobie schuldig. Das ist fast so schlimm wie Antisemitismus.«
- »Für Armut und Rückständigkeit in anderen Teilen der Welt tragen westliche Industriestaaten die Hauptverantwortung.«
- »Männer und Frauen haben bis auf ihre physischen Geschlechtsmerkmale keine angeborenen Unterschiede.«
- »Die menschlichen Fähigkeiten hängen im wesentlichen von Bildung und Erziehung ab, angeborene Unterschiede spielen kaum eine Rolle.«
- »Auch Völker und Ethnien haben keine Unterschiede, die über rein physische Erscheinung hinausgehen.«
- »Der Nationalstaat hat sich überlebt, nationale Eigenheiten haben keinen Wert. Das Nationale ist per se eher böse, jedenfalls nicht erhaltenswert. Das gilt ganz besonders für Deutschland und die Deutschen. Die Zukunft gehört der Weltgesellschaft.«
- »Alle Menschen auf der Welt haben nicht nur gleiche Rechte, sondern sie sind auch gleich, und sie sollten eigentlich alle einen Anspruch auf die Grundsicherung des deutschen Sozialstaates haben.«
- »Kinder sind Privatsache, Einwanderung löst alle wesentlichen demografischen Probleme.«

Sarrazins These, eine sogenannte ›Political Correctness‹ der ›Medienklasse‹ in Deutschland aus der ›mentalen Verwüstung‹ im Nationalsozialismus abzuleiten, passt schon deshalb nicht, weil ›Political Correctness‹ ein Import aus den Vereinigten Staaten ist. Er verweist selber auf einen Text der italienischen (sic!) Journalistin (sic!) Oriana Fallaci. Fallaci spreche von ihren Kolleg*innen als »Insekten, bei denen an die Stelle der marxistischen Ideologie die Mode der politischen Korrektheit getreten ist«, diese Mode sei eine »Demagogie, [...] im Namen der Gleichheit« (Sarrazin 2010: 118).

Diese These nimmt Sarrazin auf und fügt der ›Demagogie im Namen der Gleichheit‹ zwölf weitere Elemente der ›Political Correctness‹ hinzu:

Sarrazin hat häufiger solche Listen mit vermeintliche Elementen ›politischer Korrektheiten‹ angefertigt. Bei seinem Vortrag währen der heterosexistischen Compact-Veranstaltung[27] Ende November 2013 in Leipzig (Sarrazin 2013b) listet Sarrazin acht Tabus auf: Gruppendifferenzierung; Zusammenhang von Religion und Integration; Bevölkerungspolitik; Erblichkeit geistiger Fähigkeiten; Einwanderung nach Wert; Volkscharakter; Deutsche Kultur hat einen eigenen Wert; Verknüpfung von Unterschieden mit Werturteilen. In seinem Buch *Der neue Tugendterror* listete er als weiteres »Axiom des Tugendwahns« auf: »Die klassische Familie hat sich überlebt. Kinder brauchen nicht Vater und Mutter« (Sarrazin 2014: 318ff.). Aus einer Analyse dieser PC-Elemente/ Tabus/ Axiome ergeben sich einige Schlussfolgerungen. Zunächst ist festzuhalten, dass Sarrazin gezielt ›Ungleichheit‹ als ersten Punkt benennt und ihm ist die Ziehung von Differenzlinien[28] wichtig ist, wobei er auf folgende Unterschiede abzielt:
deutsch – nicht-deutsch / Christentum – Islam / reich – arm
Westen – Süden / Männer – Frauen / Heterosexualität – Homosexualität.

27 Vielleicht brachte ihn die *Compact*-Veranstaltung auf die Idee, die 13 Elemente später in seinem Buch um die Kritik der ›Homo-Ehe‹ zu ergänzen (Sarrazin 2014: 318ff.).

28 Helma Lutz und Norbert Wenning haben diese Differnzlinien untersucht. Diese Differenzlinien, von denen sie mindestens dreizehn ausgemacht haben, basierten auf Grunddifferenzen (»Kultur – Natur, Geist – Körper, Vernunft – Gefühl, Haben – Sein, Öffentlichkeit – Privatheit«) und stellten »soziale Ordnungskategorien« dar. Diese Grunddualismen scheinen komplementär, seien aber hierarchisch. Es handele sich um »Normalitätskonstruktionen«. Zudem überschnitten sich Differenzlinien und bezögen sich aufeinander, was mit der Intersektionalitätsforschung untersucht wird (›intersection‹ (engl.) heißt ›Überschneidung‹). (Lutz/Wenning 2001:17ff.) Die Normalitätskonstruktionen gehen mit Korrektionsmaßnahmen einher..

Diese Unterschiede seien nicht etwa bedingt durch den Verstoß gegen Primärtugenden wie Gerechtigkeit, sondern durch unterschiedliche Leistungsfähigkeiten. Diese wiederum ergäben sich a) aus der Einhaltung von Sekundärtugenden (Fleiß, Genauigkeit, Pünktlichkeit) und b) aus dem besseren Erbgut (insbesondere von geistigen Fähigkeiten) bestimmter gesellschaftlicher Gruppen. Die Verbreitung von Erbgut und Sekundärtugenden stünden in einem wechselseitigen Verhältnis zum ›Volkscharakter‹. Daher seien die Sekundärtugenden und die Leistungsfähigen zu fördern. Letzteres beinhaltet Grenzziehungen: Deutschland und insbesondere die deutsche Bildungs- und Familien-/Bevölkerungspolitik ist für die Leistungsfähigen da, die anderen sollen »woanders nichts leisten.«

In der Thematisierung von Political Correctness geht es also um die Kernfrage, ob die Unterschiede zwischen gesellschaftlichen Gruppen durch die mangelhafte Umsetzung von Primärtugenden (bzw. Menschenrechten) oder Sekundärtugenden und Erbgutselektion verursacht wird. Es geht also darum, ob Benachteiligungen oder Leistungsdefizite aufgrund mangelhafter Sekundärtugenden oder schlechterer Erbanlage vorliegen. Markiert wird dem politischen Schlagwort ›Politische Korrektheit‹ allerdings nur das Streben nach einer Verbesserung der Menschenrechtslage, unmarkiert bleibt die Alternative: Leistungskorrekturen (Disziplinierung) und Bevölkerungskorrekturen. So nimmt sich Sarrazin eine Studie aus dem Forschungsprojekt zur ›Gruppenbezogenen Menschenfeindlichkeit‹ vor – ein auf zehn Jahre angelegtes Forschungsprojekt, mit dem Diskriminierungsfragen untersucht werden sollen. Er kritisiert die Fragestellungen und das »zugrundeliegende Interpretationsraster denkbarer Antworten« (ebd.: 121). In dem Zusammenhang spricht er vom »Bannkreis politischer Korrektheit« (ebd.), von einem »undifferenzierten Diskriminierungsgejammer« (ebd.: 122). Hierbei greift er auch die geschlechtergerechte Sprache an (»der Furor der Politischen Korrektheit«, (ebd.)), die das generische Maskulinum vermeidet und unkt: »Ganz sich haben es die Autor/innen bedauert, dass die deutsche Sprache es beim besten Willen nicht zulässt, von ›Schwarz/innen‹ zu reden« (ebd.). Sarrazin meint, Politische Korrektheit erwachse.

> »aus dem Grundimpuls, Einstellungen und Werthaltungen zu ächten, die man als moralisch verwerflich oder gesellschaftsschädlich empfindet. Aber politische Korrektheit überdehnt, indem sie verabsolutiert. Wo sie die Legitimität unterschiedlicher Werthaltungen und Fragestellungen im Übermaß einschränkt,

Sarrazin benennt folgende Feststellungen, die besonders von den »Verwalter[n] der politischen Korrektheit« (ebd.: 122) angegriffen wurden:

- »Intelligenz ist teilweise erblich. Dass intelligentere Eltern weniger Kinder bekommen, ist deshalb ein gesellschaftliches Problem«
- »Bildung kann angeborene Begabungsunterschiede nur teilweise ausgleichen.«
- »Zuwanderungsgruppen unterscheiden sich voneinander systematisch in ihrer Bildungsneigung und ihrem Integrationswillen.«
- »Der islamische religiöse Hintergrund ist vielfach ein Integrationshindernis.«
- »Es ist bedauerlich, wenn die Deutschen wegen ihrer geringeren Kinderzahl in wenigen Generationen aussterben.«
- »Die nationale Eigenart der Völker in Europa ist erhaltenswert. Es ist bedauerlich, wenn deutsche Kultur und deutsche Sprache mit der Zeit verschwinden.«
- »Für die politisch Korrekten half offenbar nur eines: Sich nur ja nicht mit den konkreten Inhalten meiner Analysen auseinandersetzen, dabei könnte sich ja ergeben, dass Argumente fehlen, statt dessen aber Vorwürfe erheben, die mit den Inhalten des Buches gar nicht zu tun haben. Bei der Auseinandersetzung mit mir und meinem Buch haben die Diffamierung, das sachliche Desinteresse und das gezielte Missverständnis bei vielen Medien nach wir vor Konjunktur« (Sarrazin 2012: 120).

> gleitet politische Korrektheit ab in Meinungsenge, ja sogar Meinungsterror.« [...] »Die Meinungsenge zeigt sich darin, dass bestimmte Fragestellungen oder bestimmte Interpretationsmöglichkeiten empirischer Fakten ausgeklammert werden. Der Meinungsterror beginnt dort, wo diejenigen, die nach den jeweils geltenden Maßstäben der politischen Korrektheit die falschen Fragen stellen oder die falschen Antworten geben, lächerlich gemacht, gezielt missverstanden oder moralisch abqualifiziert werden. So wird aus dem Diktat der politischen Korrektheit leicht ein neues Spießertum« (Sarrazin 2012: 120).

Das ist natürlich Unsinn. Es gab eine ganze Reihe von kritischen inhaltlichen Entgegnungen von Fachwissenschaftler*innen. Verweisen möchte ich nur kurz auf den Sammelband von Michael Haller und Martin Niggeschmidt: *Der Mythos vom Niedergang der Intelligenz. Von Galton zu Sarra-*

zin: Die Denkmuster und Denkfehler der Eugenik (Haller/ Niggeschmidet 2012), aber auch auf das Debattenangebot des jetzigen Vizebundeskanzlers Gabriel in der renommierten Wochenzeitung *Die Zeit*, welches von Thilo Sarrazin ausgeschlagen worden ist. Es ist also umgekehrt: Für Thilo Sarrazin half nach der Publikation von *Deutschland schafft sich ab* nur die Flucht in die Anti-PC-Argumentation. Daher folgt auf *Deutschland schafft sich ab* auch kein Debattenband, in dem Sarrazin der fachwissenschaftlichen Kritik antwortet, sondern ein Band zum angeblichen ›neuen Tugendterror‹.

1.1.8 Historikerstreit, Auschwitzkeule und der ›Fall Jenninger‹

Wenn über ›Meinungsterror‹ und Einschränkungen der Meinungsfreiheit in der Bundesrepublik Deutschland gesprochen werden soll, dann kann man die 1950er/ 1960er/ 1970er Jahre nicht ignorieren. Sarrazin spart die 1950er Jahre aus, in denen nach einem Schießbefehl auf eine Demonstration gegen die Wiederbewaffnung zwei Gewerkschafter durch die Kugeln schwer verletzt und ein Arbeiter getötet wurde. Und Sarrazin sah anscheinend auch keinen Meinungsterror, als die *Bild* am 7. 2. 1968 schrieb:

> »Man darf über das, was zur Zeit geschieht, nicht einfach zur Tagesordnung übergehen. Und man darf auch nicht die ganze Dreckarbeit der Polizei und ihren Wasserwerfern überlassen. Schlafen unsere Richter? Schlafen unsere Politiker? Wie lange wollen sie noch zulassen, daß unsere jungen Leute von roten Agitatoren aufgehetzt, daß unsere Gesetze in Frage gestellt, unterwandert und mißachtet werden?« (Bild-Zeitung vom 7.2.1968; zit. n. Der Spiegel 1968: 38)

> »Dutschkes Anhänger jedoch rufen auch jetzt, da er das Opfer des von ihm gepredigten Hasses wurde, nach Gewalt. [...] Einer der größten Industriestaaten der Welt darf kein Hottentottenland werden, in dem jeder, der sich ungerecht behandelt fühlt, Steine wirft, Feuer legt oder zur Pistole greift.« (Bild-Zeitung vom 13.4.1968, zwei Tage nach dem Attentat auf Rudi Dutschke; zit. n. Der Spiegel 1968)

Rudi Dutschke starb zehn Jahre später mit 39 Jahren an den Spätfolgen des Attentats. Auch erwähnt Sarrazin nicht die Intellektuellenhatz gegen die »Bölls und Brückners« (CDU-Bundestagsabgeordneter Friedrich Vogel), die Hausdurchsuchung beim Literatur-Nobelpreisträger Heinrich Böll mit schwer bewaffneten Polizisten, alles begleitet von entsprechenden Artikeln in der Mainstreampresse. Sarrazin geht nicht auf das Papier von 14 Schriftstellern an den deutschen Bundestag ein, wo es hieß:

> »An das Präsidium des Bundestags: Die unterzeichneten deutschen Schriftsteller warnen vor einer abermaligen Zerstörung der Keime einer freiheitlich demokratischen Grundordnung in Deutschland unter dem Vorwand ihrer Verteidigung.

Die Verfolgung von definierbaren Straftaten wie Bombenanschlägen und sonstigem Terror ist eine Sache, die Diskriminierung politischer Gesinnungen, die nicht wie der Nazismus sich selbst außerhalb der Grenzen menschlicher Gesittung stellen, ist eine vollständig andere. Das Grundgesetz, um dessen Wahrung es den Wortführern dieser Diskriminierung vermeintlich oder angeblich geht, untersagt sie. Artikel 3 des Grundgesetzes, wonach niemand wegen seiner politischen Anschauungen bevorzugt oder benachteiligt werden darf, nimmt radikale demokratische Positionen nicht aus. Er verpflichtet keinen Staatsbürger zu Gesinnungen, die sich selbst für gemäßigt halten. Zu erinnern ist an die französischen Radicaux, die in einem Land, das die Demokratie nicht zu importieren hatte, generationenlang Regierungspartei waren. Die Handhabung eines inhaltlich unbestimmten Radikalismusbegriffs ist verfassungswidrig. Wie die Praxis zeigt, dient sie in der Bundesrepublik fast ausschließlich zur einseitigen Diskriminierung linker Staatsbürger, während alte und neue Nazis unbehindert die Staatsapparate durchwuchern. Dieser Vorgang hat in Deutschland ominöse historische Beispiele. Die Zusammenarbeit zwischen dem Exekutivapparat des Staates und den rechtsextremen Verschwörern gegen unsere erste Demokratie brachte Hitler ans Staatsruder. Immer noch wird hierzulande wie damals der Staat mit der Exekutive verwechselt und damit der Grundsatz der Gewaltenteilung missachtet. *Alfred Andersch, Reinhard Baumgart, Ernst Bloch, Walter Jens, Uwe Johnson, Heinar Kipphardt, Wolfgang Koeppen, Dieter Lattmann, Peter de Mendelssohn, Paul Schallück, Ulrich Sonnemann, Eckart Spoo, Thaddäus Troll, Günter Wallraff, 14. Juni 1972«*

Diese Geschichte der Beschneidung der Meinungsfreiheit in der Bundesrepublik Deutschland kommt in Sarrazins Argumentation nicht vor. Sarrazin benennt stattdessen drei Beispiele, in denen der »Furor der politischen Korrektheit besonders schlimm« (ebd.: 120) gewütet haben soll. Es sei kein Zufall, dass diese Fälle alle mit Holocaust zu tun hätten. Betroffen gewesen vom Meinungsterror seien Ernst Nolte (1986), Philipp Jenninger (1988) und Martin Walser (1998). Zunächst führt Sarrazin den durch einen Aufsatz von Ernst Nolte in der *FAZ* vom 6.6.1986 ausgelösten Historikerstreit an. Nolte verharmloste den Nationalsozialismus, in dem er ihn mit dem Regime in der Sowjetunion auf eine Stufe stellte. Selbst Sarrazin stellte hierzu fest: »Ernst Nolte vertrat Thesen, die man zu Recht als teilweise fragwürdig und teilweise unhaltbar betrachten konnte.« Jedoch hätten die über die sachlichen Widersprüche hinausgehenden Angriffe gegen ihn »jedes Maß« verloren und bewirkten »bis heute seine weitgehende Isolation und Ächtung« (ebd.). Ein weiterer Fall sei die Rede des Schriftstellers Martin Walsers gewesen, der am 11. Oktober 1998 beim Friedenspreis des deutschen Buchhandels gesagt hatte: »Auschwitz eignet sich nicht dafür Drohroutine zu werden, jederzeit einsetzbares Einschüchterungsmittel oder Moralkeule« (ebd.). Auch Martin Walser sei für diese Aussage ungeheuerlich diffamiert worden. Interessant ist allerdings der dritte Fall, den

Thilo Sarrazin aufzählt, nämlich die Rede des ehemaligen Bundestagspräsidenten Philipp Jenninger zum Gedenken der Reichspogromnacht am 11. November 1988. Sarrazin bemerkt dazu lapidar, Jenninger hätte sein Amt aufgeben müssen, weil er in seiner Rede, »deren Text vollständig in Ordnung war, eine Passage falsch betont hatte, so dass seine Distanz zum Inhalt dessen, was er zitierte, nicht deutlich wurde.« (ebd.: 120) Tatsächlich war die Problematik sehr viel schwieriger. Ausgerechnet zu einem Zeitpunkt, wo einerseits durch den Historikerstreit der Nationalsozialismus verharmlost wurde und die Regierung durch Abschiebungen in ein Kriegsgebiet demonstrierte, dass sie aus den Erfahrungen der NS-Politik nicht gelernt hatte, wie wichtig politisches Asyl sein kann, wurde die Rede erstmals nicht von einem Opfer des NS-Regimes gehalten, sondern vom Bundestagspräsidenten. Der allerdings verfügte als Politiker nicht über die rhetorische Fähigkeit, in seiner Rede Passagen so zu betonen, dass deutlich wurde, wo er seine eigene Meinung wiedergab und woin kritischer Absicht ein Zitat. In der deutschen Sprache ist der Begriff ›Verständnis‹ doppeldeutig, je nachdem, ob man ›von etwas‹ oder ›für etwas‹ Verständnis hat. Jenningers Rede wurde so verstanden, dass er für die Deutschen, die das NS-Regime getragen hätten, Verständnis gehabt habe. Tatsächlich wollte er ausdrücken, dass das NS-Regime von vielen Deutschen getragen worden sei. Dass Jenninger seiner repräsentativen Aufgabe nicht gewachsen gewesen ist, zeigte er durch die falsche Betonung in seiner Rede. Dass man allerdings in Deutschland doch nicht alles sagen könne, bezog sich anscheinend eher auf seine eigenen Parteimitglieder als auf die Mitglieder der SPD und Grünen, die aus Protest den Saal verlassen hatten:

> »Bemerkenswert ist, daß Jenninger in seiner Rede Positionen bezogen hat, die selbst in seiner eigenen Partei nicht unumstritten sind. Und in der Tat kommentierte Jenninger seinen Rücktritt u.a. mit den Worten, ›man könne noch nicht alles sagen in Deutschland‹. Unklar blieb, welche Passagen seiner Rede er damit meinte. Vermutlich bezog er sich jedoch damit auf die beiden zentralen Thesen seiner Rede, (a) daß die NS-Verbrechen die Taten vieler einzelner gewesen seien und (b) daß man keinen Schlußstrich unter die Vergangenheit ziehen könne. Mit der ersten These steht Jenninger im Widerspruch zu Richard von Weizsäcker, während er mit der zweiten These dem verstorbenen, ehemaligen CSU-Vorsitzenden Franz-Josef Strauß widerspricht« (Siever 2002).

Jenningers Rede steht also inhaltlich gegen eine Verharmlosung des NS-Regimes, wie sie Ernst Nolte mit dem Historikerstreit losgetreten hatte, und natürlich auch gegen Martin Walsers Rede von der Moralkeule. Denn wenn die NS-Verbrechen die Taten vieler einzelner gewesen sind und sich ein ›Schlussstrich‹ hinter die NS-Vergangenheit verbietet, dann ist es legitim bestimmte heutige Einstellungen und Verhaltensweisen mit Rückblick auf die NS-Vergangenheit zu kritisieren. Deutlich wird dies auch in den sehr unterschiedlichen Statements von Ignatz Bubis, dem damaligen Vorsitzenden des Zentralrats der Juden. In dem er vor einem Publikum bewusst die Rede von Jenninger wiederholte – diesmal mit der richtigen Intonierung – konnte er zeigen, dass diese Rede zumindest in ihrer schriftlichen Form keineswegs antisemitisch war. Im Gegenteil, er begrüßte den Inhalt. Während der Rede von Martin Walser blieb Ignatz Bubis jedoch sitzen und verweigerte einen Applaus, er erkannte in Walsers Rede deutlich antisemitische Elemente und benannte diese. Die Frage stellt sich zudem, welches Element der ›Politischen Korrektheit‹ nach Thilo Sarrazin Jenningers Parteikollegen bedienten, wenn sie Jenninger verboten, unliebsame Dinge auszusprechen.

1.2 Abgeschriebene Rassenhygiene

Thilo Sarrazin ist weder Humangenetiker, noch Genealoge, Hirnforscher, Psychologe oder Bildungsforscher. Seine erbpsychologischen Aussagen in *Deutschland schafft sich ab* hatte er aus verschiedenen Texten zusammengeklaubt. Relevant für die Kolportierung des Erbpsychologie-Paradigmas ist Volkmar Weiss, auf den Sarrazin sich mehr beruft, als er öffentlich zugeben wollte. Ich werde daher in den nächsten drei Unterkapiteln verstärkt auf Volkmar Weiss als Vordenker Thilo Sarrazins eingehen. An Auseinandersetzungen, die mit Dr. Dr. Volkmar Weiss im Zusammenhang stehen, lässt sich zeigen, mit welchen Vorgehensweisen versucht wurde, Ideologiefragmente der Rassenhygiene als neutrale, reputable Wissenschaft erscheinen zu lassen. Zunächst lässt sich zeigen, dass in der Neuen Rechten sehr schnell verstanden wurde, in welches ideologische Fahrwasser sich Thilo Sarrazin begeben hatte. Hierzu ziehe ich einen Artikel von Thorsten Hinz heran (I), der in der neurechten Wochenzeitung *Junge Freiheit* häufiger zu Thilo Sarrazin publizierte. Thorsten Hinz spielt auch in einer Auseinandersetzung zur deutschsprachigen Wikipedia eine Rolle (II), nachdem der Rassenhygieniker Volkmar Weiss aufgrund von regelwidrigem Gebrauch von Mehrfachaccounts gesperrt wurde – für diese Sperre machte Volkmar Weiss mich mitverantwortlich. Um eine weitere Form des Versuchs eugenische Inhalte als neutrale Wissenschaft darzustellen, indem offensichtlich rassistische Zusammenhängen geleugnet werden, lässt sich im dritten Vorgang zeigen, als Sarrazin eine falsche Angabe zu seinen wissenschaftlichen Quellen machte, indem er behauptete, er habe sich auf Weiss nur als »DDR-Experten« bezogen (III).

1.2.1 »Deutschland verblödet«: Sarrazin, Hinz und Weiss

Thilo Sarrazins argumentierte erstmals offen mit rassenhygienischen Argumentationsmustern in seinem Interview mit *Lettre International* (»Klasse statt Masse«). Ich hatte auf diesen Bezug zur Tradition der Rassenhygiene im Blogbeitrag ›Sarrazins Sozialeugenik‹ am 16. Oktober 2009 (Kemper 2009b) hingewiesen. Eine Woche später bezog sich Rainer Rilling vom *Institut für Gesellschaftsanalyse* in seiner ›Anmerkung zum Weltbild Thilo Sarrazins‹ (Rilling 2009) auf meinen Beitrag ›Sarrazins Sozialeugenik‹ und warnte vor dem Elitismus, der aus Sarrazins Text spräche. Eine weitere entsprechende Warnung gab es Ende Oktober in der Wochenzeitung *Die Zeit*, als Christian Staas feststellte, die »Sarrazin-Debatte geht am Kern des Skandals vorbei« (Staas 2009), der Text sei »ungeheuerlicher, als es seine rassistischen Pointen ohnehin schon vermuten lassen« (ebd.). Staas wurde sehr deutlich:

> »Was Sarrazin hier entwirft, ist nichts anderes als ein eugenisches Projekt zum »Auswachsen« unbrauchbaren Lebens. Er schlägt deshalb unter anderem die komplette Streichung von Sozialzuwendungen für Ausländer aus der ›Unterschicht‹ vor. Der sprachliche Duktus seiner Antworten – vom biologisierenden Bild des ›Kreislaufs‹ in der Stadtbeschreibung bis hin zur ›negativen Auslese‹ im folgenden Zitat – könnte rassenbiologischen Schriften entlehnt sein. [...] Das politische Programm, das sich aus solchem Gedankengut ableitet, lautet sinngemäß: Wer die Armut bekämpfen will, muss die Armen bekämpfen. Denn wo das Soziale auf die biologischen Eigenschaften der Einzelnen zurückgeführt wird, kann es keine Sozial-, sondern nur noch Biopolitik geben. Dass im Gegenzug, in einer irrwitzigen Verkehrung der sozialen Tatsachen, die angeblich darbende Elite endlich vor den degenerierten Massen gerettet werden soll, ist von kaum zu ertragender Fühllosigkeit gegen jene, die in den Augen Sarrazins keine Leistungsträger sind« (ebd.).

Es ist kein Zufall, dass in allen drei Beiträgen sowohl auf den Klassismus als auch auf die Sozialeugenik verwiesen wurde. In den allermeisten Kommentaren zu Sarrazin blieben gleich beide Bezüge weg, was darauf schließen lässt, dass sich die Wahrnehmung von Klassismus/ Elitismus und (Sozial-) Eugenik/ Rassenhygiene gegenseitig zu bedingen scheinen. Solche Hinweise, die sowohl auf die Eugenik und auf den Klassismus im *Lettre*-Interview Sarrazins verwiesen, blieben vereinzelt. Sarrazins Interview wurde stattdessen als ein Beitrag zur Integrationsdebatte wahrgenommen, kritisiert wurde Sarrazins angeblich ›unangemessene Wortwahl‹, es wurde gar nicht erst in Erwägung gezogen, dass Sarrazins Wortwahl ›passend‹ sei zu den Inhalten, die er propagierte. Nicht einmal der deutliche Titel des Interviews »Klasse statt Masse« schien Anlass für sozialdarwinistische/ sozialeugenische Deutungen zu geben. Vor dem Hintergrund der bürgerlichen und linken ›Begriffsstutzigkeit‹, die den rassenhygienischen Kontext nicht herstellen konnte oder wollte, schien die Neue Rechte geradezu hypersensibel reagiert zu haben. Sie stellte ein im März 2009, also bereits ein halbes Jahr zuvor, erschienes Interview Sarrazins in die Tradition der Eugenik. Als Sarrazin an dem Buch *Deutschland schafft sich ab* arbeitete und seinen Posten als Finanzsenator von Berlin verließ, gab er dem *Tagesspiegel* ein Interview (Zawatka-Gerlach 2009), welches sich wie ein Zwischenstand zu seiner bisherigen Recherche-Arbeit las. Im Interview hieß es:

> In »den Bezirken Mitte, Neukölln und Friedrichshain-Kreuzberg stammten etwa 50 Prozent der Kinder und Jugendlichen unter 18 Jahren aus Familien, die Hartz-IV- Empfänger sind. Sarrazin findet das alarmierend. ›Wir haben in Berlin eine abgenabelte Unterschicht, die stetig wächst.‹ […] ›Wir haben ein Grundsatzproblem.‹ Der wachsende Anteil von »Hartz-IV-Familien« führe beispielsweise in den Schulen dazu, dass es immer mehr »besonders schwierige Kinder mit besonders renitenten Eltern gibt«. Dieser Kampf sei kaum zu gewinnen. […] Das zeige, so der Senator, dass es sich nicht in erster Linie um ein Migrantenproblem handele, denn Alleinerziehende seien meistens Deutsche. Andererseits legte er jetzt Zahlen vor, nach denen 71 Prozent der türkischstämmigen Schulanfänger aus der Unterschicht kommen. Bei den Arabern seien es 66 Prozent, bei den deutschen Schülern knapp 24 Prozent. […] Das Datenmaterial, das Sarrazin ausgewertet hat, kommt unter anderem aus der Gesundheitsverwaltung, dem Amt für Statistik und der Bundesagentur für Arbeit. Sein Fazit: Es mache keinen großen Sinn, zusätzliche finanzielle Ressourcen ›für eine Struktur zur Verfügung zu stellen, wo der Anteil der Bedürftigen von Jahr zu Jahr wächst‹. Schon jetzt flössen drei Viertel der Landesausgaben in die Bereiche Bildung, Soziales und öffentliches Personal. Vor allem die Sozialausgaben stiegen von Jahr zu Jahr« (ebd.).

Auch wenn Volkmar Weiss von seinem Buch *Die IQ-Falle* behauptete, dass Sarrazin dies »hocherfreut irgendwann im Jahre 2008 in die Hände bekommen« (Weiss 2013) hätte, woran es keinen Grund zu zweifeln gäbe, tauchen in diesem *Tagesspiegel*-Interview die erbbiologischen Thesen noch nicht explizit auf. Noch schien Sarrazin nicht die Erbintelligenz-Ideologie aus dem Umfeld des rassenhygienischen Magazins *Mankind Quarterly* in sein Buchprojekt einbezogen zu haben. Doch die Neue Rechte witterte bereits, dass die bisherigen Äußerungen Sarrazins in den Diskurs der rassenhygienischen Erbtheorie münden würden. Es wird hier eine Parallele zur zeitlich vorangegangenen Entwicklung der rechtskonservativen Ideologie in den Vereinigten Staaten deutlich. Sarrazin argumentierte im März 2009 noch wie sein rechtskonservativer Kollege Charles Murray in seinen Büchern wie z.B. *Losing Ground: American Social Policy, 1950-1980* von 1984, in denen er die These vertrat, dass mehr Geld für die Sozialsysteme die Armut eher vermehre. Murray schrieb dann zehn Jahre später zusammen mit Richard J. Herrnstein das Buch *The Bell Curve: Intelligence and Class Structure in American Life* in der die Rede davon war, dass sich Intelligenz klassen- und rassenspezifisch vermehre und dass die weiße Mittelschicht zu wenig Kinder bekäme. Thilo Sarrazins Schritt von seinem *Tagesspiegel*-Interview zum *Lettre*-Interview im selben Jahr war quasi im Zeitrafferverfahren die Entwicklung von *Losing Ground* zu *The Bell Curve*. Thorsten Hinz bezog sich mit seinem Pseudonym ›Doris Neujahr‹ auf dieses Interview, als er in der neurechten[29] Wochenzeitung *Junge Freiheit* den Artikel *Deutschland verblödet. Arm, aber sexy: In Krisenzeiten erfüllt sich vor allem die Unterschicht ihre Kinderwünsche* (Neujahr 2009) fabrizierte. Bereits ein halbes Jahr vor Sarrazins sozialeugenische Thesen im *Lettre*-Interview hatte Hinz erkannt, auf was Sarrazin hinaus wollte: »In aller Vorsicht verweist Sarrazin damit auf den Zusammenhang zwischen ungesunder Sozial- und problematischer Bevölkerungsstruktur, der dazu führt, daß die Sozialpolitik die Mißstände, die sie bekämpfen will, in Wahrheit verstetigt und vergrößert« (Neujahr 2009).

Ausgerechnet die rassismusverdächtige *Junge Freiheit* stellte mit Bezug auf Sarrazin im April 2009 fest: »Berlins Finanzsenator hat recht, es handelt sich um kein genuines Ausländerproblem«. Das Problem seien die sogenannten ^Unterschichten^, in denen dann allerdings Migrant*innen überproportional vertreten seien. Thorsten Hinz fokussierte in seinem Artikel den ›Missing Link‹, das fehlende Glied zwischen Sarrazins Thesen vom März und vom September 2009, nämlich das Erbintelligenz-Paradigma, wonach sich die erbbiologisch ›Dummen‹ vor allem in den fruchtbaren ^Unterschichten^ fänden. In dieser Argumentation glänzt Hinz allerdings selber als Vertreter der weißen deutschen Mittelschicht nicht eben mit intellektuell besonders überzeugenden Argumenten. So zitiert er eine »Faustregel« aus der *Bell Curve*: »›Je dümmer eine Frau ist, desto wahrscheinlicher ist es, daß sie vergißt, beim Sex an die mögliche Zeugung zu denken, oder daß sie gar keine Ahnung von Schwangerschaftsverhütung

29 Allein in der Ausgabe in der ersten Aprilwoche 2009, auf die ich mich im Folgenden beziehe, wurden vom Vordenker der Neuen Rechten, Alain de Benoist, zwei Artikel publiziert.

hat und Geburten wenig plant. Dasselbe gilt für ihren nicht gerade übermäßig intelligenten Partner.‹» Es ist erschreckend, welche Konzeption von ›Dummheit‹ sich hier offenbart. Im ersten Teil des Satzes wird die Gedächtnisleistung angesprochen. Wenn während des Sex die Verhütung ›vergessen‹ wird, dann hat das aber wohl eher damit zu tun, dass man andere Dinge als Verhütung im Kopf hat, als mit dem sogenannten ›IQ‹. Der zweite Teil des Satzes hat ebenfalls nichts mit ›Dummheit‹ zu tun, sondern mit einem Mangel an Aufgeklärtheit bzw. mit einer prekären Lebenslage, die jede Planung erschwert. Wenn etwas dumm ist, dann dass Thorsten Hinz zielsicher einen der dümmsten Sätze aus dem 916 Seiten umfassenden Buch zitierte. Hinz ist sich allerdings auch nicht zu dumm, Vokabeln wieder in die Diskussion zu bringen, die nicht zuletzt aufgrund der Erfahrungen mit dem nationalsozialistischen Erbgesundheitsgesetz aus dem Jargon der Psychologie und Pädagogik verschwunden sind.[30] So spricht er von einem »Serkan«, dessen Intelligenz »sechs Punkte unter der Schwachsinnsgrenze« liege (ebd.). Auch in der Druckfahne von *Deutschland schafft sich ab* sprach Sarrazin noch von »erblichem Schwachsinn«, spätestens in der vierten Auflage ist auf Seite 370 dieser Satz nicht mehr zu finden.[31] Thorsten Hinz fordert, dass die Sozialpolitik um die »qualitative Bevölkerungspolitik« ergänzt werden müsse und bringt dann den »Leipziger Bevölkerungswissenschaftler« Dr. Dr. Volkmar Weiss ins Spiel. Hinz bezieht sich auf eine Publikation, die Volkmar Weiss im Jahr 2000 vorgelegte (*Die IQ-Falle. Intelligenz, Sozialstruktur und Politik*; Weiss 2000). Diese verstand sich als deutsches Äquivalent zu *The Bell Curve* und lieferte Analysen, die mit Sarrazins *Deutschland schafft sich ab* zehn Jahre später einem Millionenpublikum präsentiert wurden. (vgl. Kemper 2012) Hinz forderte im Einklang mit Weiss' IQ-Falle:

> »Eine rationale Bevölkerungspolitik müßte sich von egalitären Anwandlungen frei machen. Die entsprechenden Sozialleistungen sollten in der Regel deutschen Staatsbürgern vorbehalten bleiben. Finanzielle Anreize, die eine hohe Geburtenrate für in- und ausländische Unterschichten attraktiv machen, müßten gestrichen oder umgeleitet werden.« (Neujahr 2009)

---

30 In den Gesetzestexten ist die Vokabel ›Schwachsinnigkeit‹ durchaus noch vorhanden. Dies kann mit der fehlenden Entnazifizierung des Juristenstandes zu tun haben.

31 Der entschärfte Satz hieß ursprünglich: »So spielen bei Migranten aus dem Nahen Osten auch genetische Belastungen, bedingt durch die dort übliche Heirat zwischen Verwandten, eine erhebliche Rolle und sorgen für den überdurchschnittlich hohen Anteil an angeborenem Schwachsinn und anderen Erbkrankheiten.« (Schütz 2010)

Auch diese Forderungen sollten sich in ähnlicher Weise anderthalb Jahre später in Sarrazins *Deutschland schafft sich ab* finden. Wenige Wochen nach dem Text *Deutschland verblödet* veröffentlichte Thorsten Hinz ebenfalls in der neurechten *Jungen Freiheit* einen ganzseitigen diffamierenden Artikel zu meiner Person. Thorsten Hinz ergriff Partei für Volkmar Weiss, ohne diesen allerdings zu nennen. Ich hatte in der deutschsprachigen Wikipedia Manipulationsversuche von Volkmar Weiss aufgedeckt, der dann nach weiteren Auseinandersetzungen in der deutschsprachigen Wikipedia gesperrt wurde.

1.2.2 »Wissen ist Macht«: Wikipedia-Manipulationsversuche

Im folgenden Abschnitt werde ich anhand eines pesönlichen Beispiels auf die Instrumentalisierung von George Orwell und den Vorwürfen von ›Tugendterror‹ und ›Political Correctness‹ eingehen. Rassenhygieniker und Ideologen, die in der Tradition der Rassenhygiene stehen, haben zwei Probleme: Zum einen hat vor allem die nationalsozialistische Vergangenheit gezeigt, zu welch brutalen Praxen die Ideologie der Rassenhygiene führte; zum anderen spielt die Ideologie der Rassenhygiene im wissenschaftlichen Mainstream seit Jahren keine Rolle mehr. Entsprechend musste Volkmar Weiss sein Buch *Die IQ-Falle* im rechtsextremen Leopold-Stocker-Verlag herausgeben. In der deutschsprachigen Wikipedia bot sich nun für Volkmar Weiss anscheinend die Chance, seine Publikation und deren Kernthesen einem sehr viel größerem Publikum bekannt zu machen. Der Zufall wollte es, dass ich als Bildungssoziologie mit dem Schwerpunkt Bildungsbenachteiligung von Arbeiter*innenkindern kurz nach Volkmar Weiss in die deutschsprachige Wikipedia als ›User‹ einstieg. Durch meinen Bekannten Paul Wulf, der als Arbeiter*innenkind in der Nazizeit mit der Prognose ›erbliche Schwachsinn‹ zwangssterilisiert wurde, war ich sensibilisiert für das Thema Rassenhygiene. Paul Wulf (Sohn eines arbeitslosen Zechenarbeiters) forschte nach dem Krieg unablässig zu dem weiteren Agieren der Rassenhygieniker wie z.B. Otmar von Verschuer (Sohn eines adligen Grubenunternehmers, Direktor des *Kaiser-Wilhelm-Instituts für Anthropologie, menschliche Erblehre und Eugenik*, sowie Doktorvater vom KZ-›Arzt‹ Josef Mengele), der nach dem Krieg Dekan der Uniklinik Münster wurde, an der Paul Wulf als Hilfsgärtner arbeitete. Wulf konnte das Fortwirken zahlreicher NS-Rassenhygieniker dokumentieren und erhielt dafür das Bundesverdienstkreuz, heute erinnert eine überlebensgroße Plastik in der Münsteraner Innenstadt an Paul Wulf. Vor diesem Hintergrund traf ich also in Wikipedia auf Volkmar Weiss. Mir war zu dem Zeitpunkt noch nicht klar, dass Weiss im Beirat des von Verschuer mitgegründeten eugenischen Magazins *Mankind Quarterly* saß. Allerdings konnte ich aus nächster Nähe beobachten, mit welchen Methoden Weiss versuchte, das moderne Medium Wikipedia für die Propagierung des diskreditierten Erbintelligenz-Paradigmas, bzw. einfach nur seines Buches *Die IQ-Falle*, zu instrumentalisieren. Volkmar Weiss betätigte sich in Wikipedia zunächst unter seinem eigenen Namen, später auch unter verschiedenen Pseudonymen. Er verlinkte Wikipedia-Artikel mit seiner Homepage und den dort aufgelisteten Publikationen, die in weiten Teilen nicht zum wissenschaftlichen Mainstream gehören. Gleich in der ersten Woche seines Auftretens pflegte Volkmar Weiss seine Website und/ oder seine Publikationen in verschiedene Wikipedia-Artikeln ein, was am 10. März 2004 in der noch sehr jungen Wikipedia bereits für erheblichen Ärger sorgte. Volkmar Weiss antwortete auf die mehrfach geäußerten freundlichen Hinweise, er möge doch die ›Eigenwerbung‹ unterlassen, mit einem arroganten Rundumschlag gegen die »grassierende Dummheit« unter dem Titel »›Ein offenes Wort an alle selbsternannten Sittenwächter und Tugendbolde der Wikipedia‹« (Weiss 2004) Als die Wikipedia-Community die vermeintliche eigene Dummheit nicht einsehen wollte, sondern darauf bestand, dass auch Dr. Dr. Volkmar Weiss sich regelkonform zu verhalten habe, bedauerte dieser nicht etwa die massive Verlinkung seiner Texte, sondern dass er dies unter seinem richtigen Namen tat:

> »Sicher war es naiv von mir, mich unter meinem vollen Namen neugierig in die Wikipedia einzutragen. [...] Hat man das System aber einmal begriffen, dann gibt es auch Methoden, es zu unterlaufen. [..] Ich werde weiter dabei sein. Aber unter welchem Namen?« (Weiss, 2004b)

Auch in diesem Beitrag griff Weiss auf die Anti-PC-Strategie zurück, in dem er ein Zitat von George Orwell umgestaltete: »Wer die Gegenwart und Wikipedia administriert und kontrolliert, kontrolliert auch die Vergangenheit. Und wer die Vergangenheit kontrolliert, kontrolliert die Zukunft.« (ebd.) Ihm wurde anschließend nahegelegt, nicht zu versuchen, unter falschen Namen das Spamen von Links zu seinen Büchern weiter zu betreiben. Doch genau das tat er. 2005 hatte ich mich unter dem Account ›Schwarze Feder‹ als ›User‹ in der deutschsprachigen Wikipedia angemeldet und verfasste Artikel zum Themenfeld Bildung und Diskriminierung. Beim Editieren von Wikipedia-Artikeln wie *Vererbung von Intelligenz* geriet ich mit Volkmar Weiss aneinander. Weiss schrieb nach einigen inhaltlichen

Auseinandersetzungen schließlich zu meinem Account: »Man sollte sich die von dem Kryptokommunisten [[Benutzer:Schwarze feder]] verfaßten Texte, seine Streichungen und die dahinterstehende Motivation – d. h. sein zutiefst egalitäres Weltbild – einmal näher und gründlich ansehen und den Mann in seine Schranken weisen« (Weiss 2006).

Aufgefallen war mir das manipulative Verhalten von Weiss in einem vergeblich angestrengten Wiederherstellungsprozess zum Artikel ›Vererbung von Intelligenz‹. Dieser Artikel wurde seinerzeit gelöscht, weil er nur Theoriefindung von Volkmar Weiss enthielt, nicht jedoch den wissenschaftlichen Mainstream neutral abbildete. In der folgenden Diskussion brachte Weiss unter dem Namen ›Charles Spearmen‹[32] zahlreiche Wikipedia-Autoren gegen sich auf, weil er anmaßend und beleidigend agierte. So griff Weiss den Admin, der die Seite gelöscht hatte, unter anderem mit dem ›Vorwurf‹ an, der Admin würde unverhüllt auf seiner Benutzerseite auf *haGalil*[33] verlinken. Die ›Argumentation‹ von Volkmar Weiss alias ›Charles Spearman‹ drehte sich um Begriffe wie *Gedankenpolizist, Orwell, Großer Bruder, Newspeak, Stasi-Mitarbeiter, Berufsrevoluzzer, Linksextreme, Normalmensch und Gehirnwäsche.* (Spearman 2006) Hier zeigte sich wie beim Einstieg Volkmar Weiss' in die deutschsprachige Wikipedia zwei Jahre zuvor eine Inanspruchname von George Orwell. Nachdem er mit seinem elitären Auftreten sein Ziel nicht erreichte, gesellte sich später ein sehr moderater Account ›Dr. Volkmar Weiss‹, also wiederum Volkmar Weiss, diesmal mit seinen richtigen Namen, zur Diskussion. Volkmar Weiss äußerte *»ein ganz klein wenig Verständnis«* für den Account *Charles Spearman* (also für sich selber):

> »Einen so aufmüpfigen Geist wie den Benutzer Charles Spearman hätte man nicht nur in Orwells ›1984‹, sondern auch in der kommunistischen Realität schon längst verdampft. Benutzer Charles Spearman soll froh und dankbar sein, daß man ihn ab sofort aus der Wikipedia aussperrt und nur auf diese Weise mundtot macht. [...] So habe ich ein ganz klein wenig Verständnis für Benutzer Charles Spearman, daß er sich darüber ärgert, daß er mit seinem Engagement und seinem fachlichen Beitrag so einfach abserviert worden ist. Man sollte die Ange-

32 Charles Spearman war ein britischer Psychologe, der die These vertrat, dass es eine ›Allgemeine Intelligenz‹ gäbe. Die Existenz einer Allgemeinen Intelligenz kann als Voraussetzung für die Beantwortung der Frage gesehen werden, ob sich Intelligenz vererbt. Wenn es keine Allgemeine Intelligenz gibt, kann diese auch nicht vererbt werden. Ob es diese Allgemeine Intelligenz gibt, ist umstritten. Die aktuelle Bildungsforschung – beispielsweise die PISA-Tests – arbeiten mit dem Konzept von Kompetenzen, da die Kategorie einer Allgemeinen Intelligenz viel zu ungenau ist. (Kemper 2012: 60ff.)

33 *haGalil* ist das größte jüdische Online-Magazin in deutscher Sprache

legenheit in der Sache Ernst nehmen. In der Sache. Und den gelöschten Beitrag in Augenschein nehmen und nichts anderes. Es lebe die Wikipedia, eine freie Stimme in einer freien Welt! –Dr. Volkmar Weiss 22:24, 5. Apr 2006 (CEST)« (Weiss 2006b).

Typisch für diese Position ist auch die Einverleibung des Sozialisten und antifaschistischen Spanien-Kämpfers George Orwell. Während es Orwell in seinem Roman 1984 wesentlich darum geht, vor einer Entpolitisierung der Sprache zu warnen, wird von Sozialeugenikern genau diese Entpolitisierung durch Stereotypisierungen von Begriffen vorangetrieben. Der jüdische Philologe Victor Klemperer zeigte in seinem Buch *LTI – Notizbuch eines Philologen* wie die stereotype Wiederholunge nicht-kritisierbarer Begriffe der Nazi-Ideologie deren Propaganda durchwirkte. Heute würde ihm für eine Kritik an stereotypisierenden rassistischen Begriffen (die Beispiele spare ich mir) vorgeworfen werden, er würde ›Political Correctness‹ betreiben. Dieser PC-Vorwurf hat den Zweck ein Nachdenken über Begriffe zu verhindern, also genau das, was Orwell mit ›Gedankenpolizei‹ meint. ›Newspeak‹ bzw. ›Neusprech‹ liegt dann vor, wenn Begriffe stumpf und unreflektiert benutzt werden und diese Entpolitisierung der Sprache ging im Nationalsozialismus einher mit Bücherverbrennungen, aber auch mit der Ausgrenzung unliebsamer Wissenschaftler*innen aus dem Wissenschaftsbetrieb. In seinen Tagebüchern beschrieb Klemperer seine Verdrängung und die von vielen anderen politisch unliebsamen Wissenschaftlern aus der Hochschule. Volkmar Weiss ist nicht nur jemand, der die alten Zeiten wieder herbeisehnt, wo man ohne Skrupel über ›Rassen‹ sprechen kann, Schwarze und Roma*Romni mit rassistischen Vokabeln benennt, und auch sonst wenig Skrupel hat, bspw. von ›Schwachsinnigen‹ und ›erbliche[n] Unterschichten‹ zu sprechen. Er belässt es nicht bei der Entpolitisierung der Sprache, sondern wurde nach eigenen Angaben auch aktiv, um Wissenschaftler*innen ihren Doktorgrad aberkennen zu lassen. Volkmar Weiss, der in der DDR promovierte, stellte 1990 beim Bundesverfassungsgericht die Frage, ob man nicht Depromotionsverfahren gegen Doktoren einleiten könne, die zu Themen des ›Marxismus-Leninismus usw.‹ promoviert hätten.[34] Weiss aber stellt *sich* als Opfer einer ›Gedankenpolizei‹ dar, obwohl niemand gegen ihn ein Depromotionsverfahren einleitete.Zurück zu Wikipedia. Hier schlug ›Charles Spearman‹, eine

34 Jahre später versuchte er auch mich als Doktoranden am Institut für Soziologie zu diffamieren, und als dies nicht gelang, kritisierte er meinen Promotions-Betreuer in der Öffentlichkeit.

der ›Sockenpuppen‹[35] von Volkmar Weiss, vor: »Bei den Diskussionsbeiträgen sollte man auch einmal darauf achten, wer da diskutiert«. Das war ein unkluger Vorschlag, denn genau das machte ich und entlarvte die Manipulation von Dr. Dr. Weiss. Da er seine ›Sockenpuppen‹ nicht eben phantasievoll gestaltete und seine sprachliche Ausdrucksweise eben doch sehr fachwissenschaftlich begrenzt zu sein scheint, war es 2006 ein leichtes, viele seiner Alter Egos aufzudecken und über einen formellen *Check-User-Abgleich* als zu einer Person gehörend zu entlarven. Konfrontiert mit der Aufdeckung reagierte Weiss nur mit einer an alle mögliche Stellen verbreiteten paternalistischen Belehrung gerichtet an meine Person – also mit der gleichen Haltung wie schon zwei Jahre zuvor, mit der er sich in Wikipedia unbeliebt gemacht hatte. Zum Check-User-Abgleich nahm er ebenso wenig Stellung wie zum Vermittlungsausschuss oder zur dann folgenden Benutzersperrungs-Diskussion. Weiss hatte nicht nur wahr gemacht, wovon ihm 2004 dringend abgeraten wurde, nämlich heimlich unter falschen Namen das Verlinken seiner Literatur in Wikipedia fortzusetzen. Er hatte sich zudem in einer Artikel-Lösch-Diskussion unter verschiedenen Namen zu Wort gemeldet, was eine Irreführung der Beteiligten darstellte. Nachdem ich den eindeutigen Missbrauch von Mehrfach-Accounts durch ein reguläres Check-User-Verfahren der Administration aufdecken ließ und danach einen Sperrantrag stellte, sprachen sich 76 Wikipedia-Autoren für die Sperre aus und nur 11 dagegen (vgl. Kemper 2006). Nach dieser Sperre ging Weiss von der Strategie der Täuschung zur Strategie des Angriffs gegen mich und andere Wikipedia-Autoren über, wobei ihm der oben genannte Thorsten Hinz alias Doris Neujahr zur Hilfe eilte. Volkmar Weiss belästigte nach seiner Sperre in der deutschsprachigen Wikipedia das Sekretariat und den Vorstand des *Insituts für Soziologie* der *Uni Münster* mit der Behauptung, ich würde den Ruf des Insituts schädigen und erkundigte sich nach meiner Person. Hochschulen sind jedoch keinesfalls berechtigt, Informationen in der Form, wie Herr Weiss sie haben wollte, über Doktoranden herauszugeben. Und das Institut sah auch keinen Anlass, sich öffentlich von mir zu distanzieren, nur weil ein der Rassenhygiene nahestehender Volkmar Weiss dies forderte. Als diese Strategie der direkten Diskreditierung nicht aufging, erschien in der oben genannten neurechten Wochen-

---

35 In Wikipedia kann man sich unter verschiedenen Namen anmelden. Wenn jemand dann mit einem zweiten Namen auftaucht und so tut, als handele es sich dabei um jemand anderen, dann wird diese zweite Anmeldung ›Sockenpuppe‹ genannt, also eine Marionette, wie sie Bauchredner verwenden.

zeitung *Junge Freiheit* ein Artikel (Neujahr 2009b) über mich von ›Doris Neujahr‹ (Thorsten Hinz), der die Ergebnisse von Weiss' Nachstellungen anscheinend ungeprüft veröffentlichte. Es wurde mir in einem längeren Artikel vorgeworfen, »nicht verheiratet« und damit »sozial defizitär« zu sein und unter einer »schweren Verhaltensstörung« zu leiden – trotz dieser Mängel dennoch Macht in Wikipedia ausüben zu wollen. Angeblich hätten Nachforschungen am *Institut für Soziologie* darüber hinaus ergeben, dass ich als Doktorand unbekannt sei. Das »Phänomen ›Schwarze Feder‹ erschöpfe sich jedoch nicht im Pathologischen« (ebd.), resümiert Thorsten Hinz, dem die »Gleichheitsideologie« des Instituts für Soziologie missfiel: »Durch hegemoniale Wikipedia-Autoren könnten solche Erkenntnisse im Laufe der Zeit zum unwidersprochenen Allgemeinwissen werden. Es ist kein bildungsbürgerlicher und ästhetischer Dünkel, sich über diese Aussicht zu empören« (ebd.). Vor dem Hintergrund der rassenhygienischen Ideologie-Fragmente, die Weiss und Hinz zum Besten geben, ist »›bildungsbürgerlicher‹ Dünkel« in der Tat eine falsche, nämlich verharmlosende Selbstkennzeichnung. Thorsten Hinz spricht hier indirekt aus, dass es ihm um Hegemonie gehe und dass die Ablehnung des ›Dünkels‹, wie ihn Hinz und Weiss repräsentieren, der Übernahme hegemonialer Positionen im Wege stehen könnte. Dieser Dünkel – vor allem in seiner rassenhygienischen Variante – ist in Deutschland (noch) weit entfernt davon, hegemonial zu werden, obschon die Einführung des Elterngeldgesetzes mit dem dahinter stehendem Dünkel ›In Deutschland bekommen die Falschen die Kinder‹ ein Schritt in diese Richtung ist. Der Artikel von Thorsten Hinz zu meinem Wikipedia-Account war überschrieben mit dem Titel ›Wissen ist Macht‹, ein Jahr später publizierte er in der *Jungen Freiheit* den Artikel ›Sprache ist Macht‹, eine Besprechung von Thilo Sarrazins *Deutschland schafft sich ab*.

1.2.3 »Sprache ist Macht«: Dekontextualisierung der Rassenhygiene

Weiter oben wurde bereits darauf eingegangen, dass Thorsten Hinz von der neurechten Wochenzeitung *Junge Freiheit* bereits das *Tagesspiegel*-Interview mit rassenhygienischen Versatzstücken in Verbindung bringen konnte, als Sarrazin noch nicht einmal explizit von ›Vererbung von Intelligenz‹ sprach. Weiten Teilen der linken und bürgerlichen Öffentlichkeit gelang diese Zuordnung noch nicht einmal nach Sarrazins sehr expliziten *Lettre*-Interview ein halbes Jahr später und der Mainstream der Kritik arbeitete sich selbst nach *Deutschland schafft sich ab* noch an Ausländer*innen- und

Islamfeindlichkeit ab, als ginge es in dem Buch ausschließlich um Fragen der Integration. Der Medienwissenschaftler Michael Haller hatte darauf hingewiesen, dass Frank Schirrmacher von der *FAZ* einer der wenigen Journalisten gewesen sei, der sehr deutlich den Kontext der Eugenik benannt habe, in dem Sarrazins Thesen zu betrachten seien (Haller 2012). In dem von Michael Haller und Martin Niggeschmidt herausgegebenen Band *Der Mythos vom Niedergang der Intelligenz* hatte ich bereits darauf verwiesen, dass Schirrmacher Thilo Sarrazin direkt nach seinen Quellen gefragt habe und dabei auch auf Volkmar Weiss zu sprechen kam, Sarrazin aber nicht wahrheitsgemäß antwortete. Sarrazin teilte zunächst unverbindlich mit, dass Volkmar Weiss Erhellendes über Aufstiegsdynamik und Bildungspolitik in der DDR gesagt habe. Schirrmacher hakte nach und kam dann auf das rechte Umfeld von Volkmar Weiss zu sprechen (auf Vorschlag der NPD saß Weiss als Experte in der Enquetekommission ›Demographie‹ des Freistaats Sachsen). Hierauf äußerte Sarrazin, die »betrüblichen politischen Verirrungen« hätten nichts mit seiner Fachkompetenz zu tun, und wörtlich: »Ich habe Weiss lediglich dort zitiert, wo er kompetent ist, nämlich mit seinen Erkenntnissen zum DDR-Bildungssystem« (Sarrazin 2010b). Letzteres ist nicht wahr, Sarrazin zitierte Weiss bspw. auch zu einem Intelligenzforscher der Weimarer Republik, im Zusammenhang mit der Frage, ob Nazis Intelligenztests ablehnten – und das hat nichts mit dem DDR-Bildungssystem zu tun. Volkmar Weiss zeigte sich über diese Aussage empört, schließlich habe Sarrazin nicht nur den logischen Aufbau seines Buches *Die IQ-Falle* übernommen, sondern ihn auch häufiger zitiert, als das Register dies ausweise:

> »Den logischen Aufbau eines Vorgängerbuches zu übernehmen, ohne dabei seitenweise wörtlich abzuschreiben, das gilt nicht als Plagiat im engeren Sinne, wenn man sich zu der Vorlage bekennt. Sarrazin erwähnt und zitiert ja auch mein Buch, sogar an mehr Stellen, als sein Register am Schluß ausweist. Als Frank Schirrmacher ihn am 1.10.2010 bei einem Interview für die FAZ auf den Kopf zu fragte, welche Vorleistung Volkmar Weiss für ihn tatsächlich erbracht hat (da seine Zitierungen diesen Anteil eher herunterspielen), hielt Sarrazin es für opportun, statt nun der Wahrheit die Ehre zu geben, den Anteil zu leugnen und gar von ›betrüblichen Verirrungen‹ meinerseits zur sprechen. Das empört mich, mußten doch in dem Moment in seinem Kopf Texte gegenwärtig sein, die sich wie eine Zusammenfassung seines Buch lesen, nur daß sie von mir schon ein paar Jahre früher veröffentlicht worden waren. Auf der einen Seite also ein SPD-Politiker, der Millionen mit einem Buch scheffelt, dessen Quellen er zu verdunkeln sucht, auf der anderen Seite ein Wissenschaftler, der sich über seine Rolle im Hintergrund amüsieren könnte, wenn er von dem von ihm profitierenden Großverdiener nicht auch noch in eine Ecke gestellt würde. Für die Massenmedien scheint aber eine

solche Rollenverteilung eine selbstverständliche zu sein, gegen die man sich nicht wehren darf. Was ich dennoch mit dieser Erklärung versuche« (Weiss 2013).

Volkmar Weiss erklärt in seiner Stellungnahme, dass »Sarrazin irgendwann im Jahre 2008« das Buch *Die IQ-Falle* von Weiss in die Hände bekam (ebd.). Sarrazin habe sich in vollem Umfange auf die Vorleistungen dieses Buches gestützt: »Sarrazins eigene Zutaten waren sein Stil, sein Antiislamismus und einige neuere Statistiken, wie die Entsprechung von IQ-Testwerten und PISA-Ergebnissen, die er aus Sonderdrucken kannte (eigene Veröffentlichungen nach 2000 und Arbeiten Dritter, die er in seinem Buch dann alle ausführlich zitiert hat – die Autoren möge man erraten), die ich ihm 2009 nach seinem Interview in ›Lettre International‹ ohne Begleitschreiben an seine Dienstadresse in Frankfurt am Main geschickt hatte.« (ebd.) In dieser Erklärung von Volkmar Weiss zur Behauptung Sarrazins, er habe sich nur die Erkenntnisse Weiss' zum DDR-Bildungssystem bezogen, verweist Weiss interessanterweise auch auf meinen Artikel ›Sarrazins deutschsprachige Quellen‹ (Kemper 2012) in Haller und Niggeschmidts *Der Mythos vom Niedergang der Intelligenz*. Ich hätte in dem Artikel den »Nagel auf den Kopf getroffen«, als ich »eine direkte Verbindungslinie zwischen Sarrazins Buch, Der IQ-Falle und dem Bestseller ›The Bell Curve‹» herstellte (Weiss 2013). Die Verbindungslinie, die ich in dem Artikel hergestellt habe, geht allerdings noch viel weiter zurück, nämlich auf die Eugeniker-Zeitschrift *Mankind Quarterly*[36] und auf das Erbgesundheitsgesetz der Nazizeit (zwischen letzteren beiden ist der Rassenhygieniker Otmar von Verschuer das Bindeglied). Soviel Verbindung möchte dann selbst Weiss nicht gerne sehen, der allerdings mit positiven Bezug auf eine Reihe von Rassenforschern des Nazi-Regimes verweist. Sarrazin hingegen möchte möglichst viel formalen Abstand zum Dunstkreis von *Mankind Quarterly* und streitet daher selbst Offensichtliches ab. Dies ist nicht nur politisch problematisch, sondern wird dann auch wissenschafts-journalistisch zum Problem, wenn diese Verleugnung mit unsauberem Zitieren einher geht, wie im Folgenden dokumentiert. Hierbei ist zu bedenken: Ein Plagiat ist weniger durch unsauberes Zitieren definiert, als vielmehr durch die Verleugnung der eigentlichen geistigen Urheberschaft von Ideen.

Thilo Sarrazin bezieht sich in *Deutschland schafft sich ab* unter anderem auf Volkmar Weiss, wenn er den ›Fall Wilhelm Peters‹ (Sarrazin 2010: S. 96f.) wiedergibt, um zu zeigen, dass sich die Nationalsozialisten angeblich

36 Zu *Mankind Quarterly* auch: Sesin (2012), Knebel/ Marquardt (2012)

gegen Intelligenztests wandten, weil diese jüdisch seien.[37] Sarrazin folgt hier den Abschnitten zu den jüdischen Intelligenzforschern vor und während des Nationalsozialismus aus Weiss zehn Jahre zuvor veröffentlichtem Buch *Die IQ-Falle* . Auch argumentativ schließt sich Sarrazin der Logik von Weiss an, die Thematiken *Intelligenzforschung* und *Vererbung von Intelligenz* vom nationalsozialistischen Rassismus deutlich zu trennen: Intelligenzvererbungsforschung sei kein Teufelszeug, im Gegenteil, die Nazis hätten sie als ›jüdisch‹ gekennzeichnet und damit abqualifiziert. Sarrazin geht hier mit drei Fußnoten auf Weiss ein. Bereits diese Fußnoten widerlegen die Behauptung Sarrazins, auf Weiss ›nur als DDR-Experten‹ eingegangen zu sein. Noch problematischer aber wird es, wenn er eine wesentliche Passage aus Weiss' *Die IQ-Falle* falsch wiedergibt und die Quellenangabe ›vergisst‹. Volkmar Weiss äußerte sich zum jüdischen Intelligenzforscher Wilhelm Peters:

> »Sein Vortrag zur ›Rassenpsychologie‹ war ein Aufruf zu kühlem Denken und zu Toleranz. Wenn man natürliche Selektion als Ergebnis der unterschiedlichen Lebensbedingungen der Rassen annehmen müsse, könne man die Möglichkeit erblicher Rassenunterschiede auch im Psychischen nicht ausschließen« (Weiss 2000: S. 27).

Bei Sarrazin wird daraus:

> »Wenn man natürliche Selektion als Ergebnis der unterschiedlichen Lebensbedingungen von Ethnien annehmen müsste, so sein Schluss aus den vertiefenden Studien zur Vererbung von Begabungen, könne man die Möglichkeit erblicher Unterschiede zwischen Ethnien auch im Psychischen nicht ausschließen« (Sarrazin 2010: S. 96)

Es ist hier deutlich zu erkennen, dass der Satz bis auf einen eingebauten Nebensatz identisch mit der Passage bei Weiss ist, wenn man von der Ersetzung des Wortes ›Rasse‹ durch ›Ethnie‹ absieht, was zudem noch eine Verfälschung darstellt. Sarrazin gibt hier keine weiteren Quellen an. Warum ›Rasse‹ durch ›Ethnie‹ ausgetauscht wurde, darüber darf spekuliert werden, jedenfalls bestand der Verlag darauf, die Vokabel ›Rasse‹ möglichst nicht zu verwenden. Auch Weiss fordert dazu auf, vom Vokabular von Wilhelm Peter abzusehen, dann könne man den »bleibenden Gehalt aus einer mehr oder minder vom damaligen Zeitgeist geprägten

37 Der Mythos, IQ-Tests seien im Nationalsozialimus verboten gewesen, weil sie jüdischen Ursprungs seien, wird aktuell auch auf Blogs wie Henryk Broders ›Die Achse des Guten‹ vertreten. »IQ-Tests waren den Intelligenz-Forschern der DDR in jenen Jahren noch verboten (so wie es zuvor auch in der Nazi-Zeit der Fall war)« Kulke 2011

Ideologie herausfiltern« (Weiss 2000: 54). Weiss scheint allerdings weniger Probleme damit zu haben, von ›Rassen‹ zu sprechen, wenn er ›Rassen‹ meint[38].. Er lehnt die Strategie ab, von ›Ethnien‹ zu sprechen, wenn ›Rassen‹ gemeint seien: »Auch Herrnstein und Murray (1994) sprechen von ethnischen Gemeinschaften, in der Hoffnung, damit den Begriff ›Rasse‹ umgehen zu können« (Weiss 2000: 166). Hier erschließt sich, warum Thorsten Hinz seinen Kommentar zur angeblichen Unterdrückung der Meinung Thilo Sarrazins mit ›Sprache ist Macht‹ (Hinz 2010) überschrieben hat. Untertitelt ist dieser Kommentar mit der pessimistischen Feststellung »Wahnsinn und Tabu: Diskursverbote gibt es immer noch, daran hat auch Sarrazin nichts geändert« (Hinz 2010). In der Sarrazin-Debatte zeige sich ein »klarer Frontverlauf«: »Hier der – aktuell in Thilo Sarrazin personifizierte – Versuch, Klartext über die Lage des Landes und seine Zukunft zu reden; dort das Festhalten der politisch-medialen Klasse an der Vision einer ›bunten Republik‹ unter Aussparung der Fakten« (ebd.). Allerdings müsse man sich davor hüten, »die Resonanz auf Thilo Sarrazin schon als Ankündigung einer Trendwende und Enttabuisierung zu betrachten« (ebd.). Mit Bezug auf die Shoah führt Thorsten Hinz aus: Es gebe auch »Endlosschleifen und Regressionen«, die so lange griffen, wie noch »der Paragraph 130, der seine [Holocaust; A.K.] Verharmlosung unter Strafe« gestellt werde, denn das »wichtigste Tabu ist zur Zeit noch der Nationalsozialismus«. Dieser verschaffe »dem Zensor und dem Staatsanwalt Eingang in die Herzen und Hirne der Bürger, wo sie sie permanent ermahnen, daß jeder von ihnen ein potentieller Gedankenverbrecher« sei. Damit werde »mit der Zeit eine bestimmte Art des Sprechens und sogar des Denkens erreicht.« (ebd.)

1.3 Anti-PC: Korrektur der Korrekturmöglichkeiten

1.3.1 Der Mittelstand – seine Verrohung, sein Verbände

Der Bielefelder Soziologe Wilhelm Heitmeyer betont als Quintessenz seines zehnjährigen Forschungsprojekts zur Gruppenbezogenen Menschenfeindlichkeit, die jährlich in den Suhrkamp Taschenbüchern der Reihe

38 »Die Völker Europas [...] gehören alle der weißen Großrasse an, die in sich aber wieder heterogen und nach Osten zu mit der asiatischen Großrasse gemischt ist« (Weiss 2000: S. 166) »Lynn (1991) glaubt gar, [...] daß der Median-IQ der afrikanischen Neger bei IQ 75 liege, d.h. noch 10 IQ-Punkte niedriger als bei den Negern der USA« (Weiss 2000: S. 170)

›Deutsche Zustände‹ dokumentiert und kommentiert wurden, das Entstehen einer »rohen« bzw. »verrohten Bürgerlichkeit«. Insbesondere im Milieu des Bürgertums sei die Bereitschaft zur Abwertung von Menschen, die einem Nützlichkeitsideal nicht entsprechen, in den letzten Jahren gewachsen, teilte Heitmeyer 2012 mit:

> »Gemeinhin werden solche Abwertungen und Diskriminierungen vor allem den unteren Soziallagen, also Menschen in prekären Lebenssituationen und mit niedrigem Bildungsniveau und Einkommen zugeschrieben. Indem Menschen aus unteren Soziallagen andere abwerten, werten sie sich selber auf und praktizieren das, was wir die Ideologie der Ungleichwertigkeit nennen. Aber welche Rolle spielen solche Gruppen, die die Attitude der Bürgerlichkeit vorgeben und z.B. von elitären Stichwortgebern wie Herrn Sarrazin mit seiner Renaturalisierung von Ungleichheit angefeuert werden? Diese Blickrichtung auf die Einflussreichen ist eher selten. Damit bin ich bei einer spezifischen Kennzeichnung, also dem, was ich »rohe Bürgerlichkeit« nenne, die den inneren sozialen Frieden bedroht. Rohe Bürgerlichkeit ergibt sich aus dem Zusammenspiel von glatter Stilfassade, vornehm rabiater Rhetorik sowie autoritären, aggressiven Einstellungen und Haltungen. Sie findet ihren Ausdruck in einem Jargon der Verachtung gegenüber schwachen Gruppen und der rigorosen Verteidigung bzw. Einforderung eigener Etabliertenvorrechte im Duktus der Überlegenheit. Sie artikuliert sich über eine Ideologie der Ungleichwertigkeit« (Heitmeyer 2012b).

Thilo Sarrazin konnte als »elitärer Sichtwortgeber« der »Renaturalisierung von Ungleichheit« nicht nur über eine Millionen Mal sein Buch *Deutschland schafft sich ab* verkaufen, sondern er hatte auch im Mittelstand Unterstützung, war und ist also keineswegs isoliert. So wurde er mehrfach zu Tagungen der Verbände der Familienunternehmer als Redner bzw. Diskutant eingeladen (auf diesen Tagungen sprechen auch ehemalige oder amtierende Bundeskanzler*innen, es sind also keine Provinztreffen). Und er wurde nach der Integrationsdebatte mit Preisen ausgezeichnet. Zum Beispiel am 6.4.2013 mit dem Sappho Preis, als Anerkennung für sein Eintreten für das Recht der Redefreiheit, von der dänischen Gesellschaft für Pressefreiheit (*Trykkefrihedsselskabet*)[39]. Hier trug er noch einmal seine dreizehn Thesen zur Politischen Korrektheit vor, die er bereits während der Widerstandstagung in Speyer zum Besten gab. Ein halbes Jahr zuvor, am 06.11.2012, wurde Sarrazin der ›Deutsche Mittelstandspreis‹ verliehen. Da Günther Verheugen als vorangegangener Preisträger sich weigerte, für seinen Parteikollegen Thilo Sarrazin die Laudatio zu halten, sprang Hans-Olaf Henkel ein, der Mitgründer des *Konvent für Deutschland*.

39 Bei der dänischen ›Gesellschaft für Pressefreiheit‹ handelt es sich um eine rechtspopulistische Vereinigung (Glösel/ Strobl/ Bruns 2014: 114)

1.3.2 Ein Konvent für die Korrektur der Politik

Interessant ist hier zunächst der *Konvent für Deutschland*, ein Honoratiorennetzwerk, welches sich für eine ›Reform der Reformfähigkeit‹ einsetzt. Unter dieser Reform ist vor allem ein Herumschrauben an der parlamentarischen Entscheidungsstruktur in Deutschland zu verstehen. Da im Kuratorium des Konvents Vorsitzende von Banken wie der *Bank of America* und *Deutsche Bank AG* sitzen, lässt dies darauf schließen, dass die geplanten Reformen nicht zu einer unmittelbaren Verbesserung des Sozialstaates gedacht sind. In diesem Konvent finden sich die vehementesten Verteidiger Thilo Sarrazins, zum Beispiel Hans-Olaf Henkel[40] und Klaus von Dohnanyi. Henkel gab in einem Artikel 2010 freimütig seine Haltung zu: »Noch habe ich das neue Buch von Thilo Sarrazin nicht gelesen, auch ich kenne nur die Vorveröffentlichungen. Ich nehme aber an, die ausgesuchten Abschnitte waren besonders brisant und wurden aus dem Zusammenhang gerissen, um dann die bei uns übliche Empörungslawine loszutreten« (Henkel 2010). Auch Wolfgang Clement (ehemaliges *Konvent für Deutschland*-Mitglied) und Oswald Metzger vom *Konvent* äußerten sich zur Politischen Korrektheit bzw. zur Empörungskultur und verteidigten Sarrazin. Clement und Metzger fielen ähnlich wie Sarrazin durch eine klassistische, menschenverachtende Wortwahl auf, womit sie zu den Tabubrechern für ein »verrohtes Bürgertum«[41] zu sehen sind. So wurden in einer von Clement zu verant-

---

40 Hans-Olaf Henkel wurde im Dezember 2013 offiziell Mitglied der *Alternative für Deutschland*, als dessen geistiger Vater er betrachtet werden kann (Kemper 2013: 36ff.). Im Januar 2014 wurde er während der Bundesdelegiertenversammlung in Aschaffenburg auf Platz 2 der Kandidat*innenliste der AfD für die Europawahl 2014 gewählt. Er trat daraufhin aus dem Konvent für Deutschland aus, um sich auf den Europawahlkampf konzentrieren zu können.

41 Wilhelm Heitmeyer hat den Begriff des »rohen/ verrohtem Bürgertums« im Anschluss einer zehnjährigen Forschung zur gruppenbezogenen Menschenfeindlichkeit geprägt. Heitmeyer schreibt zur ›rohen Bürgerlichkeit‹: »Diese Rohheit zeichnet sich dadurch aus, daß in bürgerlichen Kreisen offensichtliche Versuche unternommen werden, privilegierte Positionen zu wahren und abzusichern. Scheinbar gibt es hier ein ›entsichertes Bürgertum‹, das sich infolge ökonomischer wie gesellschaftlicher Krisen bedroht fühlt und seine Sicherungsversuche auch über liberale Tages- und Wochenzeitungen ventiliert. Der Einfluß, den diese höheren Einkommensgruppen auf negative Veränderungen des sozialen und politischen Klimas haben, ist nicht zu unterschätzen [...] Zivilisierte, tolerante, differenzierte Einstellungen, die in höheren Einkommensgruppen einmal anzutreffen waren, scheinen sich in unzivilisierte, intolerante – ja: verrohte – zu verwandeln. Vor allem wenn jene Gruppen dem Mantra des ›Unternehmerischen Selbst‹ anhängen [...], hat dies eine hohe Erklärungskraft in bBezug auf die Abwertung vorgeblich ›nutzloser‹ Gruppen. Es geht hier offenkundig darum, eigene asoziale Privilegien durch die Abwertung und Desintegration von als ›nutzlos‹ etikettierte Menschen zu sichern oder auszubauen, sowie

wortenden Broschüre Arbeitslose mit Parasiten verglichen[42] und Metzger teilte entsprechend mit, dass Generationen von Sozialhilfeempfängern ihre Lebenssinn darin sähen, »Kohlehydrate oder Alkohol in sich hinein zu stopfen, vor dem Fernseher zu sitzen und das Gleiche den eigenen Kindern angedeihen zu lassen.«[43] Folgerichtig stellten sich Metzger und Clement hinter Thilo Sarrazin. Nach Wolfgang Clement gebe sich die SPD der »hierzulande eingeübten Empörungskultur« hin und werde »blind und taub für die Probleme«: »Jeder, der ihn kennt, weiß, dass es verleumderisch ist, ihn auch nur in die Nähe rassistischer Überlegungen oder gar Überzeugungen zu bringen« (WAZ: 2010). Und Oswald Metzger pflichtete ihm mit den Worten bei: »Während viele politisch korrekte Meinungsbildner mit Empörung auf Sarrazins Fundamentalkritik an der gescheiterten Integrationspolitik reagieren, die SPD-Spitze ihn rausschmeißen möchte und die Staatsspitze – von der Kanzlerin bis zum Bundespräsidenten – die Bundesbank erfolgreich zur Entfernung des Übeltäters aus dem Vorstand aufforderten, ist sich das gemeine Volk einig: ›Der Mann sagt die Wahrheit und wird dafür abgestraft!‹» (Junge Freiheit 2010).

Es fällt auf, dass in kurzer Zeit von diesen drei Reform-Konventualen der Begriff ›Empörung‹ zur Abwertung von Kritik genutzt wurde: ›übliche Empörungslawine‹, ›eingeübte Empörungskultur‹ und ›politisch korrekte Meinungsbildner mit Empörung‹. Mit dem Begriff ›Empörung‹ sollte der rationale Kern der Kritik unsichtbar gemacht werden. Zudem wurde ›Empörung‹ hier im Sinne einer ›künstlichen‹, einer ›gespielten‹ Empörung verwendet. Vermutlich wäre der Begriff ›Empörung‹

---

um eine kulturelle Abwehrhaltung (etwa im Hinblick auf Islamfeindlichkeit), wobei es in diesem Fall keinen dämpfenden Bildungseffekt mehr zu geben scheint [...] Es mehren sich die Hinweise darauf, daß die angebliche Liberalität der höheren Einkommensgruppen erodiert.« (Heitmeyer 2012: 35)

42 »Biologen verwenden für ›Organismen, die zeitweise oder dauerhaft zur Befriedigung ihrer Nahrungsbedingungen auf Kosten anderer Lebewesen – ihren Wirten – leben‹, übereinstimmend die Bezeichnung ›Parasiten‹. Natürlich ist es völlig unstatthaft, Begriffe aus dem Tierreich auf Menschen zu übertragen.« (Bundesministerium für Wirtschaft und Arbeit 2005: 10) Wilhelm Heitmeyer stellte sich zu dieser Broschüre die Frage: »Ich möchte nicht wissen, durch wie viel Hände hoch gebildeter und hoch bezahlter Beamter dieser Passus unbeanstandet gegangen ist.« (Heitmeyer 2012)

43 »Wir können doch heute schon bei Sozialhilfe-Biografien über Generationen beobachten, dass Menschen, die von Transfereinkommen leben, nicht aktiviert werden. Sozialhilfeempfänger werden keineswegs schöpferisch aktiv. Viele sehen ihren Lebenssinn darin, Kohlehydrate oder Alkohol in sich hinein zu stopfen, vor dem Fernseher zu sitzen und das Gleiche den eigenen Kindern angedeihen zu lassen. Die wachsen dann verdickt und verdummt auf.« (Metzger 2007)

auch später noch diskursstrategisch eingesetzt worden. Doch ein anderer Bucherfolg machte dieser Strategie einen Strich durch die Rechnung. Parallel zum Millionenerfolg von Sarrazins *Deutschland schafft sich ab* erschien in Frankreich ein kleines Büchlein des Widerstandskämpfers Stéphane Hessel, welches kurze Zeit später in Deutschland unter dem Titel *Empört Euch!* (Hessel 2011) herausgebracht wurde. In dem millionenfach verkauften Buch wurde vom über 90-jährigen Stéphane Hessel dazu aufgerufen, sich gegen Rassismus und Sozialabbau zu empören. Tatsächlich wurden Hessels und Sarrazins Bücher mit einander verglichen. Arno Widmann zeigte sich in der *Frankfurter Rundschau* neidisch auf die französischen Nachbarn, weil sich Hessels Millionenerfolg »für Immigranten und gegen soziale Ausgrenzung« aussprach, Sarrazins Millionenerfolg hingegen »gegen Immigranten und für soziale Ausgrenzung«. Ähnlich sprach Jakob Augstein im Wochenmagazin *Freitag* vom »Buch der Hoffnung« (Hessel) und vom »Buch der Niedertracht« (Sarrazin). Fast schon erinnert diese Gegenüberstellung an die Auseinandersetzung der Brüder Heinrich und Thomas Mann, also der Gegenüberstellung von französischer Zivilisation und deutscher Kultur. Tatsächlich sollte Hans-Olaf Henkel wenige Jahre später anti-französische Statements von sich geben. Der Begriff ›Empörung‹ erhielt durch Hessels Publikation eine positive Aufladung, es war fortan schwieriger, Schlagworte wie ›übliche Empörungslawine‹ in den Anti-PC-Code zu integrieren.

Während die Sarrazin-Verteidiger aus dem *Konvent für Deutschland* sich über die Politische Korrektheit und Empörungswellen empörten, besteht ihr Ziel in einer Korrektur des Politischen. Sie nennen es nur selten ›Korrektur‹ des Politischen, sondern ›Reform der politischen Entscheidungsstrukturen‹ bzw. ›Reform der Reformfähigkeit‹. 2008 gab der Konvent den Sammelband *Mut zum Handeln: Wie Deutschland wieder reformfähig wird* (Herzog u.a. 2008) heraus. Zu den Herausgebern zählten u.a. Roman Herzog, Wolfgang Clement, Klaus von Dohnanyi und Hans-Olaf Henkel. Roman Herzog sprach in diesem Band ganz offen von ›Korrekturen‹, wenn er versehentlich einmal nicht die politisch korrekte Vokabel ›Reform‹ benutzte. Mit dem Begriff der reformbedürftigen Reformfähigkeit sei »die Notwendigkeit« gemeint, »unsere Institutionen so zu gestalten, dass sie Reformentscheidungen erleichtern, anstatt sie zu behindern.« Es ginge darum, »dass klare Verantwortungszuweisung eines der grundlegenden Prinzipien für derartige ›Meta-Reformen‹« sein müsste (Herzog 2008: 12). Es gehe um die »Reform der Institutionen, um sie reformfähiger zu machen«

(ebd.: 13). Über die Rolle der Bürger*innen heißt es: »Wenn Reformvorhaben Erfolg haben sollen, brauchen wir Bürger, die sich nicht immer zuerst auf den Staat verlassen, bevor sie daran denken, ihre Angelegenheiten in die eigenen Hände zu nehmen. [...] Mündigkeit und Subsidiarität sind Voraussetzung und Königsweg zum Abbau der Staatsüberforderung und Staatsüberlastung, die ein wesentliches Hindernis für die notwendige Handlungs- und Reformfähigkeit darstellen« (ebd.). Die Korrekturen, die vorgenommen werden müssten, bestünden in der Senkung der Staatsquote (Anteil des Staates am Bruttoinlandsprodukt), obschon Deutschland eher am unteren Rand der Staatsquoten läge. Das heißt, es müssten noch viele Privatisierungen vorgenommen werden. Herzog: »Man muss ja nicht alle heiligen Kühe gleichzeitig schlachten. Aber alle zwei Jahre mal eine, das wäre ja schon reizvoll« (Herzog 2008b: 32).

> »Sollen wir uns auf die Nöte der bildungsfernen Schichten konzentrieren oder sollen wir, wie die angelsächsischen Länder, mit Elite-Schulen und -Hochschulen den Rest mitziehen? Im Sport funktioniert das ja auch, und da akzeptieren wir es, dass Eliteförderung der Entwicklung des Breitensports dient« (Henkel 2008: 237).

Henkel hebt hervor, »dass Deutschland ein entsprechendes Entscheidungssystem braucht, um wettbewerbsfähig zu werden. Deshalb haben wir ja den Konvent für Deutschland gegründet. Der Konvent hat das vorrangige Ziel, in Deutschland ein politisches Entscheidungssystem herbeizuführen, das den Herausforderungen der modernen Technologie, der Globalisierung und des demografischen Wandels gerecht wird« (Henkel 2008:236). Auch Klaus von Dohnanyi, stellvertretender Vorsitzender des *Konvent für Deutschland*, versuchte öffentlich Thilo Sarrazin zu verteidigen. Es lohnt sich, auf Klaus von Dohnanyi genauer einzugehen.

1.3.3 Dohnanyis ›Anti-PC-DNA‹

Klaus von Dohnanyi gehörte bereits seit langem zu den Kritikern einer vermeintlichen Politischen Korrektheit, später trat er vor allem in der Rolle eines Verteidigers von Thilo Sarrazin auf. Dohnanyis Aussagen erhalten durch seine Herkunft Gewicht. Sein Vater Hans von Dohnanyi und weitere Verwandte, wie sein Onkel Dietrich Bonhoeffer, wurden von den Nazis kurz vor Kriegsende ermordet, weil sie zum Widerstand gehörten. Klaus von Dohnanyi verlor als 16-jähriger seinen Vater, was dies bedeutet, kann ich insofern nachvollziehen, als mein Vater, ein Fabrikarbeiter, starb, als ich 16 war. So etwas ist bereits sehr schlimm. Nicht erfassen kann ich hingegen, was es bedeutet, wenn der eigene Vater nicht einfach nur aufgrund einer jahrzehntelangen Fabrikarbeit viel zu früh stirbt, sondern ermordet wird, weil er ein politisches System kritisiert. Insofern würde ich jederzeit einem Menschen, der Angehörige durch politische Gewalt verlor, besonders aufmerksam zuhören. Wenn auf diese familiäre Herkunft von Dohnanyi hingewiesen wird, dann machen es bestimmte Positionierungen von Dohnanyi allerdings erforderlich, sich die ganze Wahrheit seiner Familiengeschichte anzuschauen. Nämlich dann, wenn sich Dohnanyi nicht nur zu Fragen der Rassenhygiene äußert und hier verharmlosend auftritt. Dohnanyis Großvater, Karl Bonhoeffer, war Erbgesundheitsrichter und als Gutachter nach 1945 mitverantwortlich dafür, dass das Erbgesundheitsgesetz zum Leidwesen von 350.000 Zwangssterilisierten nicht als Nazigesetz eingestuft wurde. Diese erhielten daraufhin keine Wiedergutmachung. Das Leiden dieser Menschen, zu denen auch mein Bekannter Paul Wulf zählte, macht es erforderlich, in Klaus von Dohnanyi nicht nur den Sohn des ermordeten Widerstandskämpfers Hans von Dohnanyi zu sehen, sondern auch den Enkel des Erbgesundheitsrichters Karl Bonhoeffer. Man kann nicht, wie Hans-Olaf Henkel dies versuchte, in rassenhygienischen Fragen auf die Herkunft Dohnanyis verweisen und damit nur den Sohn, nicht aber den Enkel meinen.

Dohnanyi hielt am 17. Juli in Karlsruhe die Rede: ›Hat uns Erinnerung das Richtige gelehrt? Eine kritische Betrachtung der sogenannten 'Vergangenheitsbewältigung'‹ (Dohnanyi). In diesem Beitrag kritisiert Klaus von Dohnanyi eine angebliche ›Politische Korrektheit‹. Der Artikel wurde 2002 in der zunächst rechtsextremistischen, später zur Neuen Rechten zählenden ›national-europäischen‹ Monatszeitschrift *MUT* abgedruckt. Klaus von Dohnanyi behauptet in seiner Rede, dass äußere Umstände den Nationalsozialismus verursacht hätten, dass andere Staaten ebenfalls nationalsozialistisch geworden wären, wenn sie die gleichen äußeren politischen und wirtschaftlichen Bedingungen gehabt hätten wie Deutschland. So hätten die Schmach und die wirtschaftliche Lähmung durch die Versailler Verträge einen wesentlichen Anteil an der Entstehung des NS-Regimes gehabt. Dohnanyi verteidigte damit die Aussage Martin Walsers. Dohnanyi lässt die Rolle des deutschen Mittelstandes außen vor und damit auch Erich Fromms *Furcht vor der Freiheit*, eine Analyse aus den frühen 1940er Jahren zum autoritären Charakter des deutschen Mittelstandes, oder auch Ernst Blochs Thesen *Erbschaft dieser Zeit* aus den 1930ern zur Ungleichzeitigkeit des Mittelstandes. ›Falsche Ungleichzeitigkeit‹ ist ein Begriff, mit dem Ernst Bloch die deutsche Untertanenmentalität zu erklären versuchte, auf die Heinrich Mann bereits mit seinem Buch *Der Untertan* hinwies. Die Mittelschicht in Deutschland sei in besonderer Weise ungleichzeitig, nicht nur ›echt ungleichzeitig‹ in dem Sinne, dass sie zwischen den sozialen Hauptklassen von Kapital und Arbeit im Produktionsprozess hin und her gerissen sei, sondern ›falsch ungleichzeitig‹ im Sinne einer anachronistischen Orientierung, d.h. auf vergangene, vordemokratische Zeiten bezogen, sich an den Sekundärtugenden wie Fleiß, Gehorsam, Pünktlichkeit klammernd.

Nach Klaus von Dohnanyi hätten die Studierenden von 68 nicht das Richtige gelernt, nämlich den Wert der Toleranz. Dohnanyi überspringt dabei zwei wichtige Punkte aus der Kritischen Theorie der Frankfurter Schule: zum einen die Charakterstruktur im Milieu des deutschen Mittelstandes, die frühen Untersuchungen von Erich Fromm und Wilhelm Reich, den Zusammenhang von patriarchaler Familie und Erziehung zum Untertan; zum anderen eine ausführliche Kritik der Toleranz, wie sie z.B. in Herbert Marcuses Essay *Repressive Toleranz* 1965 formuliert und von zahlreichen Studierenden diskutiert wurde. Gerade der APO ging es um den Kampf gegen die Untertan*innenmentalität und auf Grundlage der Untersuchungen von Fromm und Reich sollte die Ursache für die Untertan*innenmentalität aktiv bekämpft werden, nämlich durch Kommunen, Kinderläden, Wohngemeinschaften, Reformpädagogik usw. Es wurde sehr reflektiert mit dem Begriff der Toleranz umgegangen und der Frage, wann Toleranz in Unterwürfigkeit umschlägt, Toleranz also repressiv wird. Dohnanyi verkürzt dies alles und stellt die Studierenden von 68 mit den Nazistudierenden gleich, weil erstere sich gegen eine Ökonomisierung der Bildung wandten:

> »Die 68er an unseren Universitäten wollten damals ›Marx an die Uni‹, und sie belehrten uns, daß es nichts Schlimmeres geben könne als eine Verbindung von Universitäten und Wirtschaft. ›Industrieforschung‹ wurde ein vernichtendes Schimpfwort, denn angeblich hatte ja in erster Linie die Großindustrie Hitler finanziert. Heute suchen die Besserwisser von gestern aufgeregt nach Quellen der Drittmittelforschung aus der deutschen Wirtschaft. Zugleich ließ damals die Art und Weise der Auseinandersetzung an den Universitäten in erschreckender Weise erkennen, daß der aktivste Teil dieser jungen Generation selbst wenig aus Weimar gelernt hatte, wo Nazi-Studenten Andersdenkende tyrannisierten. Mit Geschrei und sogar körperlicher Gewalt unterdrückte eine recht totalitär gestimmte Minderheit der 68er Studenten den freien, demokratischen Dialog. Und die Mehrheit kuschte. Sie kannte den Holocaust, aber wo blieben nun ihr Mut und ihre Zivilcourage, die sie so lautstark bei ihren Eltern vermißt hatte?«

Hier fehlt jegliche Analyse. Denjenigen, die nicht »kuschen« wird also nicht nur abgesprochen, dass sie aus dem Nationalsozialismus Lehren gezogen haben, sondern sie werden auch noch mit den Nazis gleichgesetzt, weil sie auch intolerant seien – zwar nicht gegenüber jüdischen Mitmenschen, aber gegenüber einer Verbindung von Universität und Wirtschaft. Der APO, die hier von Dohnanyi mit Nazi-Studenten gleichsetzt wurde, weil beide ›intolerant‹ seien, ging es darum, die autoritäre Bindung der Deutschen an Sekundärtugenden wie Gehorsam, Fleiß, Korrektheit, ... aufzubrechen. Ein großer Unterschied zwischen Nazi-Studenten und 68er-APO ist also abbildbar in der unterschiedlichen Orientierung an Sekundärtugenden bzw. Primärtugenden. Viel eher böte sich daher an, das ›verrohte‹ Bürgertum von heute mit dem von Deklassierungsängsten geprägten Kleinbürgertum (das primäre Rekrutierungsmilieu der nationalsozialistischen Bewegung) zu vergleichen. Aus diesem Milieu des verrohten Bürgertums scheint sich auch die Leser*innenschaft von Sarrazins *Deutschland schafft sich ab* zu rekrutieren:

Die *Gesellschaft für Konsumforschung* hat für die *Süddeutsche Zeitung* die Gruppe der Sarrazin-LeserInnen untersucht (Kniebe 2011). Heraus kam: Diese sind überwiegend männlich (ca. 70%), überproportional sind die über 60-jährigen vertreten, aber auch die 20- bis 29-jährigen. Zudem gehören sie zu den Karrieristen (von ihnen erhält der Satz, ›In meinem Leben steht beruflicher Erfolg an erster Stelle‹, zwei Drittel mehr Zustimmung als im Durchschnitt aller Befragten). Die Süddeutsche fasst zusammen: »Im jungen und mittleren Alter fühlten sich die Besserverdiener und Aufsteiger von Sarrazins Thesen überdurchschnittlich angesprochen, bei den Älteren ist es die Mittelschicht. Ältere Menschen aus der ›Arbeiterschicht‹ und Männer in sogenannter ›einfacher Lage‹ interessieren sich dagegen signifikant weniger dafür.« Die Sarrazin-Käuferschicht liebe die sozialen Gewohnheiten, überdurchschnittlich auch die Sauberkeit der eigenen Wohnung, hasse aber individuelle Risiken. Sie erwarte, dass sie beruflich an der Spitze stehe und halte es für selbstverständlich, dafür keine Risiken eingehen zu müssen.

Dohnanyi verdreht Zivilcourage und Duckmäusertum. Man braucht nicht viel Zivilcourage, um als Mitglied der privilegierten Mehrheitsgesellschaft das Bashing auf marginalisierte Minderheiten zu unterstützen. Intoleranz verdient nach wie vor keine Toleranz. Dohnanyi bemüht an dieser Stelle Bismarck als Kronzeugen für Zivilcourage – schon hier wird die Absurdität der Rede Dohnanyis deutlich, denn Bismarck[44], das sollte Dohnanyi als Sozialdemokrat eigentlich wissen, setzte alles dran, die Sozialdemokratie zu verbieten und konnte schließlich die Sozialistengesetze erlassen:

»Und Deutschlands Armut an Zivilcourage – die schon Bismarck so hart kritisierte – entsprach deswegen leider immer auch ein Mangel an Toleranz für existentiell abweichende Meinungen. Toleranz zu erlernen war folglich eine der wichtigsten Aufgaben der deutschen Gesellschaft nach 1945. Hier aber haben wir aus meiner Sicht leider wenig erreicht. Unsere Republik schützt natürlich die Meinungsfreiheit; man kann sagen, was man will, ohne rechtliche Strafe fürchten zu müssen. Dennoch leidet die Republik aus dem Blickwinkel vieler Bürger unter einem intoleranten Klima von political correctness. Das führt zu vorsichtiger Anpassung und Gedankenfeigheit.«

Dohnanyis ›leidende Bürger‹ leiden nicht »unter einem intoleranten Klima von political correctness«, sondern darunter, dass der Dominanzgesellschaft Grenzen gesetzt werden. Hier ist noch ein weiterer Punkt von Belang: Klaus von Dohnanyi fordert einen offenen und ehrlichen Dialog. Der stetige Antisemitismus-Vorwurf erzeuge ein Duckmäusertum, Political Correctness erlaube es nicht offen zu sprechen. Ständig müsse aufgrund dieser Political Correctness Rücksicht genommen werden. So zum Beispiel bei der Stammzellenforschung:

»Wenn heute in Deutschland im Zusammenhang mit den Fragen der Gentechnologie und Stammzellenforschung auf den Holocaust und die Eugenik-Debatte des 19. Jahrhunderts in Deutschland verwiesen wird, dann sollte man doch wenigstens wissen, daß es vor 1933 Zwangssterilisationen zwar in den USA und Skandinavien gab aber nicht in Deutschland.«

Dohnanyi beruft sich am Ende seines Artikels auf den deutschen Widerstand, also implizit auf seinen Vater und seine Onkel. Hierdurch gewinnt sein Artikel an Autorität. Aber er verschweigt die Rolle seines Großvaters, obwohl er direkt die Eugenik-Debatte benennt. Erst in jüngster Zeit, ein Jahrzehnt nach Dohnanyis Aufsatz, haben Hochschulen wie die Universität Münster Kommissionen eingesetzt, um Erklärungen dafür zu finden, warum nach 1945 Rassenhygieniker der Nazi-Zeit führende Positionen an den Hochschulen erhielten. An der Münsteraner Uni-Klinik sind nach 1945 vier Rassenhygieniker als Dekane ernannt worden, unter ihnen Otmar von Verschuer. Über die Zeitschrift *Mankind Quarterly* bestehen in-

44 Auch Wolfgang Schäuble bemüht in seiner Laudatio ›Zivilcourage vs. Political Correctness‹ für Dohnanyi anlässlich des Kasseler Bürgerpreises im September 2004 Bismarck als Sachwalter der Zivilcourage. (Schäuble 2004: 1)

direkte Verbindungen zwischen dem führenden Rassenhygieniker Otmar von Verschuer und Thilo Sarrazins Aussagen in *Deutschland schafft sich ab* . Diese Kontinuitäten wurden in mehreren Artikeln im Sammelband *Der Mythos vom Niedergang der Intelligenz* herausgearbeitet, so in Claus-Peter Sesins ›Sarrazins dubiose US-Quellen‹ (Sesin 2012), Andreas Kempers ›Sarrazins deutschsprachige Quellen‹ (Kemper 2012) sowie Leonie Knebels und Pit Marquardts Beitrag ›Vom Versuch, die Ungleichwertigkeit von Menschen zu beweisen‹ (Knebel/ Marquardt 2012). So verharmlost Klaus von Dohnanyi die Relevanz der Rassenhygiene in Deutschland und verteidigt gleichzeitig Sarrazin, der die Ideologie der Rassenhygiene wie kein zweiter zuvor wieder populär gemacht hat. Vor diesem Hintergrund muss die Rolle des Großvaters von Klaus von Dohnanyi beleuchtet werden, da nicht auszuschließen ist, dass Dohnanyi mit der Verteidigung Sarrazins zugleich implizit seinen Großvater verteidigt, indem er rassenbiologische Ansätze verharmlost. Dass ich Karl Bonhoeffer mitthematisieren möchte, hat auch mit einer Laudatio zum Deutschen Mittelstandspreis zu tun, die Hans-Olaf Henkel für Thilo Sarrazin hielt, nachdem sich der vorangegangene Preisträger, Günter Verheugen schlichtweg geweigert hatte, eine Lobrede auf Sarrazin zu halten.

> »Thilo Sarrazin ist ein deutscher Widerstandskämpfer im besten Sinne des Wortes. Ich kann keinen besseren Zeugen dafür aufbieten, als den ehemaligen Ersten Bürgermeister meiner Heimatstadt, Klaus von Dohnanyi. Es liegt wohl in der DNA von Dohnanyis Familie, dass Klaus von Dohnanyi oft dann eingreift, wenn Politiker, Pressemeute und andere Vertreter unserer sich politisch korrekt gebenden sogenannten Elite, Einzelnen die Ehre abschneiden wollen und die Meinungsfreiheit bedroht ist.« (Henkel 2012)

Die vorangestellten Thesen Dohnanyis werden hier noch einmal auf die Spitze getrieben. »Deutscher Widerstandskämpfer« und als Zeuge der Sohn des von den Nazis ermordeten Hans von Dohnanyi – Henkel möchte hier allen Ernstes Sarrazin für das stoische Vertreten seiner rassistischen Thesen in eine Reihe mit den Menschen stellen, die gegen den Nationalsozialismus politischen Widerstand geleistet hatten und dafür ermordet wurden. Henkel spielt mit der DNA sowohl auf Sarrazins erbbiologische Thesen an, als auch darauf, dass Dohnanyis Vater von den Nazis ermordet wurde. Klaus von Dohnanyis Großvater, Karl Bonhoeffer, war allerdings kein Widerstandskämper, sondern Eugeniker. Er war Richter am Erbgesundheitsobergericht (Landesverband Psychiatrieerfahrener 1998) und Direktor der Klinik für psychische und Nervenkrankheiten der Charité in

Berlin. In diesen Funktionen hatte er mindestens zwanzig Zwangssterilisierungen mitzuverantworten. Bereits 1923 befürwortete er Sterilisierungen, wenn erwiesen sei, »daß die Gefahr einer Schädigung des Volkskörpers durch die Fortpflanzung dieser Individuen tatsächlich besteht« (ebd.).

Ausführlich befasste sich Alice Halmi 2008 in ihrer Arbeit *Kontinuitäten der (Zwangs-)Psychiatrie. Eine kritische Betrachtung* (Halmi 2008), mit Karl Bonhoeffers Positionierung zu Eugenik und Rassenhygiene. Ab Seite 143 geht sie ausführlich auf Bonhoeffers Artikel ›Ein Rückblick auf die Auswirkung und die Handhabung des nationalsozialistischen Sterilisationsgesetzes‹ ein, den er *nach* der Nazi-Zeit verfasst hat und der mit dazu beitrug, dass das Erbgesundheitsgesetz der Nazis von der Bundesregierung nicht als Nazi-Gesetz angesehen wurde , was wiederum dazu führte, dass Zwangssterilisierte jahrzehntelang kein Recht auf eine Entschädigung hatten. 1957 beschloss die Bundesregieurng:

> »Das Gesetz zur Verhütung erbkranken Nachwuchses vom 14. Juli 1933 ist kein typisch nationalsozialistisches Gesetz, denn auch in demokratisch regierten Ländern – z. B. Schweden, Dänemark, Finnland und in einigen Staaten der USA – bestehen ähnliche Gesetze; das Bundesentschädigungsgesetz gewährt aber grundsätzlich Entschädigungsleistungen nur an Verfolgte des NS-Regimes und in wenigen Ausnahmefällen an Geschädigte, die durch besonders schwere Verstöße gegen rechtsstaatliche Grundsätze Schaden erlitten haben.« (Plenarprotokoll vom 7. Februar 1957, zit. n. Deutscher Bundestag 1998)

Als besonders problematisch wertete Halmi, dass Karl Bonhoeffer auch nach 1945 als Psychiater und Gutachter die Begrifflichkeiten ›geistig Minderwertiger‹ und ›genetisch Minderwertiger‹ verwandte, wie schon in seiner ›Bettlerstudie‹ von 1901. Alice Halmi listet diese dezidiert auf:

»›Wissensdefekte‹(2x), ›angebornen Defektzustände‹, ›ein krasser Defekt der ethischen Vorstellungen, der Pietät, des Ehrgefühls‹; die psychiatrische Analyse habe ergeben, daß nahezu die Hälfte nach seiner Einteilung der ersten Gruppe der von Bonhoeffer untersuchten Personen, ›an angeborenen psychischen Defektzuständen litt‹, ›von angeborenen psychischen Defektzuständen stand wiederum die Imbecilität obenan‹, ›psychischen Defektzustände(n)‹(4x), ›erworbenen Defektzustände‹, sehr niedriger Bildungsstand in Folge ›angeborener psychischer Schwäche‹ als ›Defekte‹, ›Defekt‹, ›Psychopathen und Defekten‹, ›angeborener oder erworbener psychischer Defektzustände‹, ›intellektueller und insbesondere ethischer Defekt‹, ›körperliche Defektzustände‹, ›psychisch Defekten‹ (2x), ›Defektzustände‹ (3x), ›intellektuell und moralisch Defekte‹, ›geistig Defekten‹, ›Eigenschaften des defekten Gehirns‹, (des) ›Defektes‹ (2x), ›Pädagogik der Defektzustände‹, ›Erziehung psychisch Defekter‹, ›(die) Defekte(n) ‹(2x) ›minderwertige Hirnbeschaffenheit‹, ›dieselbe Minderwertigkeit tritt auf psychischem Gebiet hervor‹, ›körperlich minderwertiges Menschenmaterial‹, ›körperliche Minderwertigkeit‹, ›angeborenen Minderwertigkeit‹, ›gewohnheitsmäßige soziale Parasiten‹, ›die Zeit macht aus den zunächst passiven Parasiten aktive Verbrecher‹, ›unsere parasitären Existenzen‹, ›gewohnheitsmäßigen Parasitentums‹, ›Parasitismus‹ und dazu passend: ›dieser antisozialen Existenzen‹» (Halmi 2008: 123).

Diese Worte zeigen, wie sich eine Ideologie auch in Begrifflichkeiten abbilden kann. Sich der Benutzung dieser Vokabeln zu verweigern hat nichts mit einer ›Gedankenpolizei‹ oder ›Neusprech‹ zu tun. Es geht vielmehr darum, eine menschenverachtende Denkweise nicht mittels entsprechender Vokabeln weiter zu transportieren. Es wird allerdings auch deutlich, dass Karl Bonhoeffer mit seiner ›Bettlerstudie‹ von 1901 noch in der Ideologie der Korrektionsanstalten gefangen war, die Korrekturen an den Körpern für erforderlich hielt. Ab den 1920er Jahren galt seine Sorge dem »Volkskörper«, es galt, Korrekturen an der Bevölkerung durchzuführen.

Halmi resümiert: »Die Schlußfolgerung liegt daher nahe, daß Bonhoeffer weniger eine Fehleinschätzung gemacht, sondern versucht hatte, das Sterilisationsgesetz von der Verantwortung für die späteren Morde zu ›entlasten‹ und die deutsche Psychiatrie von den Nationalsozialisten zu unterscheiden.« (Halmi 2008: 145f.) Und Klaus von Dohnanyi scheint diese Entlastungsversuche im Fall Sarrazins fortzusetzen:

> »Sarrazins Behauptung, dass es besondere, kulturelle Eigenschaften von Volksgruppen gibt, kann heute niemand mehr mit Sachkenntnis bestreiten. Die amerikanische Enzyklopädie der Sozialwissenschaften nennt das social race: ›soziale Rasse‹» (Dohnanyi 2011).

Auf diesen Kulturalismus, der der sogenannten ^Unterklasse^ eine ›Kultur der Armut‹ unterstellt, wird im Folgenden genau so einzugehen sein, wie auf die These, dass in Deutschland die ›Falschen‹ die Kinder bekämen, oder um Klaus von Dohnanyi zur Verteidigung von Sarrazin in diesem Kapitel das Schlusswort zu überlassen:

> »Ist sein Buch jetzt das ›Outing‹ eines Rassisten und Rechtsradikalen? Nein. Sarrazins Grundthese ist einfach. Er ist der Auffassung – und begründet das sehr ausführlich –, dass Deutschland Gefahr läuft, seine geistigen Eliten einzuschmel-

zen, weil diese selbst zu wenige Kinder bekommen, während Gruppen, die sich bisher nicht durch Arbeit und Leistung hervorgetan haben (manche Deutsche oder Teile von Migranten) mehr Kinder bekommen und so das Leistungsniveau der Nation langfristig absenken könnten« (Dohnanyi 2011).

2 Menschenkorrekturen / Bevölkerungskorrekturen

> Der Staat, der mir die Freiheit nahm,
> der folgt, mich zu betrügen,
> mir in den Kerker ohne Scham.
> Ich soll dem Paragraphenkram
> mich noch in Fesseln fügen.
> Sich fügen heißt lügen!
> Erich Mühsam, Der Gefangene 1919

2.1 Korrektionsanstalten. Zur Geschichte des ›Forderns und Förderns‹

2.1.1 Die sogenannte Humanisierung der Strafen

Michel Foucault stellte in seinem Werk *Überwachen und Strafen* (Foucault 1977) dar, wie sich das Strafsystem vor 250 Jahren wandelte. Die Marter verschwand allmählich aus den europäischen Strafsystemen und wurde ersetzt durch eine Strafe, die disziplinierend und normierend wirken sollte. Die Strafe richtete sich nicht mehr an den Körper, sondern an die Seele: »Der Sühne, die dem Körper rasende Schmerzen zufügt, muß eine Strafe folgen, die in der Tiefe auf das Herz, das Denken, den Willen, die Anlagen wirkt« (ebd.: 25). Seither werde verstärkt geurteilt über »Leidenschaften, Instinkte, Anomalien, Schwächen, Unangepaßtheiten, Milieu- oder Erbschäden; man bestraft Aggressionen, aber durch sie hindurch Aggressivitäten; Vergewaltigungen, aber zugleich Perversionen; Morde, die auch Triebe und Begehren sind« (ebd.: 27).

Michel Foucault bezieht sich auf das Werk *Sozialstruktur und Strafvollzug* von G. Rusche und O. Kirchheimer, die festgestellt haben, dass der Strafvollzug von den jeweiligen Erfordernissen der unterschiedlichen Klassengesellschaften abhänge (ebd.: 35):

> »Rusche und Kirchheimer haben in dieser Perspektive die verschiedenen Strafsysteme mit den Produktionssystemen in Beziehung gesetzt, in welchen sie ihre Wirkungen ausüben: in einer Sklavenwirtschaft haben die Strafmechanismen die Aufgabe, zusätzliche Arbeitskraft herbeizuschaffen – und damit ein ›zivile‹ Sklaverei neben der durch Krieg und Handel sichergestellten zu schaffen; mit dem Feudalzeitalter und seiner geringen Entwicklung von Geld und Produktion nehmen die körperlichen Züchtigungen stark zu – der Körper ist ja häufig das einzige erreichbare Gut; das Zuchthaus (Hôpital générale, Spinhuis oder Rasphuis), die Zwangsarbeit, die Strafmanufaktur erscheinen mit der Entwicklung der Tausch-

> wirtschaft. Da jedoch das industrielle System einen freien Markt der Arbeitskraft verlangt, geht im 19. Jahrhundert der Anteil der Zwangsarbeit innerhalb der Strafmechanismen zurück; an ihre Stelle tritt eine Internierung zum Zweck der Besserung« (eb.: 35f.).

Nach Foucault existiert die Seele, »sie hat eine Wirklichkeit, sie wird ständig produziert – um den Körper, am Körper, im Körper – durch Machtausübung an jenen, die man bestraft, und in einem allgemeineren Sinn an jenen, die man überwacht, dressiert und korrigiert, an den Wahnsinnigen, den Kindern, den Schülern, den Kolonisierten, an denen, die man an einen Produktionsapparat bindet und ein Leben lang kontrolliert« (ebd.: 41). Foucault teilte mit, dass er vor allem durch die Gefängnisrevolten seiner Zeit gelernt habe, dass das »Gefängnis zu einer politischen Technologie des Körpers gehöre« (ebd.: 42). Bei diesen Revolten, die sich in verschiedenen Teilen der Erde abspielten, handelte es sich um Revolten »auf der Ebene der Körper gegen den Körper des Gefängnisses« (ebd.: 43).

> »Letztlich ging es nicht um den allzu veralteten oder allzu aseptischen, allzu kargen oder allzu perfektionierten Rahmen des Gefängnisses, sondern um seine Materialität als Machtwerkzeug und -träger; um jene ganze Technologie der Macht über den Körper, die von der Technologie der ›Seele‹ derjenigen der Erzieher, Psychologen und Psychiater – weder maskiert noch kompensiert werden kann, da sie ja nur eines ihrer Instrumente ist« (ebd.: 43).

Die Einführung eines neuen Strafsystems erklärt Foucault auch dadurch, dass die öffentliche Zurschaustellung der Marter nicht mehr das Ziel der Stärkung der Macht des Souveränität erreichte, es wurde nicht mehr bloß Angst eingeflößt, man sah, dass das Publikum das »große Schauspiel der Strafen« auf den Kopf zu stellen drohte (ebd.: 82): »Die Solidarität einer ganzen Bevölkerungsschicht mit den kleinen Missetätern – Landstreicher, falsche Bettler, verdächtiges Gesindel, Taschendiebe, Hehler – war deutlich und fest geworden, wie der Widerstand gegen Polizeieinsatz, die Jagd auf Spione, die Angriffe auf Wachtposten zeigten« (ebd.: 82). Auch die Literatur über die ›Verbrecher‹ änderte sich. Sollten die ›Fliegenden Blätter‹, in denen über die Marter und die Biografie der Gemarterten berichtet wurde, die »ideologische Kontrolle« sicher stellen, so wurden diese Erzählungen umgedeutet und zu einer »Front des Kampfes um das Verbrachen, seine Bestrafung und seine Erinnerung« (ebd.: 88). Schließlich forderten Strafreformer das Verbot der ›Fliegenden Blätter‹. An ihre Stelle trat die Kriminalliteratur, die nur den Mächtigen eine »Größe des Verbrechens« gestattete:

»Anscheinend handelt es sich dabei um die Entdeckung der Schönheit und der Größe des Verbrechens; in Wirklichkeit ist es die Behauptung, daß die Größe auch ein recht auf das Verbrechen hat und dieses sogar zum ausschließenden Privileg der wirklich Großen wird. Die schönen Morde sind nichts für die Tagelöhner der Gesetzwidrigkeit« (ebd.: 89).

Nach Foucault habe die Kriminalliteratur die Funktion, »das Aufsehen um den Verbrecher in eine andere gesellschaftliche Klasse« zu verlagern, die »graue Masse der Vergehen und Strafen« ginge in die alltäglichen Zeitungsberichte ein. Es wird zwischen Verbrechen unterschieden, die mit einer klassenbezogenen Zuordnung von Intelligenz einhergehe. Der »Mann aus dem Volk« sei zu einfältig, suggeriert die Kriminalliteratur und siedelt die Größe des Verbrechens in der Oberschicht an, »man ist ruchlos, aber intelligent, und wenn man bestraft wird, hat man nicht zu leiden« (ebd.:90). Diese Kriminalliteratur verkündet: »das Volk gebe seinen alten Stolz auf seine Verbrechen auf, nachdem die großen Morde das lautlose Spiel der Weisen geworden sind« (ebd.: 90). Während die öffentliche Zurschaustellung der Marter abgeschafft wird, beginnt nun der Justizapparat sorgfältiger und detaillierter gegen kleinere Verstöße vorzugehen. Für Frankreich stellt Foucault fest, dass die Gesetzgebung gegen Landstreicherei »mehrmals erneuert und verschärft worden« (ebd.: 97) ist. Obschon heutige Historiker ein Zurückgehen der »großen Verbrecherbanden« feststellen, sahen sich die damaligen Beobachter der Delinquenz mit Banden konfrontiert, die wie »Heuschreckenschwärme« über das Land herfielen (ebd.: 98). Foucault stellte seit dem Ende des 18. Jahrhunderts eine »Ausweitung und Verfeinerung der Strafpraktiken« fest:

»Es handelt sich um eine Anpassung und Verfeinerung der Apparate, die das alltägliche Verhalten der Individuen, ihre Identität, ihre Tätigkeit, ihre scheinbar bedeutungslosen Gesten erfassen und überwachen. Es handelt sich um eine andere Politik bezüglich der Vielfalt von Körpern und Kräften einer Bevölkerung. Was sich abzeichnet, ist weniger ein neuer Respekt vor dem Menschen im Verurteilten – die Martern sind auch für leichte Verbrechen noch häufig, sondern vielmehr eine Tendenz zu einer sorgfältigeren und verfeinerten Justiz, zu einem lückenloseren Durchkämmen des Gesellschaftskörpers. Es handelt sich um eine kreisförmige Entwicklung, in der sich die Zugangsschwelle zu den Gewaltverbrechen erhöht, die Unduldsamkeit gegenüber Eigentumsdelikten zunimmt, die Kontrollen dichter werden und die Strafmaßnahmen früher einsetzen und zahlreicher werden« (ebd.: 99).

Dieser Reformwille wurde nach Foucault im Wesentlichen nicht gespeist durch Schwäche oder Grausamkeit, sondern durch eine »Dysfunktionalität der Macht«, einer »fehlerhafte[n] Ökonomie der Macht«, die einerseits den ^unteren Instanzen^ zu viel Möglichkeiten zur Willkür einräume, und andererseits – was noch viel schwerer wiege – als ein System der »monarchischen Übermacht« keine gleichmäßige Verteilung der Strafgewalt im »Gesellschaftskörper« erlaube (ebd.: 101f.). Diese Reform sei im Justizapparat von vielen Beamten vorbereitet worden (ebd.: 103). Während noch im 18. Jahrhundert viele Transformationsleistungen durch Rechtsüberschreitungen des ›einfachen Volks‹ ermöglicht wurden, wovon die aufkommende Bourgeoisie profitierte, änderte sich dies, als zunehmend Eigentumstitel in die Hände der Bourgeoisie fielen. Noch unduldsamer als gegenüber Verstößen gegen den Grundbesitz war die Bourgeoisie gegenüber Rechtsunsicherheiten und Rechtsvollzug beim Handel- und Industrieeigentum (ebd.: 108). Insbesondere wurde die Sorge über Schleichhandel und Plündereien größer, die im Zusammenhang einer ^gesunkenen Moralität^ ^niederer Volksklassen^ gedacht wurden[45]. Foucault differenziert eine klassenbezogene Spezialisierung der Gerichtsbarkeiten, die mit den »neuen Formen der Kapitalakkumulation, der Produktionsverhältnisse und des rechtlichen Status des Eigentums« einhergehen: »Im Übergang von einer Gesellschaft rechtlich-politischer Unterdrückung zu einer Gesellschaft der Aneignung von Arbeitsmitteln und -produkten wird der Diebstahl zur ersten Chance, der Gesetzlichkeit zu entgehen« (ebd.: 110). Das ›gewöhnliche Volk‹ übertritt Gesetze gegen die Güter, die Bourgeoisie verstößt gegen die Rechte (»um den ökonomischen Kreislauf sicherzustellen oder zu erweitern« (ebd.: 111)). Entsprechend dieser Gesetzesübertritte gibt es ordentlich strafende Gerichte für Diebe und für »Betrug, Steuerhinterziehung, unregelmäßige Geschäftstätigkeiten [...] gibt es besondere Rechtssprechungen mit Vergleichen, Abfindungen, Geldstrafen« (ebd.: 111).

Die neue Ökonomie der Strafe musste sich nach Foucault sowohl gegen die »Übermacht des Souveräns« als auch gegen die »›Untermacht‹ des Volkes« durchsetzen, wobei Übermacht und Untermacht verknüpft waren. Auch Rusche/ Kirchheimer stellten dies in den 1930er Jahren bereits fest: »Die Unabhängigkeit der Jurisdiktion und die Rationalisierung des Strafrechts waren vorzügliche Waffen im Kampf gegen die Überbleibsel von Feudalismus und absolutistischer Bürokratie. [...] Im Kampf gegen die

45 Foucault zitiert hier aus dem Buch ›Polizei von London‹ eines Peter Colquhoun , welches 1800 aus dem Englischen übersetzt in Leipzig erschien: »Überall wo eine große Vereinigung von Menschen ist, und hauptsächlich unter den niederen Volksklassen, findet stets ein gewisses Verhältnis zwischen gesunkener Moralität und schlechtem Lebenswandel statt.« (Foucault 1977: 109)

unteren Klassen andererseits erwies sich die Unabhängigkeit der Richter, die ausschließlich aus den oberen Klassen rekrutiert wurden, trotz des Formalismus der Methode als kein allzu großes Hindernis« (Rusche/ Kirchheimer 1976: 198). Einerseits sollte die Strafgewalt durch Rechtssicherheit eingeschränkt werden, andererseits forderten die selben Juristen, die den Angeklagten mehr Rechte zugestehen wollten, eine erbarmungslose Verfolgung von Landstreichern. Das sich so entwickelnde Strafsystem sei »ein Apparat zur differenzierten Behandlung der Gesetzwidrigkeiten, nicht zu ihrer globalen Unterdrückung« (Foucault 1977: 113). Foucault verweist auf Rousseau, in dem er behauptet, dass der moderne Kriminelle sich gegen den gesamten Gesellschaftskörper, bzw. gegen den Gesellschaftsvertrag insgesamt stellt, das Recht der Strafe habe sich »von der Rache des Souveräns auf die Verteidigung der Gesellschaft verschoben« (ebd.: 115). Wenn es sich beim Kriminellen also eher um einen Feind als einen Bürger handelt[46], so gelte dennoch, die Strafe zu mildern und zwar aus Rücksicht der Folgen dieser Strafe auf den Richter. Es gelte, »Gewöhnung an Unmenschlichkeit oder unbegründetes Mitleid« (ebd.: 116) zu vermeiden, um eine »Technopolitik der Bestrafung« (ebd.: 117) zu gewährleisten. Foucault:

> »In einem seine eigenen Effektekalkulierenden Strafsystem muß das Exempel mit der größtmöglichen Diskretion auf das Verbrechen verweisen, muß es den Eingriff der Macht so sparsam gestalten wie nur möglich und im Idealfall jedes weitere Auftreten von Verbrechen und Strafe verhindern« (ebd.: 119).

Dies werde ermöglicht, in dem sich das Strafexempel vom »Manifestationsritual« zum »Verhinderungszeichen« gewandelt habe. Mit dieser neuen Technik, welche auf den gesamten Gesellschaftskörper zugreifen könne, sollten »sich alle Verhaltensweisen kodifizieren« und damit auch »der gesamte diffuse Bereich der Gesetzwidrigkeiten reduzieren« (ebd.: 119f.) lassen. Der eigentlich Sinn der Kodifizierung des Strafsystems bestehe nach Foucault in der scheinbar damit im Widerspruch stehenden Individualisierung von Strafen:

> »Geht man aber von der neuen Ökonomie der Strafgewalt aus, die im gesamten Gesellschaftskörper genau bemessene Straf-Zeichen – ohne Überschwang und ohne Lücken, ohne unnütze Machtverausgabung und ohne Ängstlichkeit – in Umlauf setzen will, so sieht man, daß die Kodifizierung des Systems Verbrechen/ Strafen und die individuelle Modulierung des Paares Verbrecher/ Bestrafung einander bedingen und entsprechen« (ebd.: 126f.).

46 Hier zitiert Foucault J.-J. Rousseau (Foucault 1977: 115)

Es geht im modernen Strafsystem um eine kalkulierte Ökonomie, die weniger Regeln für den Umgang mit der Tat als mit denTäter*innen findet und zunächst weniger auf den Körper, als auf die Seele[47] zielt (ebd.: 129), später jedoch den Körper des ›Verbrechers‹ in einer neuen Weise einbezieht. Foucault spricht von den Objektivierungen sowohl der ›Verbrecher‹ als auch der Verbrechen: »Diese neue politische Anatomie wird es möglich machen, daß sich die beiden divergierenden Objektivierungslinien, die sich im 18. Jahrhundert bilden, kreuzen: diejenige, die den Verbrecher aus der Gesellschaft ausschließt – auf die Seite einer Natur wider die Natur; und die andere, welche die Delinquenz durch eine kalkulierte Ökonomie der Bestrafungen zu kontrollieren sucht.« (ebd.: 132)

2.1.2 Disziplinierungsmacht

Nach Foucault entwickelten sich im 18./19. Jahrhundert neben der »monarchistischen« (Foucault 1977:169) Strafpraxis der öffentlichen Marter zwei weitere Praxen: die der »Reformatoren« (ebd.: 164) und die der »Reformatorien« (ebd.). Es ginge bei diesen modernen Praktiken nicht mehr darum, das Verbrechen *auszulöschen*, sondern um *Prävention*, also darum, einen »Schuldigen umzuformen«. Diese beiden modernen Strafpraxen unterschieden sich voneinander in der Technologie der Strafe. Während die Reformatoren auf die *Vorstellungen* der ›Verbrecher*innen‹ zielten (ebd.: 166), die »Seele« manipulieren wollten, um so eine Wiedereinbürgerung in den »Gesellschaftskörper« zu erzielen (ebd.: 170), sollte mit dem »Apparat der reformatorischen Besserungsstrafe« der Körper durch *»Übungen« »dressiert«* werden, mittels Zwang und Unterwerfung durch den Verwaltungsapparat (ebd.: 170). Durchgesetzt hätten sich letztlich nicht die Reformatoren, sondern die Verwaltungstechniker der Unterwerfung. Die Besserungs- und Korrektionspraxen setzten am Nervensystem des Körpers an, um ein »gehorchendes Subjekt« zu erzielen:

> »Es handelt sich nicht mehr um Zeichen, sondern um Übungen: Stundenpläne, Zeiteinteilungen, vorgeschriebene Bewegungen, regelmäßige Tätigkeiten, einsame Meditationen, gemeinsame Arbeit, Schweigen, Aufmerksamkeit, Respekt, gute Gewohnheiten. Und was durch diese Besserungstechnik schließlich wiederhergestellt werden soll, ist nicht so sehr das Rechtssubjekt, das in die fundamentalen Interessen des Gesellschaftsvertrags integriert ist, sondern das gehorchende Subjekt, das Individuum, das Gewohnheiten, Regeln, Ordnungen unterworfen ist und einer Autorität, die um es und über ihm stetig ausgeübt wird, und die es automatisch in sich selber wirken lassen soll« (ebd.: 167).

47 Die Seele ist nach Foucault »das Korrelat der Machttechnik« (Foucault 1977: 129)

Die Korrektionstechnik zielte auf eine »Formierung eines Gehorsamssubjekts, das den allgemeinen und ausgeklügelten Prozeduren *irgendeiner* Macht unterworfen« sei (ebd.; Hervh. von A.K.). Um dies zu gewährleisten, sei es wichtig, den individuellen Körper einzuschließen, er müsse »in die Macht« eingeschlossen sein (ebd.: 167f.). Foucault spricht von der »Fabrikation« des modernen Soldaten, die in der zweiten Hälfte des 18. Jahrhunderts begann: »Aus einem formlosen Teig, aus einem untauglichen Körper macht man die Maschine, deren man bedarf« (ebd.: 173). Das Modell, welches dieser Fabrikation zugrunde lag, war der ›Mensch als Maschine‹ (La Mettrie). Es griffen hier also ein neues philosophisches Denkmodell und die neue Verwaltung von Menschen ineinander. Foucault hebt die Philosophie von Descartes aus dem 17. Jahrhundert hervor, die von Philosophen und Medizinern fortgeschrieben wurde. Auch Carolyn Merchant befasste sich in ihrem 1980 herausgegebenen Buch »Der Tod der Natur. Ökologie, Frauen und neuzeitliche Naturwissenschaft« (Merchant 1987) mit dem Zusammenhang von ›Mechanismus und Macht‹. Sie zitiert eine Passage aus René Descartes *Meditationen über die Grundlagen der Philosophie*, um zu verdeutlichen, dass in dieser Denkweise die menschlichen Körper den selben Gesetzen der Mechanik gehorchten wie Uhren:

> »Ja, ebenso wie eine aus Rädern und Gewichten zusammengesetzte Uhr nicht weniger genau alle Naturgesetze beobachtet, wenn sie schlecht angefertigt ist und die Stunden nicht richtig anzeigt, als wenn sie in jeder Hinsicht dem Wunsche ihres Konstrukteurs genügt, so steht es auch mit dem menschlichen Körper, wenn ich ihn als eine Art von Maschine betrachte, die aus Knochen, Nerven, Muskeln, Adern, Blut und Haut so eingerichtet und zusammengesetzt ist, daß, auch wenn gar kein Geist in ihr existierte, sie doch genau dieselben Bewegungen ausführte, die mein Körper jetzt unwillkürlich ausführt und die also nicht vom Bewußtsein ausgehen« (Descartes, Meditationen über die Grundlagen der Philosophie, 1977, S. 177; zit. n. Merchant 1987: 230).

Descartes griff in seinem Bestreben nach Gewissheit auf die Beziehungen zwischen Körpern zurück, die sich mathematisch beschreiben ließen. Die Quantität der Bewegung eines Körpers könne ganz oder teilweise in einen anderen Körper überführt werden und das ließe sich jeweils durch eine Reihe von Regeln bestimmen (Merchant 1987: 206).

> »Descartes Methode veranschaulicht […], daß man Probleme in Teilprobleme aufspalten und die so erhaltene Information nach bestimmten mathematischen Regeln und Beziehungen bearbeiten kann. Sie basiert auf der Annahme, daß sich ein Problem in Teile zerlegen und analysieren läßt und daß man die Teile vereinfachen kann, indem man sie vom komplizierenden umweltlichen Kontext abzieht und dann nach bestimmten Regeln bearbeitet« (Merchant 1987: 236).

Diese Denkweise verband sich nach Foucault mit einer technisch-politischen Praxis, basierend auf einem Wissen, welches »sich aus einer Masse von Militär-, Schul- und Spitalreglements sowie aus empirischen und rationalen Prozeduren zur Kontrolle oder Korrektur der Körpertätigkeiten angehäuft hat« (Foucault 1978: 174). So wie in der Mathematik zu jener Zeit erstmals Kurven als Unendlich-Ecke verstanden wurden – Descartes war einer der Wegbereiter der Infinitesimalrechnung (infinitus: unendlich) – ging es auch bei der Fabrikation des »gelehrigen Körpers« um den Zugriff auf diesen durch »infinitesimale Gewalt« (ebd.:175). Diese neuen Techniken zielten auf die »Kräfte« der Körper, es wurden die Bewegungsabläufe in einzelne Bestandteile zerlegt, um so zu einer »durchgängige[n] Zwangsübung« zu gelangen. Foucault nennt diese Methoden, »die peinliche Kontrolle der Körpertätigkeiten und die dauerhafte Unterwerfung ihrer Kräfte«, die dazu dienten, diese Kräfte »gelehrig/ nützlich« zu machen, die »Disziplinen«(ebd.: 175) Diese Disziplinartechniken wurden bereits seit langem in Klöstern, Armeen und Werkstätten entwickelt, wurden aber erst im Laufe des 17. und 18. Jahrhunderts zu den allgemeinen Herrschaftsformen, zur »politischen Anatomie«, zur »Mechanik der Macht« (ebd.: 175f.). Die Machtmaschinerie durchdringe und zergliedere den individuellen Körper und setze ihn wieder neu zusammen (ebd.). Sie

> »spaltet die Macht des Körpers; sie macht daraus einerseits eine ›Fähigkeit‹, eine ›Tauglichkeit‹, die sie zu steigern sucht; und andererseits polt sie die Energie, die Mächtigkeit, die daraus resultieren könnte, zu einem Verhältnis strikter Unterwerfung um. Wenn die ökonomische Ausbeutung die Arbeitskraft vom Produkt trennt, so können wir sagen, daß der Disziplinarzwang eine gesteigerte Tauglichkeit und eine vertiefte Unterwerfung im Körper miteinander verkettet« (ebd.: 177).

Der Begriff ›Tauglichkeit‹ ist hier sehr wichtig. Im Deutschen ist er vor allem verbunden mit der Wehrtauglichkeit, bis vor Kurzem mussten sich in Deutschland noch alle männlichen Jugendlichen einer ›Tauglichkeitsuntersuchung‹ unterziehen, die dann als ein erstes Raster bestimmte, ob und in welcher Weise man in die Bundeswehr eingezogen wurde. Der Begriff ›Tauglichkeit‹ ist zudem verbunden mit dem Begriff ›Tüchtigkeit‹, militärisch ist die Rede von der ›Wehrertüchtigung‹. Es geht an dieser Stelle jedoch nicht einfach nur um militärische Tauglichkeit/ Tüchtigkeit, sondern sehr viel genereller um die ökonomische Ausbeutung der Arbeitskraft (ebd.) Tatsächlich taucht der militärische Drill erst spät in einer Reihe von Praktiken der politischen Anatomie auf, die zunächst in Kollegs, dann in

Elementarschulen und Spitälern und schließlich im Militärwesen um sich griffen (ebd.). Die Wandlung dieser Praktiken sei langsam gewesen, aber sie habe sich immer durchgesetzt, wenn andere Änderungen ihnen vorangingen: »hier eine industrielle Neuerung, dort der Ausbruch epidemischer Krankheiten, anderswo die Erfindung des Gewehrs und die Siege Preußens« (ebd.). Die »Siege Preußens« stehen in einem Zusammenhang mit den ›Preußischen Tugenden‹, von denen später noch zu reden sein wird. Foucault macht diese Siege für die Verbreitung der Disziplinarmacht verantwortlich.Zur Kennzeichnung der ›politischen Anatomie‹ schlägt Michel Foucault den Begriff »Mikrophysik der Macht« vor, da es sich um »minutiöse, oft unscheinbare Techniken« handele (ebd.: 178). Die Disziplin sei nach Foucault die »politische Anatomie des Details« (ebd.). Foucault findet diese Aufmerksamkeit für das Detail bei Napoleon, dessen Machtapparat auf die genaue Kenntnis von Details beruhe, ebenso wie beim Preußenkönig Friedrich II (ebd.: 180). Foucault zitiert den Feldherren Moritz von Sachsen: um einen Bau zu errichten genüge nicht Geschmack für Architektur, man müsse auch den »Schliff der Steine« kennen (ebd.: 178f.). Um die Bevölkerung disziplinieren zu können, wurden sowohl der Raum als auch die Zeit gegliedert. Foucault untersucht daher zunächst die »Parzellierung des Raumes« (ebd.: 207), d.h. die »Disziplinargliederung« (ebd.: 200) als Klassifizierung der Menschen in Gruppen, und dann die Technik der »Disziplinarkontrollen« (ebd.: 200), die auf immer enger werdenden Zeitfenstern beruhte und auf eine »Ökonomie der Tätigkeiten« mittels Manöver und Exerzieren zielte. An diese beiden Techniken anschließend konnte schließlich der Körper durch Übungen »gelehrig« gemacht werden. (ebd.: 201) Eine wichtige Rolle spielte der preußische Drill. Wie ging diese »Mikrophysik der Macht« konkret vor? Die Disziplin als »politische Anatomie des Details« sei zunächst durch die Einschließung der Armen bzw. der Landstreicher und durch Einschließungen in Kollegs (und später den Internaten) und den Kasernierungen ermöglicht worden: Ab 1719 wurden in Frankreich hunderte von Kasernen gebaut, Einschließungen gab es aber auch in den großen Manufakturen ab 1700 und den ersten Fabriken ab 1750 (ebd.: 181f.). Der Schulraum sollte als Klassenraum eine »Lernmaschine« beherbergen, die gleichzeitig auch eine »Überwachungs-, Hierarchisierungs- und Belohnungsmaschine« sei mit dem »klassifizierenden« Blick des Lehrers als Kontrollinstanz. (ebd.: 189). An diesen Orten wurden die Voraussetzungen für die Disziplin als die »Kunst des Ranges« (ebd.: 187) hergestellt:

»Der ›Rang‹ beginnt im 18. Jahrhundert die große Form der Verteilung der Individuen in der Schulordnung zu definieren: Schülerreihen in der Klasse, Korridore, Kurse; jeder erhält bei jeder Aufgabe und bei jeder Prüfung einen Rang zugewiesen – von Woche zu Woche, von Monat zu Monat, von Jahr zu Jahr; Gleichschaltung der verschiedenen Altersklassen; Abfolge des Lehrstoffs und der behandelten Fragen in der Ordnung zunehmender Schwierigkeit« (ebd.: 188).

Die Disziplinen haben nach Foucault ihren Ursprung in den religiösen Orden und den klösterlichen Gemeinschaften gehabt und wurden von den Erziehungshäusern und Fürsorgeeinrichtungen übernommen, die oftmals den Klöstern angeschlossen waren (ebd.: 192). Die Landbevölkerung wurde später zur Gewöhnung an die Industriearbeit in »Kloster-Fabriken« eingesperrt (ebd.) und auch die Militärdisziplin habe ihren Ursprung in Frömmigkeitsübungen der protestantischen Armeen (ebd.). Dabei seien die reglementierten Zeiteinteilungen immer genauer geworden, von der Stunde bis zu Sekunden, um die Zeit effektiver zu nutzen (ebd.: 192f.). Foucault spricht von den »Kardinaltugenden der Disziplinarzeit«: Regelmäßigkeit, Genauigkeit, Aufmerksamkeit, mit der der Körper sich ganz seiner Pflichttätigkeit hingebe (ebd.:194). Hierbei werde der Körper in der Fabrikarbeit und im Militär mit Gegenständen »zusammengeschaltet« (ebd.: 196): »Die gesamte Berührungsfläche zwischen dem Körper und dem manipulierten Objekt wird von der Macht besetzt: die Macht bindet den Körper und das manipulierte Objekt fest aneinander und bildet den Komplex Körper/ Waffe, Körper/ Instrument, Körper/ Maschine« (ebd.: 197). Diese Technik sei in ganz Europa nachgeahmt worden, nachdem Friedrich II. mit seiner siegreichen preußischen Infanterie die Effizienz dieser Reglements bewiesen habe. Foucault zitiert an dieser Stelle noch einmal Marschall Moritz von Sachsen: Den Erfolg der preußischen Infanterie könne man nur »der Vorzüglichkeit ihrer Disziplin und ihres Exerzierens zuschreiben; es ist eben nicht gleichgültig, wie man exerziert; in Preußen arbeitet man daran seit 40 Jahren mit unermüdlichem Eifer« (ebd.: 198, Anm. 33).

Sei zunächst eine räumliche Aufteilung geschaffen worden, die eine Zuordnung nach Tauglichkeit und Rang ermöglichte, und wurde ein Reglement geschaffen, welches bis in die Sekunden hinein den Körper zu kontrollieren gestattete, so konnte nun mit Praxen des ›Einübens‹ der Körper »gelehrig« gemacht werden: »Die Disziplinen, die den Raum analysieren und die Tätigkeiten zerlegen und wieder zusammensetzen, müssen auch als Apparate funktionieren, welche die Zeit addieren und kapitalisieren« (ebd.: 202f.). Das Exerzieren und die »Zucht-Polyphonie der Disziplinarübungen« griffe auch auf die pädagogische Praxis über (ebd.: 205). Mit der analytischen Pädagogik werde die »Möglichkeit einer detaillierten Kontrolle und pünktlichen Intervention (einer differenzierenden, korrigierenden, strafenden, ausschaltenden Intervention) in jedem Moment der Zeit« (ebd.: 206) geschaffen. Parallel zu dieser Mikrophysik sei auch gesamtgesellschaftlich die Zeit anders betrachtet worden. Die Gesellschaft sei als sich im Fortschritt befindend gedeutet worden, angetrieben durch die Evolution. Entsprechend wirkte die Zeit auch im Individuum evolutiv, nämlich als »Entwicklung« (ebd.: 207). Die ›Makrophysik des Fortschritts‹ und die ›Mikrophysik der Entwicklung‹ hingen nach Foucault an einer bestimmten Funktionsweise der Macht: »Mit den neuen Unterwerfungstechniken beginnt die ›Dynamik‹ der steten Entwicklungen die ›Dynastik‹ der überragenden Ereignisse zu verdrängen« (ebd.). Die »Entwicklungsindvidualität« sei sowohl Effekt wie auch Objekt der Disziplin und im Zentrum dieser Prozedur stünde die ›Übung‹, die eine ständige Charakterisierung des Individuums ermögliche (ebd.: 207f.): »Die Übung wird ein Element in einer politischen Technologie des Körpers und der Dauer. Anstatt in einem Jenseits zu gipfeln, richtet sie sich auf eine nie abzuschließende Unterwerfung aus« (ebd.: 209). Sind die Körper durch die Prozedur der Übung »gelehrig« geworden, können sie schließlich zu Maschinerien zusammengefügt werden (ebd.: 209ff.). Foucault findet sich hier in Übereinstimmung mit Karl Marx, der im ersten Band vom Kapital feststellt, dass entsprechend der Angriffskraft einer Kavallerieschwadron, die stärker sei als die Summe vereinzelter Widerstandskräfte, auch die gesellschaftliche Kraftpotenz von »vielen Händen gleichzeitig« größer sei als die mechanische Kraftsumme einzelner Arbeiter*innen. Demnach sei die Disziplin »nicht mehr bloß eine Kunst der Verteilung von Körpern und der Gewinnung und Anhäufung von Zeit, sondern die Kunst der Zusammensetzung von Kräften zur Herstellung eines leistungsfähigen Apparates« (Foucault 1977: 212). Dies werde gewährleistet, indem der Körper auf seine Funktion reduziert und dieser »segmentierte Körper« als Teil in die Ordnung eingefügt werde. Die Dressur der Soldaten (ebd.: 212) und der Schüler (ebd.: 214) finde über den prompten Gehorsam statt, die auf präzisen Befehlssysteme beruhe.[48] Diese müssten koordiniert sein durch kalkulierte Kombi-

48 Thilo Sarrazin spricht in seinem Band *Deutschland schafft sich ab* ebenfalls von Dressur. Jeder Jäger und jeder Reiter wisse, »dass sich das Pferd nicht von selber dressiert und der Hund nicht von allein apportiert. Viel anders sind die Regeln nicht, die in der menschlichen Erziehung gelten« (Sarrazin 2010: 201).

nationen, die Foucault »Taktiken« nennt, die »höchste[n] Stufe[n] der Disziplinarpraktik[en]« (ebd.: 216). Abschließend resümierte Foucault: Der Krieg dürfe nicht nur als Fortsetzung der Politik mit anderen Mitteln verstanden werden, sondern die Politik sei als »grundlegendes Mittel zur Verhütung bürgerlicher Unordnung« von der militärischen Technik und dem Wissen dieser Taktik bestimmt, die den dressierten Körper koordiniere. Es gab, so Michel Foucault,

> »ein militärisches Träumen von der Gesellschaft; dieses berief sich nicht auf den Naturzustand, sondern auf die sorgfältig montierten Räder einer Maschine; nicht auf einen ursprünglichen Vertrag, sondern auf dauernde Zwangsverhältnisse; nicht auf grundlegende Rechte, sondern auf endlos fortschreitende Abrichtungen; nicht auf den allgemeinen Willen, sondern auf die automatische Gelehrigkeit und Fügsamkeit« (ebd.: 218).

Die Disziplin ist nach Foucault eine »Zuchtgewalt«, die vorwiegend »aufrichtet, herrichtet, zurichtet«, damit die Ausbeutung umso besser gelinge (ebd.: 220). Foucault differenziert zwischen den »Diskurssystemen«, die alle ihre je eigenen Strafmechanismen haben würden (ebd: 230). Es fällt auf, dass sich diese von den Disziplinen etablierten »Sub-Justiz[en]« an den später so genannten ›Sekundärtugenden‹, wie Pünktlichkeit, Fleiß, Sauberkeit, Ordnung, orientieren:

> »Was in der Werkstatt, in der Schule, in der Armee überhandnimmt, ist eine Mikro-Justiz der Zeit (Verspätungen, Abwesenheiten, Unterbrechungen), der Tätigkeit (Unaufmerksamkeit, Nachlässigkeit, Faulheit), des Körpers (›falsche‹ Körperhaltungen und Gesten, Unsauberkeit), der Sexualität (Unanständigkeit, Schamlosigkeit)« (ebd.).

Um die Körper für diese Verhaltensweisen, die Sekundärtugenden, »gelehrig zu machen«, mussten die Disziplinarapparate lückenlose Systeme der Bestrafung, Züchtigung, Korrektion usw. etablieren, die alles, was Demütigung und Beschämung ermöglichte, bereits für kleinste Fehler einsetzbar machten (ebd.: 230f.). Diese Strafen werden jedoch nicht nur angewandt, wenn die zu Bestrafenden bewusst eine Regel verletzt hatten. Strafbar sei alles, »was nicht konform ist«, also auch die Unfähigkeit eines Schülers oder einer Schülerin, eine Aufgabe zu erfüllen oder in der preußischen Infanterie ein falsch gehaltenes Gewehr (ebd.: 231). Die Disziplinarstrafe habe die Aufgabe, »Abweichungen zu reduzieren. Sie ist darum wesentlich *korrigierend*« (ebd.: 232; Herv. im Original).[49]

49 Foucault geht in seinem Buch *Überwachen und Strafen* auf den »Panoptimus« ein, wie er vom Philosophen Jeremy Bentham vor 200 Jahren ausgearbeitet wurde (aktuell

»Wir können sagen, dass die Disziplin das einheitliche technische Verfahren ist, durch welches die Kraft des Körpers zu den geringsten Kosten als ›politische‹ Kraft zurückgeschraubt und als nutzbare Kraft gesteigert wird. Das Wachstum einer kapitalistischen Gesellschaft hat die Eigenart der Disziplinargewalt hervorgerufen, deren allgemeine Formeln, deren Prozduren zur Unterwerfung der Kräfte und der Körper, deren ›politischen Anatormie‹ in sehr unterschiedlichen politischen Regimen, Apparaten oder Institutionen eingesetzen werden können« (ebd.: 284)

Rusche und Kirchheimer machten darauf aufmerksam, dass in der ersten Hälfte des 19. Jahrhunderts das Problem der Überfüllung von Gefängnissen zunahm. Die Inhaftierten kämen vor allem aus den ^unteren Klassen^ wegen Verbrechens gegen das Eigentum. Es wurde seinerzeit in der Literatur angeführt, »daß der geringe Unterschied zwischen den Zuständen in den Gefängnissen und dem normalen Leben eine der Hauptursachen für den steilen Anstieg der Zahlen der Gefängnisinsassen war« (Rusche/ Kirchheimer 1976: 147). Rusche/ Kirchheimer bezogen sich auf einen ausführlichen Bericht von 1825, der befand, dass der bloße Freiheitsentzug allein keine wirksame Strafe sei, sondern die Rückkehr des Sträflings in die Gesellschaft angestrebt werden müsse, was nur durch eine bedingungslose Unterwerfung unter eine Autorität gewährleistet werden könne: »Gehorsam wird nicht so sehr wegen des ungestörten Verlaufs im Gefängnis gefordert, als vielmehr um des Gefangenen selbst willen, der lernen soll, sich willig in das Schicksal der unteren Klassen zu ergeben« (ebd.: 149). Eine Maßnahme bestand darin, den Lebensstandard der Gefangenen »unter dem Niveau der untersten Klassen der freien Bevölkerung« (ebd.: 150) zu halten[50]. Diese ^unterste^ Grenze der ›freien‹ Bevölkerung war bestimmt durch die minimalen gesundheitlichen Erfordernisse (ebd.: 151). Die Kolonialstaaten versuchten zunächst mit Erfolg, Gefangene in die Kolonien zu deportieren (bekanntestes Beispiel sind die Deportationen von englischen Gefangenen nach Australien). Nach wenigen Jahren erwies sich al-

ist eine neue Version von Benthams ›Panoptikum oder das Kontrollhaus‹ von Christian Welzbacher herausgegeben worden). Das Panopticon ist eine Anstalt, die es Kontrolleuren erlaubt, die Insassen zu sehen, ohne selbst gesehen zu werden. Ich werde an dieser Stelle nicht auf den Panoptismus eingehen, dem Foucault ein ganzes Kapitel widmet, weil es von der eigentlichen Thematik zu weit weg führen würde.

50 Ähnlich forderte Sarrazin, dass eine Bestrafung von Arbeitslosen auch in der Weise geschehen solle, dass das festgelegte Existenzminimum ^unterschritten^ werden solle: «Wer seinen Pflichten gar nicht nachkommt oder nur unpünktlich und unzuverlässig, dem würde die Grundsicherung gekürzt oder gestrichen. Dies müsste allerdings konsequent und schnell und nach sehr strengen Maßstäben erfolgen.« (Sarrazin 2010: 183)

lerdings die reine Deportation als zu teuer, sodass zu einem Stufensystem übergegangen wurde, wo der Gefangene ^aufsteigen^ konnte von der Einzelhaft über Arbeiten im Hafen bis zur Deportation in die Kolonien (ebd.: 170). Das System der Einzelhaft wurde von Quäkern in Philadelphia/Pennsylvania um 1790 aus religiösen Gründen eingeführt. Der Gefangene sollte nur mit sich, seinem Gewissen und der Bibel zu Gott finden und sich entsprechend bessern. Dieses Pennsylvania-System wurde auch in Europa eingeführt, nicht als neue Foltermethode – die Reformisten lehnten die Marter ab – sondern als Besserungsmethode. Auch die Vollzugsbeamten unterstützten dieses System, da es so leichter sei, die Disziplin in den Gefängnissen aufrecht zu erhalten (ebd.: 186f.). In Deutschland bzw. in Preußen fand die Disziplinierung in den Gefängnissen auch dadurch statt, dass ‚zunächst aus Kostengründen, pensionierte Offiziere als Gefängnispersonal eingesetzt wurden. Hierdurch hielt eine militärische Ordnung in den preußischen Gefängnissen Einzug mit einem solchem ›Erfolg‹, dass gesetzlich kodifiziert nur Männer mit Armee-Erfahrung Gefängnisdirektoren werden konnten (Rusche/Kirchheimer 1976: 154).

Gegen Ende des 19. Jahrhunderts hatte sich die bürgerliche Rechtsprechung gegen das feudale System durchgesetzt. Mit dem Anwachsen des Wohlstandes in der zweiten Hälfte des 19. Jahrhunderts sanken auch Kriminalitätsraten und Verurteilungen. Der Spielraum für Strafreformen wurde größer. Die Literatur der modernen Gefängnisreform wertete das Verbrechen als psychologisch-medizinisches Problem, der Gefangene solle geheilt, und falls dies nicht möglich sei, isoliert werden (ebd.: 209). Das Prinzip der auf Isolation und Erziehung orientierten Freiheitsstrafen wurde in der zweiten Hälfte des 19. Jahrhundert kritisiert, mit einer Argumentation gegen das Gutmenschentum angegriffen.

In Deutschland macht sich nach Rusche und Kirchheimer »die liberale Einstellung, die wir bei Richtern der ersten Hälfte des 19. Jahrhunderts häufig antreffen, [...] nach der Aussöhnung der Bourgeoisie mit den bürokratischen und agrarischen Interessen einem strikten Konservatismus Platz, und die Ideologie der Unabhängigkeit der Jurisdiktion wird allmählich zur Tarnung des Kampfes der Bourgeoisie gegen die unteren Klassen« (ebd.: 199). Die Strafvollzugsmethoden sollten nicht mehr das Problem eines gerechten Verhältnisses von Delikt und Strafe lösen, sondern waren auf die Rehabilitierungsaussichten und an der Rentabilität von vorbeugenden Maßnahmen ausgerichtet (ebd.: 200). Die »Besserung von Kriminellen« wurde entsprechend als »gute Investition« (ebd.: 201) angesehen. Aus diesem Grund empfahlen Strafrechtsreformer, die Schuldbestimmung von der Strafzumessung zu trennen. Die Schuldbestimmung sei Sache qualifizierter Richter, die Strafzumessung hingegen solle »Vertreter[n] der ›Sozialhygiene‹« überlassen werden (ebd.). Das sogenannte ›progressive‹ oder ›Stufensystem‹ wurde vor allem in Großbritannien angewandt. Rusche/Kirchheimer kritisieren, dass der Hauptvorzug des Stufensystems nicht in der ›Besserung‹, sondern in der Disziplinierung bestehe, »da die Maßstäbe, die dem Gefangenen angelegt werden, in der Unterwerfung unter die äußerlichen Formen der Gefängnisdisziplin bestehen« (ebd.: 217). Was von diesem ›progressiven System‹ gefördert werde, sei vor allem der Konformismus. Entsprechend passend sei die Rekrutierung von unteren Angestellten für den Gefängnisdienst aus den Rängen der pensionierten Unteroffiziere, denn auch im Militär sei der Konformismus die »Haupttugend« (ebd.: 218f.).

2.1.3 Korrektionsanstalten

> »**Korrektionär** (franz.), Sträfling, Insasse einer Korrektionsanstalt [...]
> **Korrigend** (lat.), der zu bessernde Züchtling, s. Besserungsanstalten *(Meyers Großes Konversations-Lexikon,* Band 11. Leipzig 1907, S. 511/ 513)

> »**Besserungsanstalten** (Korrektionsanstalten), öffentliche oder auch Privatanstalten, die zur Aufnahme von Verbrechern und verwahrlosten Personen (Korrigenden) mit dem Hauptzwecke nicht der Bestrafung, sondern der Erziehung dienen. Dergleichen Anstalten sind entweder polizeiliche Besserungsstrafanstalten, die neben der Bestrafung zugleich die sittliche Besserung der Sträflinge bezwecken (vgl. Arbeitshäuser), oder Wohltätigkeitsanstalten für sittlich gesunkene Personen überhaupt, wie Vagabunden, Trunkenbolde, Arbeitsscheue, Dirnen etc. (s. Asyl), sowie für entlassene Sträflinge, die darin zur Arbeit angehalten und an geordnete Lebensführung gewöhnt werden sollen, oder Besserungs- und Erziehungshäuser für verwahrloste jugendliche Personen. Besonders wichtig sind unter sozialpolitischem und volkswirtschaftlichem Gesichtspunkt diese letztern. Früher fast ausschließlich Privat-, besonders Vereinsanstalten (s. Rettungshäuser), werden seit dem Vorgang Belgiens (1847) derartige B. für die verwahrloste oder bereits verbrecherische Jugend (*Enfance abandonnée* und *E. coupable*) mehr und mehr von Staats wegen wie von größern Städten und sonstigen Verbänden (Provinzen) begründet oder unterstützt. Nach dem deutschen Strafgesetzbuch (§ 55, 56) können Unerwachsene im Alter zwischen 12 und 18 Jahren, die trotz begangener Straftat wegen mangelnder Geistesreife freigesprochen wurden, durch richterliches Urteil einer Erziehungs- und Besserungsanstalt für so lange überwiesen werden, wie es die der Anstalt vorgesetzte Verwaltungsbehörde für erforderlich erachtet (jedoch nicht über das vollendete 20. Lebensjahr). Für Kinder unter 12 Jahren kann bei begangener Straftat nur auf derartige Unterbringung erkannt werden. Nach dem Bürgerlichen Gesetzbuch (§ 1666, 1838) darf auch

ohne vorangegangene Straftat diese Maßregel von der Vormundschaftsbehörde verfügt werden, wenn sie wegen des sittlichen Zustandes im Elternhaus oder sonst drohenden sittlichen Verderbens geboten erscheint. Das Nähere zu bestimmen ist der Landesgesetzgebung überlassen (preußisches Gesetz über die Fürsorgeerziehung Minderjähriger vom 2. Juli 1900). Ähnliche Vorschriften kennt auch die österreichische, englische und französische Gesetzgebung. Vgl. Gefängniswesen, Jugendliche Verbrecher, Rettungshäuser, Zwangserziehung« (*Meyers Großes Konversations-Lexikon*, Bd. 2, 1905).

Vor 100 Jahren sprach man in Deutschland nicht nur von ›Korrektionsanstalten‹, sondern bei den Inhaftierten auch von ›Korrigenden‹ oder ›Korrektionäre‹ und die Gruppe der Korrigenden wurde als ›Korrigendentum‹ bezeichnet. Der Aufenthalt der ›Korrigenden‹ in den Korrektionsanstalten wurde als ›Korrektion‹ bezeichnet, in dem Sinne, dass sich die Inhaftierten ›in der Korrektion befinden‹. In die ›Werkhäuser‹ wurden ab den 30er Jahren des 19. Jahrhundert »Trunkenbolde, Dirnen, Landstreicher, Bettler, Müßiggänger« gesperrt.

Die gesetzliche Grundlage für die Korrektionsanstalten lieferte im Deutschen Reich das Reichsstrafgesetzbuch mit den §§ 361 und 362:

»Mit Haft wird bestraft,

3. wer als Landstreicher umherzieht;
4. wer bettelt oder Kinder zum Betteln verleitet oder ausschickt oder Personen, welche seiner Gewalt und Aufsicht untergeben sind und zu einer Hausgenossenschaft gehören, vom Betteln abzuhalten unterläßt;
5. wer sich dem Spiel, Trunk oder Müßiggang dergestalt hingibt, daß er in einen Zustand gerät, in welchem zu seinem Unterhalte oder zum Unterhalte derjenigen, zu deren Ernährung er verpflichtet ist, durch Vermittlung der Behörde fremde Hilfe in Anspruch genommen werden muß;
6. eine Weibsperson, welche wegen gewerbemäßiger Unzucht einer polizeilichen Aufsicht unterstellt ist, wenn sie den in dieser Hinsicht zur Sicherung der Gesundheit, der öffentlichen Ordnung und des öffentlichen Anstandes erlassenen polizeilichen Vorschriften, zuwiderhandelt oder welche, ohne einer solchen Aufsicht zu sein, gewerbsmäßig Unzucht treibt;
7. wer, wenn er aus öffentlichen Armenmitteln eine Unterstützung empfängt, sich aus Arbeitsscheu weigert, die ihm von der Behörde angewiesene seinen Kräften angemessene Arbeit zu verrichten;
8. wer nach Verlust seines bisherigen Unterkommens binnen der ihm von der zuständigen Behörde bestimmten Frist sich kein anderweitiges Unterkommen verschafft hat und auch nicht nachweisen kann, daß er solches der von ihm angewandten Bemühungen ungeachtet nicht vermocht habe.

Alle diese Personen können nach § 362 zu Arbeiten, welche ihren Fähigkeiten und Verhältnissen angemessen sind, innerhalb, und sofern sie von andern, freien Arbeiten getrennt werden, auch außerhalb der Strafanstalt angehalten werden.

Bei der Verurteilung zur Haft kann zugleich erkannt werden, daß die verurteilte Person nach verbüßter Strafe der Landespolizeibehörde zu überweisen sei. Die Landespolizeibehörde erhält dadurch die Befugnis, die verurteilte Person entweder bis zu zwei Jahren in ein Arbeitshaus unterzubringen oder zu gemeinnützigen Arbeiten zu verwenden« (zit. n. Mönkemöller 1908: 10f.).

1903 gab es im Deutschen Reich 9.218 ›Korrigenden‹ und 1.145 ›Korrigendinnen‹, 1904 befanden sich in den 24 Korrektionsanstalten 8.832 Männer und 1.027 Frauen (Mönkemöller 1908: 2). Die in diesen Anstalten tätigen Verantwortlichen, einschließlich der Ärzte, scheinen kein gutes Bild von den Korrigend*innen gehabt zu haben. Der Oberarzt der Pflege- und Heilanstalt Hildesheim, Otto Mönkemöller, schreibt 1908 zur mangelhaften Untersuchung des Vagabundentums:

»Mit welchen Mitteln diesem Krebsschaden abzuhelfen sei, darüber zerbrechen sich in den letzten Dezennien alle die Gewalten, durch deren Lande dieser trübe Strom flutet, den Kopf. Inwieweit diese Erscheinungen in der psychischen Minderwertigkeit ihren letzten Ursprung haben, wie weit die Spuren dieser geistigen Unzulänglichkeit in den Sammelkanal dieser sozialen Schädlinge, in die Korrektionsanstalt, sich verfolgen lassen, darüber hat die Psychiatrie eine Reihe von Arbeiten geschaffen. [...] Dem Psychiater haftet nur zu oft die Unkenntnis des Räderwerkes an, in das die minderwertigen Objekte seiner Untersuchungen hineingeworfen werden« (Mönkemöller 1908: 1).

Derartige Texte lassen erahnen, dass es nicht lange dauern wird, bis die Körperkorrekturen in Volkskörperkorrekturen transformiert werden.[51] Auch wenn Mönkemöllers Sprache extrem ist, wurde sie mit einem wissenschaftlichen Selbstverständnis geschrieben und teilte mit dem wissenschaftlichen Mainstream seiner Zeit ein menschenverachtendes Grundvokabular. Im vorangegangenen Kapitel zu Klaus von Dohnanyi wurde in der ›Bettlerstudie‹ seines Großvaters Karl Bonhoeffer auf drei sich wiederholende menschenfeindliche Zuschreibungen verwiesen: Defekt, Minderwertigkeit und Parasit. Diese Sprache bedurfte nur noch der Verbindung mit einer entsprechenden volkswirtschaftlichen Betrachtungsweise, um in Rassenhygiene umzuschlagen. Mönkemöller sah sich nicht als eine Art Gefängnisaufseher, sondern als Arzt sah er seine Aufgabe viel mehr darin, Methoden der Korrektion zu entwickeln, um den Korrigend*innen die Sekundärtugenden ›einzuimpfen‹:

51 Ein ähnlicher Umschlag fand in den letzten Jahren statt: Wenn einem Arbeitslosen gesagt wird, ›rasieren sie sich und waschen sie sich, dann haben sie morgen einen neuen Job‹, so ist dies eine klassistische Aussage, die sich auf die Frisur eines Menschen aus der sogenannten ^Unterschicht^ bezieht. Wenn hingegen Sarrazin sagt, das Problem der ^Unterschicht^ müsse sich ›auswachsen‹, dann geht es um die Frage, ob der ›Volkskörper‹ zurechtgestutzt, frisiert werden müsse.

»Die Motive zum Reichsstrafgesetzbuche betonen ausdrücklich, daß die Besserung der in Frage stehenden Individuen wegen deren physischer und moralischer Verwahrlosung nur dadurch, daß sie längere Zeit zur Ordnung, Arbeitsamkeit und einem regelmäßigen Leben angehalten würden, nicht aber durch Gefängnisstrafen zu erreichen sei« (Mönkemöller 1908: 10).

Um dies zu gewährleisten, forderte Mönkemöller die »prinzipielle Scheidung zwischen Besserungsfähigen und -unfähigen«: »Die Einsperrung geht meist ohne Trennung dieser Kategorien vor sich, und außer dem kräftigen Stromer, dem arbeitsscheuen Bettler, dem verkommen Alkoholisten wankt neben dem abgelebten Verbrecher der arbeitsmüde Greis, der sieche und gebrechliche Kranke und der unzurechnungsfähige Schwachsinnige den Toren des Arbeitshauses zu« (ebd.: 12).

Theoretischer Bezugspunkt um die Jahrhundertwende war der Arzt und Kriminalbiologe Cesare Lombroso. Auch Mönkemöller bezieht sich insbesondere dann, wenn es um die Kategorisierung der Korrigend*innen geht, auf Lombroso. Die sogenannten ›Degenerationszeichen‹ am Körper seiner Korrigend*innen (er vermerkt explizit, dass er sie nur bekleidet untersuchte) ließen jedoch keine Verbrechensprognosen zu:

»Wenn die Degenerationszeichen sich mehrten, so lief so gut wie ausnahmslos eine deutliche intellektuelle Schwäche parallel, ohne daß sich ergeben hätte, daß die vorhandene Degeneration sich im wesentlichen durch den Verfall in die Kriminalität Luft gemacht hätte« (ebd.: 139).

Zu unterscheiden sei der Katalog der ›Degenerationszeichen‹ von dem der ›Verbrecherphysiognomie‹. Da die Korrigend*innen seiner Anstalt verhältnismäßig harmlose Verbrechen begangen hätten, sei dort eher das »Gesicht der Minderbegabten« als das der »typischen Verbrechergesichter« anzutreffen (ebd.). Geradezu schadenfroh teilt uns der Arzt mit, dass die »wenig kleidsame Anstaltstracht« den Korrigend*innen – in der Regel Prostituierte – »einen großen Teil des falschen Nimbus nehme«. Allerdings könne die Anstaltskleidung ihnen nicht das Charakteristische nehmen: »die verwegene Frechheit, die dreiste Abgefeimtheit, die feiste Behaglichkeit, die listige Scheinheiligkeit, die Lüsternheit in all ihren Schattierungen« (ebd.: 140). Interessanterweise gehören auch Tätowierungen zum Untersuchungsgegenstand. Hier kann Mönkemöller nicht nur auf die vorherrschenden Untersuchungen Lombrosos zurückgreifen, sondern auf zahlreiche weitere Studien zu Tätowierungen bei Prostituierten (ebd.: 140f.). Auch den Disziplinierungen in Korrektionsanstalten widmet der Arzt Mönkemöller ein ganzes Unterkapitel. Einleitend stellt er fest: »Ohne Disziplinarstrafen wird man in einer Strafvollzugsanstalt nicht auskommen können, und selbst die weitgetriebenste Sentimentalität wird ihrer nicht entraten können. Wo Holz gehackt wird, da fallen eben Späne«(ebd.). Auch hier kommt wieder der Gutmenschen-Diskurs (nach Sarrazin »Gefühligkeit«) zum tragen. Interessanterweise scheinen Frauen in Korrektionsanstalten häufiger bestraft zu werden als Männer. Mönkemöller: »Dem Weibe fällt eben die Unterordnung unter die straffe Disziplin einer Detentionsanstalt schwerer wie dem Manne, schon deshalb, weil ihm das aufgezwungene Schweigen unerträglicher ist« (ebd.: 154). Aber Mönkemöller führt noch einen weiteren Grund auf, weshalb sich Frauen schwerer tun mit der Unterordnung: »Auch ist ihr nicht im Militärdienst die Unterordnung angewöhnt wie jenem« (ebd.). Er listet einige der leichteren Delikte auf, die in der Korrektionsanstalt für weibliche Korrigend*innen Strafen nach sich zogen:

> »Unnötige Verwendung des Arbeitsmaterials, Anfertigung von eigenen Kleidungsstücken, Zerschneiden der Stoffe, Beschmutzen des Bettes, Singen und Lachen während der Arbeit, Lachen in der Kirche, Schimpfereien über das Essen, Zoten, Lügen, Ärgern der Mitgefangenen, Liegen im Bette mit den Kleidern, Durchstechereien, Unordnung im Anzug und Bettzeuge, schlechte Arbeit, Ruhestörung, Zänkerei, Nichterfüllung des Arbeitspensums, Liebäugeleien mit Männern bei der Arbeit, Hinwerfen des Essens, der Arbeit und der Arbeitsgeräte, chronische Arbeitsverweigerung« (ebd.: 165).

Mönkemöller stellt allerdings fest, dass bei einigen Korrigend*innen Disziplinierungen unwirksam seien, bei ihnen sei »Hopfen und Malz verloren« (ebd.: 164):

> »Die Beurteilung dessen, was durch die Korrektionshaft geleistet wird, ist ja überhaupt ein trübes Kapitel. Dem trostlosesten Pessimismus sind bis jetzt noch alle die verfallen, die sich mit der Bestimmung des Prozentsatzes der Besserungen abgemüht haben« (ebd.: 179f.).

Zu unterscheiden sind die Korrektionsanstalten von den Landarmenhäusern, wobei die Landarmenhäuser den Korrektionsanstalten angegliedert sind. Vor allem alleinerziehende Mütter unehelicher Kinder, »pflichtvergessene Mütter«, stellen einen Großteil der in Landarmenhäusern Inhaftierten. Auch hier verrät die Sprache Mönkemöllers die menschenverachtende Einstellung von Fachärzten gegenüber diesen Menschen:

> »Vor allem aber ist eine Durchführung dieser Maßregel eines der wenigen prophylaktischen Mittel, die das Gemeinwesen zur Verfügung hat, um die vielen Schädlinge, die an ihm nagen, auszurotten. Wenn es sich seiner Haut wehrt, will ich nicht einmal den Hauptakzent auf die pekuniären Vorteile legen, die es durch

die Unschädlichmachung dieser gefühllosen Naturen sich erwirbt. Die Hauptursache ist jedenfalls die, daß sie für die Zeit, die sie im Armenhaus verbringen, gehindert werden, die Welt mit einer recht entbehrenswerten Nachkommenschaft zu beschenken. Was sie zur Welt bringen, wird dereinst sicher zum Fähnlein der Degenerierten und erblich Belasteten stoßen. Praktisch wird so das erreicht, was man durch das sonst nicht durchführbare Verbot der Heiraten Geisteskranker zu erreichen sucht – es wird eine Quelle der Degeneration verstopft« (ebd.: 219).

Mönkemöller diskutiert daraufhin, ob sich nicht durch die Prostitution die Zahl der ›degenerierten Kinder‹ senke, da Prostituierte »als Degenerationsprodukte« zum Teil steril, zum Teil in den »Künsten der Abtreibung« bewandert seien, dennoch befürchte er, dass in Wirklichkeit »noch mehr als genug am Leben bleibe« (ebd.: 220). Mit solchen Formulierungen ist bereits der Übergang zur Bevölkerungspolitik vollzogen, auch wenn sich Mönkemöller nicht dezidiert rassenhygienisch äußert. Es erschließt sich jedoch, dass Rassenhygiene und Bevölkerungskorrektur unmittelbar an die Korrektionsanstalten anknüpfen konnten.

2.1.4 Exkurs: Herkunft des Begriffs ›Unterklasse‹ aus dem Korrektions-Diskurs

Bevor auf die Weiterentwicklung der Korrektionsidee zum heutigen Workfare eingangen wird, soll ein bestimmtes vertikalistisches Denkmuster untersucht werden, welches mit dem Begriff ^Unterklasse^ einhergeht. Bei ^Unterklasse^ handelt es sich nicht um einen marxistischen Begriff, vielmehr spiegelt er den Ansatz der sogenannten ›Kultur der Armut‹. Tatsächlich hängt der Begriff ^Unterklasse^ mit dem Begriff »Schulklasse« zusammen, das heißt, er ist ein Korrektions-Begriff.

Von ›Underklass‹ zu ›Underclass‹?

Martin Kronauer hatte in seinem Buch *Exklusion. Die Gefährdung des Sozialen im hochentwickelten Kapitalismus* die These vertreten, dass der Underclass-Begriff »seinem Ursprung nach der europäischen wohlfahrtsstaatlichen Tradition verpflichtet« sei (Kronauer 2010: 53). Dies gelte auch für die Vereinigten Staaten, wo Gunnar Myrdal diesen Begriff eingeführt habe: »Es ist bezeichnend, dass diese scheinbar ›amerikanischste‹ aller Kategorien, in denen der Ausgrenzungsgedanke derzeit erörtert wird, von einem Europäer und dazu noch entschiedenen Verfechter des europäischen Wohlfahrtsstaats, dem Schweden Gunnar Myrdal, erst in den frühen 1960er Jahren in die amerikanische Sprache eingeführt wurde« (Kronauer 2010: 53). Auch David Theo Goldberg vertritt diese These zumindest für die sozialwissenschaftliche Literatur und behauptet, dass Myrdal bereits in *The American Dilemma* von 1944 den Begriff *Underclass* benutzte. Eine Durchsicht ergab, dass Myrdal in *The American Dilemma* nur den Begriff ›Lower Class‹, keinesfalls aber den Begriff ›Underclass‹ erwähnte – und beim Begriff ›Lower Class‹ bezog er sich auf Warner/ Lunt, *The Social Life of a Modern Community* von 1941. ›Lower Class‹ als Begriff des Schichtmodells war in der sozialwissenschaftlichen Literatur auch in den Vereinigten Staaten also sehr viel früher eingeführt. Allerdings dürfen die Begriffe ›Lower Class‹ und ›Underclass‹ nicht gleichgesetzt werden. ›Low‹ meint soviel wie ›niedrig‹. Es handelt sich auch um einen problematischen Vertikalismus, da ›low‹ auch soviel wie ›ordinär‹ heißt. Es geht uns hier aber nicht einfach um einen verwandten Vertikalismus, da Unterklasse substantiviert ist, niedrig(e)re Klasse/ untere Klasse hingegen nur attributiert.

Auch Übersetzungen von ›Lower Class Groups‹ mit ›Unterklasse‹, wie sie sich im Sammelband *Gunnar Myrdal: Das Wertproblem in der Sozialwissenschaft* aus der *Schriftenreihe des Forschungsinstituts der Friedrich-Ebert-Stiftung* von 1965 findet[52], sind problematisch. Myrdal hat anscheinend in den Vereinigten Staaten erst 1965 den Begriff ›Underclass‹ benutzt, er bezog sich danach, laut Kronauer auf den schwedischen Literaten August Strindberg, der bereits im 19. Jahrhundert den schwedischen Begriff ›Underklass‹ gebrauchte, um damit die schwedische Arbeiterklasse zu bezeichnen (Kronauer 2010: 54; siehe auch Strindberg 1970: 84ff). Gunnar Myrdal habe mit der Einführung seines Begriffs die Bedeutung verschoben. Er spreche von »an ›underclass‹ of more permanently unemployed, employables, and underemployed« (Myrdal 1965b: 23; zit. n. Kronauer 2010: 54). Tatsächlich hat August Strindberg nicht als einziger den Begriff ›Underclass‹ benutzt. Dies dürfte Gunnar Myrdal bekannt gewesen sein, da er häufiger für die sozialdemokratische Zeitschrift *Tiden* Artikel verfasste (und dort schon 1931 den Begriff ›Underklass‹ benutzte), in der es bereits 1928 einen Artikel zur Herkunft der schwedischen Begriffe ›Underklass‹ (^Unterklasse^) und ›Överklass‹ (^Oberklasse^) gegeben hatte. G. H:son Holmberg untersuchte 1928 die Herkunft der schwedischen Begriffs und kam zum Schluss, dass nicht August Strindberg, sondern Nils Hermann Quiding (Pseudonyme: Nils Nilsson, arbetskarl) die Begriffe systematisch eingeführt habe (Holmberg 1928). Quiding habe damit die Teilung der

52 Im Original heißt es »Relationships between Lower Class Groups« (Myrdal 1944: 67), in der deutschen Ausgabe ist diese Überschrift wiedergegeben mit »Beziehungen zwischen Gruppen der Unterklasse« (Myrdal 1965: 188)

Gesellschaft benennen wollen, ohne auf die veralteten Begriffe einer mit einem Rechtssystem versehenen Herren-Klasse und einer entrechteten Sklavenklasse zurückgreifen zu müssen (Holmberg 1928: 77). Auch wurde in den 1920er Jahren in Schweden eine Klassentheorie vertreten, die den Begriff ›Underklass‹ historisch für die von den Wikingern niedergeworfenen Gruppen benutzte und essenziell unterschiedliche Klassenpsychen unterstellte. Der schwedische Soziologe Pontus E. Fahlbeck vertrat in seinem Buch *Die Klassen der Gesellschaft. Eine geschichtlich-soziologische Studie über Entstehung, Entwicklung und Bedeutung des Klassenwesens* von 1922 eine Klassentheorie, die ihren Ausgang von »den allgemeinen körperlichen und seelischen Bedürfnissen«, von »verschiedenen Seelenfunktionen (activité spirtituelle und activité practique)«, einer »organischen Auffassung des Klassenwesens«, der die »Fabel Menenius Agrippas vom Magen und den Gliedmaßen zugrunde liegt«:

> »Stände und Klassen wurzeln in den allgemeinen körperlichen und seelischen Bedürfnissen, die sich in verschiedenen Aufgaben objektivieren, was die Arbeitsteilung zur Folge hat. In dieser ursprünglichen Arbeitsteilung, sowie in der verschiedenen Wertschätzung körperlicher und geistiger Güter und Arbeit, die der menschlichen Psyche angeboren ist, haben wir die letzten untilgbaren Ursachen des Ständewesens zu suchen« (Fahlbeck 1922: 15f.).

Gunnar Myrdal brauchte also nicht auf ein Verständnis von ›Underclass‹ als Arbeiterklasse zu rekurrieren, um diesen dann einen neuen Sinn zu geben. ›Underklass‹ als Begriff für eine entrechtete Klasse mit defizitärer Kultur stand Myrdal ebenso zur Verfügung. Zu berücksichtigen ist ferner die Nähe von Gunnar und Alva Myrdal zu sozialtechnologischen Ansätzen.

Das »schlechte Menschenmaterial« in der ›Underklass‹

In ihrem Aufsatz *Für eine bessere ›Bevölkerungsqualität‹. Ein Vergleich bevölkerungspolitischer Konzepte in Schweden 1920–1940* weist Ann-Judith Rabenschlag auf die Rolle von Gunnar und Alva Myrdal bei der Einführung der Sterilisationsgesetze hin. Schweden hatte als einer der ersten Staaten ein rassenhygienisches Institut und arbeitete mit den Rassenhygieniker*innen in Deutschland zusammen. Die Myrdals haben diese rassenbiologischen Konzeptionen bekämpft. Gunnar Myrdals Argumentation in *An American Dilemma* wandte sich gegen den Rassismus gegenüber Schwarzen und war relevant für die Aufhebung der Rassentrennung in US-amerikanischen Schulen in den 1950er Jahren. Allerdings immunisierte diese Kritik an einem biologisch begründeten Rassismus nicht vor klassistischen Zuschreibungen: Die schwedische Gesellschaft sei »nicht von rassischem, sondern von sozialem Abfall des Menschenmaterials bedroht« (Myrdal/Myrdal 1931: 245 ; zit. n. Rabenschlag 2008: 60f.), heißt es in ihrem Bestseller *Kris i befolkningsfrågan* von 1935. Die Myrdals traten für großzügige Sozialreformen im Rahmen einer »prophylaktischen Sozialpolitik« ein, deren unmittelbares Ziel es sei, »ein besseres Menschenmaterial zu schaffen« (Myrdal/Myrdal 1931: 245 ; zit. n. Rabenschlag 2008: 60f.). Die sogenannten »erschöpften Mütter« [»The exhausted mothers« Myrdal 1941, 214] – Frauen aus ärmeren Schichten, die oft schon mehrere Kinder geboren hatten und als unfähig galten, ihre Kinder angemessen zu erziehen – waren nicht allein aus Sicht der Myrdals die Gruppe, auf welche die Sterilisierungsgesetze vorrangig angewandt werden sollten; sie waren es auch in der Realität. Von den 60.000 Schwed*innen, die zwischen 1935 und 1975 sterilisiert wurden, waren über 90 Prozent Frauen; erfolgten die Eingriffe zunächst meist aus eugenischen Gründen, dominierte ab den 1950er Jahren eindeutig die sogenannte medizinisch-soziale Indikation: Als Sterilisierungsgrund wurde die angebliche körperliche oder psychische »Schwäche« der Frauen angegeben. Das von Per Albin Hansson ausgerufene Volksheim sollte, so schwebte es den Myrdals vor, ein Ort sozialer Gerechtigkeit sein; doch, wie es Alva Myrdal noch 1941 formulierte: »Großzügige Sozialreformen« bedurften eines »entsprechenden Korrektivs« [Myrdal 1941: 215]. (Rabenschlag 2008: 63). Es ist nicht unwahrscheinlich, dass Gunnar Myrdal an die »erschöpften Mütter« dachte, als er in den Vereinigten Staaten den Begriff ›Underclass‹ einführte. Von diesem Bild, welches die Praxis der Sterilisation impliziert, bis zum klassistischen Stereotyp der *Welfare Queen*[53] unter der Präsidentschaft Ronald Reagans ist es jedenfalls keine großer Schritt, wenn die Notwendigkeit von Bevölkerungskorrekturen erst einmal festgestellt worden ist.

53 Mit ›Welfare Queen‹ (›Sozialhilfe-Königin‹) wertete Ronald Reagan schwarze junge Mütter als Sozialhilfebetrügerinnen ab, die sexuell freizügig seien und sich von der Sozialhilfe ein schönes Leben machten. Charels Murray nahm dieses Stereotyp in seinem Buch *Losing Ground* in den 1980er Jahren wieder auf und sah in der Welfare Queen die Person, über die die ›Kultur der Armut‹ weitervererbt würde. 1996 unterzeichnete Bill Clinton ein Gesetz, welches sich gegen die sogenannte ›Welfare Queen‹ richtete: Sozialhilfe wurde unabhängig von der zur versorgenden Kinderzahl ausgezahlt und auf maximal fünf Jahre insgesamt begrenzt. Thilo Sarrazin scheint in *Deutschland schafft sich ab* diese Maßnahme ausdrücklich zu begrüßen und bedauert, dass in Deutschland nichts gegen die »hohe Zahl der Unterschichtengeburten« unternommen werde (Sarrazin 2010: 386).

Unwürdige Kultur der Armut

Während der Begriff ›Underclass‹ 1963 in den Vereinigten Staaten von Gunnar Myrdal (Myrdal 1963) als Strukturbegriff eingeführt worden sein soll (Gans 1996, Pittenger 1997), sei er zehn Jahre später bereits als Begriff verwendet worden, der eine Gruppe mit vermeintlich defizitären Verhaltensweisen kennzeichne (Gans 1996, Kronauer 1996). Herbert Gans geht davon aus, dass Gunnar Myrdal nicht den Begriff ›Underclass‹ benutzt hätte, wenn Myrdal bewusst gewesen wäre, was dieser Begriff auslöste (Gans 1996: 141). Myrdal wolle in seinem Buch *Challenge to Affluence* die Situation der nicht privilegierten Klasse im Wandel zur postindustriellen Gesellschaft beschreiben (Gans 1996: 142). Mit dem Begriff ›Underclass‹ ging eine Zuschreibung einher, die in Europa mit dem Stereotyp der ›unwürdigen Armen‹, bzw. der ›undeserving poor‹ belegt gewesen ist. In den Vereinigten Staaten konnte sich der Begriff der ›undeserving poor‹ nicht durchsetzen, aber es gab entsprechende Begriffe, wie Gans 1992 feststellte:

> »So sprach man von ›Bettlern‹, ›Paupern‹, ›bedrohlicher Klasse‹ (›dangerous class‹), ›Abschaum‹ (›rabble‹), ›Vagabunden‹ und ›Landstreichern‹ usw., Vokabeln, die die USA oft von den Europäern übernahmen. Allerdings haben die USA auch ihre eigenen Begriffe erfunden, so den ›tramp‹, die ›Richtungslosen‹ (›shiftless‹), die ›Schwachköpfigen‹ (›feeble minded‹) und Ende des 20. Jahrhunderts Bezeichnungen wie ›tief verankerte, festsitzende Armut‹ (›hard core‹), ›kulturell Deprivierte‹, ›Kultur der Armut‹ (›culture of poverty‹) – und jüngst ›underclass‹« (Gans 1992: 49).

Hier zeigen sich Parallelen zu Fahlbecks ›Underklass‹-Begriff aus den 1920er Jahren, zumindest im Bereich der psychisch-kulturellen Verschiedenheit der Klassen, die als unüberbrückbar wahrgenommen wurden. Die Bezeichnung ^Unterklasse^/ ^underclass^ für die als ›unwürdige Arme‹ wahrgenommene Gruppe versieht hierbei nach Gans das System der sozialen Schichtung mit einem »moralischen Ethos«:

> »Die unwürdigen Armen legitimieren [...] auch die bestehende Hierarchie in der sozialen Schichtung. Bezeichnet man die Menschen 'ganz unten' als unwürdig, dann ist automatisch jeder oberhalb von ihnen als würdig anzusehen. Damit wird das System sozialer Schichtung mit einem moralischen Ethos versehen, das seine Hierarchisierung von unten her legitimiert. Natürlich können unwürdige Arme weiterhin zu würdigen Mitgliedern der Gesellschaft werden: Sie können in dieser Hierarchie aufsteigen, etwa indem sie bereit sind, zunächst eine schlechte Beschäftigung im Niedriglohnbereich anzunehmen, z.B. als ›Hamburger-Umdreher‹ in Schnellimbißketten« (Gans 1992: 53).

Christopher Jens geht davon aus, dass in den späten 1960er und frühen 1970er Jahren die ›liberals and radicals‹ unterschiedliche Werte und Verhaltensnormen von Klassen verneinten. Was die Kultur betraf, sah die Linke sich in einer klassenlosen Gesellschaft – der mit der These der ›Kultur der Armut‹ einhergehende Begriff ›Underclass‹ wurde daher kaum genutzt (Jencks 1992: 16). In den 1970er Jahren sei jedoch seine eigentliche Intention, mit dem Begriff ›Underclass‹ die Opfer einer Struktur zu beschreiben, konterkariert worden. 1973 hätten Moore, Livermore und Galland in einem Beitrag des konservativen Magazins *The Public Interest* begonnen, den Begriff zu transformieren. Mit dem Term ›Underclass‹ wurde nun vor dem Erscheinen einer gefährlichen schwarzen Klasse gewarnt. Ende der 1970er Jahre benutzten Journalist*innen diesen Begriff vorwiegend, in dem sie damit vorwiegend auf Verhaltensweisen statt auf Strukturen verwiesen (Gans 1996: 142). 1981 wurde in drei Artikeln von Ken Auletta im *New Yorker* der Begriff ›Underclass‹ einem breiten Publikum bekannt gemacht und 1986 publizierte William Julius Wilson *The Truly Disadvantaged*, wo davor gewarnt wurde, dass die ›Underclass‹ wachse (Jencks 1992: 143).

Ende der 1980er/ Anfang der 1990er Jahre wurde schließlich der Begriff ›Underclass‹ auch von Liberalen übernommen, obwohl sie begannen, das ›Blaming the Victim‹ im Rahmen der zugeschriebenen ›Armen-Kultur‹ zu kritisieren (Jencks 1992: 17). Im Sinne der Verhaltens-Definition sei der Begriff vorwiegend von Psycholog*innen und Konservativen benutzt worden (Gans 1996: 142f.).

Zur Kriminalanthropologie der sogenannten Unterklasse

Gegen diese These der Urheberschaft Myrdals hinsichtlich des Begriffs ^underclass^ wurde verschiedentlich eingewandt, dass d*ieser in den Vereinigten Staaten bereits zuvor existierte*. Von verschiedenen Autoren wurde die erste Verwendung auf das Jahr 1899 datiert und als Urheber wurde der Kriminalanthropologe Cesare Lombroso ausgemacht (Heise 1971, Kratz 1993, Pittenger 1997). Als Quelle wurde ein Aufsatz der Soziologin und Sozialreformerin Frances Alice Kellor von 1899 angegeben (Pittenger 1997). Sie befasste sich in diesem Aufsatz mit der Kriminalanthropologie Lombrosos (Press 2012) und nannte in einer Fußnote auch zwei Bücher Lombrosos (Kellor 1899). Beim unmittelbar darauf folgenden Zitat mit der Erwähnung des Begriffs ›Underclass‹ fehlte jedoch eine Quellenangabe (Kellor 1899), daher wurde bislang davon ausgegangen, dass sich Kellor auf Lombroso bezog (Pittenger 1997). Tatsächlich fand sich jedoch in keiner Übersetzung der beiden Bücher Lombrosos auch nur annähernd das Zitat. Lombroso benutzt Klassenbegriffe, aber es lässt sich kaum ein Schema ausmachen. So unterscheidet er »Verbrecherklassen« in ähnlicher Weise wie »Tierklassen«. Es finden sich »Deliktklassen«, die »Klasse der Gebildeten« oder auch die »Klasse der Kriminaloiden«. Der Klassenbegriff scheint der klassifizierenden Taxonomie der Botanik entnommen worden zu sein, wie wenige Jahre später die Sozialstrukturanalyse den ›Schicht‹-Begriff aus der Geologie entlehnte. Der von Frances Alice Kellor erwähnte Begriff ^underclass^ fand sich bei Lombroso jedoch nicht. Die fehlende Fußnote führte auf eine falsche Fährte. Kellor bezog sich nicht auf den weltbekannten Theoretiker Lombroso, sondern auf Hamilton D. Wey, US-amerikanischer Praktiker der Kriminalanthropologie und Mediziner. Hamilton D. Wey war ein Anhänger Lombrosos (Platt 1969) und er verstand sich selber als Kriminalanthropologe. War schon Lombrosos methodologische Basis sehr fragwürdig, sah die wissenschaftliche Grundlage der Kriminalanthropologie in den USA des 19. Jahrhunderts noch dürftiger aus. Dennoch wurde Hamilton D. Wey gestattet, seine pädagogischen Vorstellungen, Methoden und Ziele experimentell mit inhaftierten Jugendlichen umzusetzen, was faktisch auf brutale Folterungen hinauslief (Pisciotta 1994). Der Begriff ^*underclass*^ bzw. ^*under class*^ von Hamilton findet sich in einer Ausgabe der *New York Times* von 1890 (The New York Times 1890), der im Online-Archiv der Zeitung zu finden ist. Hier heißt es u.a.:

> »The concurrent and unanimous testimony of those who are, from their experience and knowledge, most competent to judge, is: That the great under class of criminals have more or less defective organizations, especially as relates to their nervous system, and more especially to their brain [...] that they are formed and fashioned by the hand of an evil genius, whose name is bad heredity, and whose handmaid is ignorance, and that they cannot be very much reformed, and that their reformation ought to have been begun in their ancestors« (New York Times 1890).
>
> [»Das gleichzeitige und einstimmige Zeugnis derjenigen, die aus Erfahrung und Wissen am kompetentesten urteilen, ist: Dass die große Unterklasse der Kriminellen mehr oder weniger defekte Nervensysteme bzw. Gehirne haben [...]; geformt und modelliert durch die Hand eines bösen Genies, dessen Name schlechte Vererbung und dessen Dienstmädchen Ignoranz ist, und dass sie nicht besonders gebessert werden können und dass ihre Besserung bei ihren Vorfahren hätte begonnen werden sollen.«]

Obschon Wey die Möglichkeiten der »Reformation« gering einschätzte, betrieb er eine Correctional School. Dies kann auch mit dem Lamarckismus zu tun haben, der davon ausging, dass sich erlernte Verhaltensweisen von Generation auf Generation vererben. Um Erfolge zu erzielen, müssten diese Maßnahmen dann entsprechend rigoros durchgeführt werden. Der Begriff ^*underclass*^ bekam also nicht erst in den 1970er Jahren eine ^abwertende^ Bedeutung. Vielmehr steht er in der Tradition der Zucht- und Arbeitshäuser und entstand mit dem kriminalanthropologischen Versuch, vermeintlich biologisch-vererbliche ›Defekte‹ mit rigorosen Maßnahmen zu korrigieren. ^*Unterklasse*^ meint hier also eine Gruppe von »defekten Menschen«, die sich einer kriminalpädagogischen Maßnahme zu unterziehen haben. ^*Unterklasse*^ meint dann soviel wie ›Zucht-‹, ›Besserungs-‹ oder Korrektionsklasse‹ und wäre als kriminalpädagogischer Begriff zu verstehen.

Zum Klassenbegriff der institutionalisierten Erziehung

In der Terminologie ›Schulklasse‹ (school class im Englischen) begegnet uns permanent der Klassenbegriff. Der Klassenbegriff spielt auch in Deutschland in der institutionalisierten Erziehung eine Rolle. So richteten sich Hegel propädeutische Schriften von 1808 bis 1811 an die Unter-, Mittel- und Oberklassen in den Gymnasien. Erzogen wurde jedoch nicht nur in Schulen für Kinder wohlhabender Eltern, sondern zunehmend auch in den sogenannten Korrektionsanstalten:

> »Die Wurzeln des Gefängnisses als Disziplinaranstalt finden sich bereits in den frühneuzeitlichen Zucht- und Arbeitshäusern, die seit Mitte des 16. Jahrhunderts in europäischen Städten entstanden. Sie waren ursprünglich nicht dazu gedacht, verurteilte Delinquenten zu inhaftieren, sondern zunächst vor allem für 'Vagabunden' und Bettler vorgesehen. Die Anstalten waren das Produkt eines sich seit dem Spätmittelalter wandelnden Armutsverständnisses und einer damit einhergehenden veränderten Fürsorgepraxis. Zu den sogenannten Müßiggängern kamen nach und nach ›ungezogene‹ Kinder oder von ihren Familien abgeschobene, unerwünschte Personen, Prostituierte, Geisteskranke und Waisen hinzu. Diese geschlossenen Einrichtungen entwickelten sich zu einem Universalmittel für den Umgang mit Devianz und gesellschaftlichen Minderheiten« (Schauz 2008: 39f.).

Auch in diesen Erziehungsstrafanstalten wurden Stufen- bzw. Klassensysteme eingeführt. In Sachsen tauchte bereits 1849 die Einteilung in Zucht-, Mittel- und Besserungsklasse auf (Kruse 2003: 6f). Später kam die vertikalistische Einteilung ^Unter^-, ^Mittel^- und ^Oberklasse^ hinzu (ebd.). Der Begriff der ^Unterklasse^ hat also seine Wurzeln auch in der Bezeichnung für eine vermeintlich renitente und daher mit repressiven Maßnahmen zu erziehende/ korrigierende Gruppe.

2.1.5 Körperkorrekturen durch (Nazi-)Uniformen

Es würde den Rahmen dieses Buchprojekts sprengen, dezidiert auf die Disziplinierungspraxis des Nationalsozialismus einzugehen. Die Sprachkorrekturen und die Militarisierung der Sprache wurden bereits angesprochen (Klemperers *LTI*), auch wurden sozialpsychologische Untersuchungen zum autoritären Charakter erwähnt, der aus der sogenannten ›schwarzen Pädagogik‹ resultiere. Vor allem auch die Erziehungsmethoden wurden einer Militarisierung unterworfen. Die ›soldatischen Tugenden‹ wurden zum Leitbild für Jungen, während sich Mädchen an einem völkischen Mutterkult zu orientieren hatten. In der männerbündischen Ideologie des Nationalsozialismus wurde der ›politische Soldat‹ zum Leitbild für Gelehrte und Studenten, der Feldwebel wurde zum Vorbild für Lehrer. Die pädagogischen Methoden wurden mit ›Ertüchtigung‹ und ›Zucht‹ umschrieben, womit eine rassistisch-rassenhyigienische Ausrichtung auf den ›Volkskörper‹ nach dem Einordnungs- und Führerprinzip gemeint war, die sich mit einem entsprechenden Strafsystem (›Stählung‹) verband. Die Körperkorrektionen im nationalsozialistischen[54] Erziehungssystem wurden aus rassenbiologischen, nationalpolitischen Vorgaben abgeleitet. Korrekturen fanden statt durch ein Blockwart-System, durch viele Rituale, an deren Einhaltung die ›Gesinnung‹ überprüft werden konnte (›Hitlergruß‹).

Hier soll nur auf einen Aspekt der Körperkorrekturen im Nationalsozialismus eingegangen werden, nämlich auf die Uniform. Die Korrektion, die einheitliche Formierung von Körpern und Körperbewegungen, findet auch durch Uniformen statt. Der norwegische Terrorist Anders Behring Breivik hatte eine Polizeiuniform getragen, als er die Jugendlichen des Camps der norwegischen Arbeiter*innenjugend erschoss. Die Polizeiuniform ermöglichte es ihm nicht nur, sich bewaffnet den Jugendlichen zu nähern, ohne dass sie Verdacht schöpften, sondern sein Posen mit verschiedenen selbstgeschneiderten Militär-Uniformen im Internet lässt darauf schließen, dass das Tragen einer Uniform mit seinen Morden zusammenhängt. Uniformen spielten vor allem im Wilheliminismus, aber auch im Nationalsozialismus

54 Die gerade in der Erziehung geforderte Politisierung im Sinne der ›Nationalpolitik‹, ist eine in sich widersprüchliche Politisierung. Einerseits handelt es sich um Politik, da mit dieser Biopolitik/ Biomacht (Foucault) die Gesellschaft (Polis) verändert wird, andererseits handelt es sich um eine Entpolitisierung, da vermeintlich unveränderliche ›Limitierungen‹ durch die Biologie, insbesondere die ›Rasse‹ gesetzt werden. Man könnte hier von der politischen Entpolitisierung sprechen, die sich allerdings im Gegensatz zum Konzept Anti-PC als Politisierung versteht.

ein Rolle. Nach Manfred Foerster wurde »das gesellschaftliche Klima vom Geist der Uniformen beherrscht, der seine Wurzeln im preußischen Militarismus hatte, mit seiner Vorliebe für Orden, Ehrenzeichen, Flaggen und Uniformen, Tressen ebenso wie für blankpolierte Uniformknöpfe, über deren tadelloses Aussehen eine strenge Unteroffizierspädagogik wachte. Der bevorzugte Rhythmus dieser Zeit drückte sich in Marschmusik aus, einhergehend einem ewigen Paradieren, Exerzieren und borniertem Herumstolzieren« (Foerster 2009: 246). An der Bedeutung, die Nazis den Uniformen beimaßen, lässt sich beispielhaft zeigen, dass diese mehr waren als Textilien mit staatsrepräsentativem Wiedererkennungswert. Wie Paula Diehl in ihrem Artikel *Körperkodierung der SS-Männer und symbolische Wirkung ihrer Uniformen* zeigt, konnte mit Nazi-Uniformen »Ordnung, Disziplin, Macht und Gewalt [...] nicht nur visualisiert, sondern verkörpert werden« (Diehl 2010: 209). Die von ihr zitierten SS-Leithefte gehen direkt auf die Bedeutung der Disziplinierung ein: »›Die Uniform verpflichtet zur disziplinierten Haltung‹ und ›setzt‹ auch ›körperliche Eigenschaften voraus‹« (ebd.: 210). Polizisten und Soldaten verkörpern die Staatsgewalt, deren Uniformen haben eine doppelte symbolische Funktion: Einheit von Körper und Uniform (insbesondere über die ›Haltung‹) und deren Verschmelzung zum politischen Symbol. Bereits im Wilhelminismus, insbesondere unter Wilhelm II. war die Herrschaft von einer militärischen Machtvisualisierung geprägt. Paula Diehl verweist auf den *Hauptmann von Köpenick*: »›Na ja, in Uniform, da geht's ja, da macht man Figur, das gibt'n kolossalen Halt, da is man 'n ganz anderer Kerl. Wissense – in Staatsbürjerkluft – da komm ick mir immer vor wie ne halbe Portion ohne Mostrich'‹« (Carl Zuckmayer (1998): Der Hauptmann von Köpenick, Frankfurt a.M., S. 24; zit. n. Diehl 2010: 216)[55] Hier konnte die NS-Propaganda durch SA- und SS-Uniformen anknüpfen und »Sehnsüchte nach Ordnung und Disziplin« (ebd.) stimulieren. Uniformen dienen aber auch der Körperkorrektur ihrer Träger*innen. Diehl führt aus:

> »Die Uniformen von Militär, Polizei und Paramilitär verlangen auch eine physische Anpassung des Körpers. Diese Anpassung geht mit einer Körpererziehung einher, die die Individuen in einem weiteren Sozialisationsprozess in der paramilitärischen Institution lernen. Besonders das Exerzieren reglementiert die Be-

55 ›Der Hauptmann von Köpenick‹ ist auch spannend hinsichtlich des Umgangs mit der preußischen Bürokratie, der einem ehemaligen Inhaftierten einen Teufelskreis aufnötigte: Dieser bekam keine Papiere ohne Arbeitsnachweis und er bekam keine Arbeit aufgrund der fehlenden Papiere. Erst mit Hilfe der militärischen Uniform und seiner entsprechenden Haltung konnte der ehemalige Inhaftierte diesen Kreislauf durchbrechen.

> wegungen und prägt eine Körperhaltung, die zum Habitus der Uniformierten gehört. Die intendierte Körpersprache wird vom Uniformschnitt unterstützt, indem bestimmte Stellen des Körpers eingeschnürt werden« (ebd.: 213).

In den SS-Leitheften ist zu lesen: »Der Mensch ohne Haltung wird in der Uniform zur Karikatur des Soldaten und macht dadurch seine Truppe lächerlich.« (SS-Leithefte, 30.1.1937: 32; zit. n. Diehl 2010: 219) Die SS-Uniform sei mit Begriffen wie Soldatentum, Wehrhaftigkeit und Aktivität verbunden, sie verpflichte und müsse aus innerster Überzeugung getragen werden. (ebd.: 218) Um diese uniform-entspreche Haltung zu gewährleisten, trugen auch Leibesübungen zur Körperdisziplinierung und Körperformierung bei. (ebd.: 219) Paula Diehl resümiert: »Aus der Perspektive der Innenwahrnehmung stehen die SS-Uniformen im Prozess der Identifizierung mit dem Ideal für eine Extension der Außengrenzen des Körpers und wirken im Prozess der Körperreglementierung« (ebd.). Zu erwähnen ist hier noch ein Ansatz von Klaus Theweleit. Theweleit steht in der Tradition von Wilhelm Reichs Untersuchungen des autoritären Charakters, wobei Reichs Untersuchungen weitgehend körperbezogen waren. So sprach Reich von Körperpanzern. Diese Körperpanzer entdeckte Theweleit auch bei den ›soldatischen Männern‹ durch die Analyse ihrer Briefe und weiterer Dokumente. Unter Rückgriff auf Margaret Mahlers Differenzierung von ›Symbiotikern‹ und ›Psychotikern‹ bezeichnete Theweleit die ›soldatischen Männer ‹ als ›Symbiotiker‹, die durch eine ›Erhaltensabwehr‹ geprägt seien. Diese seien aufgrund der gewalttätigen Erziehungsmethoden ›nicht-zuende-geborene‹ Männer und müssten ihren Körper künstlich zusammenhalten (ebd„ 225ff.).

> »Ich vermute, daß im wilhelminischen Deutschland nur sehr wenige Menschen das Glück hatten, einigermaßen zuende geboren zu werden. – (und im übrigen Europa auch nicht viel mehr). Daß sich so viele Verbindungen vom Verhalten der soldatischen Männer zum ›Normalmann‹ ergeben haben, dürfte eben darauf zurückgehen. Mit anderen Worten: ein in seiner Grundstruktur eher ›psychotischer‹ Typ wäre der deutsche Normalfall gewesen« (ebd.: 248).

Die Uniform gibt dem nicht-zuende-geborenen deutschen Mann die ihm fehlenden Körpergrenzen. Theweleit erklärt damit die Bedeutung der Uniform, sie erhält den ›soldatischen Mann‹ und weil zugleich dessen Körpergrenzen die Grenzen des ›Volkskörpers‹, der Reichsgrenzen seien, fühle er sich persönlich bedroht und angegriffen, wenn der ›Volkskörper‹ angegriffen werde.

2.1.6 Die neue Korrektion der Armen: ›Workfare‹ und ›Prisonfare‹

In Deutschland hat eine neue Form von Disziplinierung der Armen in Form des ›aktivierenden Sozialstaates‹ und der Übernahme von Workfare-Konzepten aus den Vereinigten Staaten mit den Hartz-Gesetzen in der ersten Hälfte der Nullerjahre begonnen. Diese Disziplinierung wird mit ›Workfare‹ benannt (›from welfare to work‹). Sarrazin geht es um eine Verschärfung der Workfare im ›aktivierenden Sozialstaat‹. Sarrazins *Deutschland schafft sich ab* ist vergleichbar mit dem Buch *The Bell Curve. Intelligence and Class Structure in American Life* von Richard Herrnstein und Charles Murray von 1994. Inhaltlich bezieht sich Sarrazin auf dieses Buch, welches ebenfalls erbbiologisch Intellligenzquotienten diskutiert und problematisiert, dass die angeblich erblich bedingt dümmeren ^Unterklassen^ überdurchschnittliche viele Kinder bekämen. Allerdings steht Sarrazin nicht nur in dieser ideologischen Tradition, sondern argumentativ übernimmt er auch Thesen aus Charles Murrays Buch *Losing Ground. American Social Policy 1950-1980* von 1984. Dieses Buch entstand, als Murray für den neokonservativen und von Unternehmern finanzierten Thinktank *Manhattan Institute* arbeitete, und erschien dann auch im Auftrag dieses Polituntemehmens. Kurt Wyss sieht in dem Buch *Losing Ground* die zentrale Studie einer neuen Armutspolitik, die später als ›Workfare‹ bezeichnet werden sollte. Murray behauptet in seiner Studie, dass durch die Sozialreformen der 1960er Jahre in den Vereinigten Staaten die Armen in die ›Armutsfalle‹ tappen würden. Sie würden abhängig werden von Sozialhilfe, dadurch würde sich eine Unterklasse der ›unwürdigen Armen‹ herausbilden mit einer spezifischen ›Kultur der Armut‹. Sie würden den Boden unter den Füßen verlieren (›Losing Ground‹) und daher seien komplett alle Sozialleistungen zu streichen:

> »Murray zielt in seiner Vision ganz und gar darauf ab, die von Armut betroffenen Menschen wieder ganz in die traditionellen Kontrollsysteme von Familie und Gemeinde respektive Honoratioren der Gemeinde zurückzuzwingen, ganz im Sinne der in den fünfziger Jahren vorherrschenden konservativen Vorstellungen. In diesen Systemen soll entschieden werden, ob jemand sich unterordnet und als ›würdiger Armer‹ durchgehen kann – tatsächlich weist Murray an einer Stelle positiv auf die Sitten in *boot camps* und in den *marine corps* hin –, oder ob jemand sich dem verweigert und als ›unwürdiger Armer‹ gilt. Für Letztere würden dann bestenfalls die Suppenküche oder ein Bett der Heilsarmee zur Verfügung gestellt« (Wyss 2007: 50).

Sarrazin bezieht sich positiv auf das Workfare-Modell. Im Kapitel ›Arbeit und Politik. Über Leistungsbereitschaft und Arbeitsanreize‹ befasst er sich in dem Unterkapitel ›Workfare‹ (Sarrazin 2010: 182ff.) explizit mit diesem Ansatz. Sarrazin verlangt ebenfalls Kürzungen der Sozialhilfe, insbesondere könne nur dann »der Arbeitszwang konsequent durchgesetzt werden«, wenn als Sanktion »stets der sofortige Transferentzug« (ebd.: 183) eintritt. Es geht Sarrazin explizit um Korrektion, um die Einverleibung von Sekundärtugenden. Beim Arbeitszwang sei egal, ob dieser überhaupt produktiv sei:

> »Entscheidend ist, dass sie ausnahmslos eingefordert wird und die Anforderungen in Bezug auf Pünktlichkeit, Disziplin und Arbeitsbereitschaft dem regulären Arbeitsleben möglichst nahe kommen. Wer seinen Pflichten gar nicht nachkommt oder nur unpünktlich und unzuverlässig, dem würde die Grundsicherung gekürzt oder gestrichen. Dies müsste allerdings konsequent und schnell und nach sehr strengen Maßstäben erfolgen« (ebd.: 183).

Es geht um die »Ertüchtigung« (ebd.: 185) der Arbeitslosen für den Niedriglohnsektor (ebd.: 183). Die Disziplinaranforderungen verknüpft Sarrazin mit seiner These der Bildungsunfähigkeit. Wenn Arbeitslose für den Niedriglohnsektor ›fit‹ gemacht werden sollen, dann geht es um die Inkorporierung von Sekundärtugenden und nicht um Weiterbildungsmaßnahmen oder Umschulungen:

> »Dagegen sollten Fortbildung und Umschulung nicht mehr im Mittelpunkt der Ertüchtigungsbemühungen für Empfänger von Grundsicherung stehen. Alle Untersuchungen weisen nämlich darauf hin, dass solche Maßnahmen bei dieser Zielgruppe keine belegbaren nennenswerten Beschäftigungseffekte auslösen. Hier gilt leider das alte Sprichwort: ›Was Hänschen nicht lernt, lernt Hans nimmermehr.‹ Grundlagen, die bis zum Abschluss der Berufsausbildung nicht gelegt wurden, können später nicht mehr erworben werden« (Sarrazin 2010: 185).

Mit der Umstellung des sozialstaatlichen Prinzips der Welfare auf Workfare (Wyss 2007), gerät zunehmend die als ›Verfolgungsbetreuung‹[56] bezeichnete Diskriminierung von Arbeitslosen in den Fokus sozialwissenschaftlicher Untersuchungen. Kurt Wyss definiert ›Workfare‹ folgendermaßen:

> »Unter *Workfare* wäre – zur ersten einfachen Orientierung – eine seit den achtziger Jahren des zwanzigsten Jahrhunderts aufgekommene Form von Sozialpolitik zu verstehen, in deren Rahmen – so mindestens der Vorsatz – erwerbslos gewordene Personen mittels verpflichtender Maßnahmen wieder in die Lohnarbeit zurückgebracht werden sollen. Das Wort *Workfare* ist im Englischen aus dem Zu-

---

56 Mit dem Begriff ›Verfolgungsbetreuung‹ wird auf die Tendenz in einigen Arbeitsämtern verwiesen, durch unsinnige Trainingsmaßnahmen und schikanierendem Überprüfen der Leistungsvoraussetzungen die Zahl und Länge von Sperrzeiten auszudehnen um damit Kosten einzusparen.

sammenhang der beiden Worte *Work* (Arbeit) und *Welfare* (Wohlfahrt) gebildet worden und als fester Begriff auch ins Deutsche gelangt« (Wyss 2007: 9).

Nach Kurt Wyss sei das *Workfare*-Konzept zunächst in den USA und Kanada eingeführt worden. Unter der Clinton-Administration sei 1996 durch langen Druck von Einzelstaaten eine nationale *Workfare*-Gesetzgebung eingeführt worden (Wyss 2007: 9). In Deutschland sei mit den Hartz-Gesetzen unter der sozialdemokratischen Schröder-Regierung die *Workfare*-Ideologie umgesetzt worden (Wyss 2007: 9f.), die mit Repression und Verfolgung einhergehe:

> »Bei Workfare geht es [...] entgegen dem mit der entsprechenden Sozialpolitik propagierten Vorsatz nicht um Integration, sondern darum, Integration vorzutäuschen und auf diesem Weg den sozialen Ausschluss der erwerbslosen Personen erst recht – wobei dieses dann freilich nicht offengelegt wird – zu besiegeln. Die Täuschung wird dadurch erzeugt, dass in Rechtfertigung und Durchführung von Workfare so getan wird, als ob die Frage von Integration und Ausschluss einzig vom Willen der einzelnen Person abhänge, es also in Verhinderung eines drohenden sozialen Ausschlusses primär darum zu gehen habe, den Willen der Betroffenen – und das ist genuin Workfare – in einer bestimmten Weise zu zwingen« (Wyss 2007:12f.).

Wyss sieht als ideologische Wegbereiter für dieses Konzept drei zu unterscheidende diskursive Strategien. Es ist die Rede von der »neokonservative[n] Unterstellung einer Armutsfalle« (Wyss 2007: 40ff.), einer »neoliberalen Unterstellung mangelnder ›Eigenständigkeit durch Arbeit‹» (Wyss 2007: 50ff.) und einer »*New Labour* Unterstellung mangelnder Anpassung an die Globalisierung« (Wyss 2007: 62ff.). Allerdings sei das Workfare-Konzept historisch nichts Neues. Bereits in der Frühindustrialisierung fand mit den »Armen-, Zucht- und Arbeitshäusern (*Work Houses*)« eine Sozialdisziplinierung statt (Wyss 2007: 10). Wyss verweist hier auf das 24. Kapitel im ersten Band des *Kapital* von Karl Marx, das sich mit der »sogenannten ursprünglichen Akkumulation« befasst, und auf die beiden Bände *Wahnsinn und Gesellschaft* sowie *Überwachen und Strafen: Die Geburt des Gefängnisses* von Michel Foucault (Wyss 2007: 10). Kurt Wyss sieht einen parallelen Wechsel von verschiedenen wohlfahrtsstaats-kapitalistischen Konzeptionen zur entsprechenden Workfare. Er bezieht sich auf Gøsta Esping-Andersens Untersuchung *The Three Worlds of Welfare Capitalism* von 1990. Esping-Andersen benennt hier drei ›Welten‹ des Wohlfahrtskapitalismus: das konservativ-korporatistische, das liberale und das sozialdemokratische Modell. (Wyss: 18ff.) Grundlage der Transformation von wohlfahrtskapitalistischen Modellen zu Workfare-Modellen war der Zusammenbruch der kommunistischen Systemalternative Ende der 1980er Jahre. Aus dem konservativ-korporatistischen Wohlfahrtskapitalismus habe sich mit dem Wegfall der Notwendigkeit der Bismarckschen Sozialversicherung und -leistungen durch das Ende der ›kommunistischen Bedrohung‹ der Neokonservativismus entwickelt. Nun werde die Forderung nach Sozialleistungen gestellt, welche mit dem Konstrukt der ›Armutsfalle‹ begründet werde:

»Die ausgerichteten Sozialleistungen stellen – so die neokonservative Ideologie – insofern eine 'Armutsfalle' dar, als die Unterstützten durch sie animiert würden, jedes Bemühen um ein moralisch ordentliches Leben aufzugeben. In der Folge des durch die Sozialleistungen bewirkten moralischen Verfalls würden die Unterstützten – so die Ideologie – recht eigentlich in der Armut gefangen bleiben« (Wyss 2007: 20).

Im liberalen Modell wurde mit dem Neoliberalismus die Welt zu einem »omnipräsenten ›Markt‹« (Wyss 2007: 22). »Gemäß dem Neoliberalismus sollte die öffentliche Fürsorge nun aber nicht etwa – wie es die Neokonservativen verlangten – abgeschafft, sondern derart umgewandelt werden, dass die Bezügerinnen und Bezüger von Fürsorgeleistungen für die erhaltene Unterstützung so genannte 'Gegenleistungen' zu erbringen haben.« (Wyss 2007: 22) Nach Wyss sei somit der Neoliberalismus und der von ihm in den 1980er Jahren »formulierte Ideologie der allgemein segensreichen Arbeitspflicht«, die die Umstellung der Sozialpolitik zu *Workfare* begründe. Dies führe zu »ausbeuterischen Arbeitsverhältnissen« (Wyss 2007: 22).

Im Wandel von sozialdemokratischen zu *New Labour*-Modellen spielt die Aufgabe von Grundversicherungen eine wichtige Rolle, die Menschen sollen nicht mehr vom Staat geschützt, sondern mit ›positiven Kräften‹ ausgestattet werden (Wyss 2007: 23). Wyss fasst zusammen: »Es ist diese in den neunziger Jahren des zwanzigsten Jahrhunderts von *New Labour* erhobene Unterstellung eines bei den Armutsbetroffenen zu stärkenden ›positiven'‹Anpassungswillens, welche deren Forderung nach einer Umstellung der Sozialpolitik hin zu *Workfare* begründet.« (Wyss 2007: 24) Wyss sieht in der Workfare-Ideologie drei Unterstellungen, die zu entsprechenden Maßnahmen führten, wobei bereits die Verbreitung der Ideologie von ›praktischer Bedeutung‹ sei. Zu den Unterstellungen zählt er:

»a) Neokonservative Unterstellung, dass die Ausrichtung von Sozialleistungen in eine ›Armutsfalle‹ respektive in einen ›Zerfall der Moral‹ mündet
b) Neoliberale Unterstellung, dass frei vergebene Sozialleistungen die ›Wettbewerbsfähigkeit‹ sowie die durch ›Arbeit‹ zu errechende ›Eigenständigkeit‹ schwächen

c) New Labour Unterstellung, dass mit frei vergebenen Sozialleistungen Anpassungswillen und Anpassungsvermögen hinsichtlich der mit der Globalisierung sich bietenden Chancen untergraben werden« (Wyss 2007: 25, Tabelle 1).

Für die Workfare-Praxis leiteten sich entsprechend folgende Maßnahmen ab:

»a) Kürzung und Einstellung von Sozialleistungen als ›Anreiz‹ zu einem moralisch korrekten Verhalten: Allgemeine Verstärkung des Drucks von Autoritäten
b) Verknüpfung der Sozialleistungen mit einer allgemeinen Arbeitspflicht: Allgemeine Verstärkung des Drucks zu ausbeuterischen Arbeitsverhältnissen
c) Verknüpfung der Sozialleistungen mit der Verpflichtung, sich zu bewerben und gestützt zu beschäftigen: Allgemeine Verstärkung des Drucks zu Halbbildung« (Wyss 2007: 25, Tabelle 1).

Passend zu den drei Workfare-Konzepten, die sich gegenseitig aufeinander beziehen und oftmals gar nicht auseinanderzuhalten sind, ist seit der Mitte des 20. Jahrhunderts die Rede von der drohenden Proletarisierung bzw. Verproletarisierung. So mahnte Anton Tautscher 1961 in seinem Buch Vom Arbeiter zum Mitarbeiter die »Verproletarisierung« durch eine aktive Entproletarisierung zu ersetzen, aus Arbeitern Mitarbeiter zu machen. (Tautscher 1961). Anzumerken ist an dieser Stelle noch der Hinweis von Loïc Wacquant , dass Workfare nicht vom Strafsystem zu trennen sei, welches er als Prisonfare bezeichnet:

»Die Untersuchung der in ›workfare‹ verwandelten ›welfare‹ muss also Hand in Hand gehen mit der Untersuchung dessen, was ich die ›prisonfare‹ nenne, den ausufernden Strom der politischen Maßnahmen, mit denen der Staat auf die sich verschärfenden Missstände in den Städten und sonstige sozio-moralische Turbulenzen reagiert, nämlich: Ausbau und Einsatz von Polizei, Gerichten, Haftanstalten (Jugendhaftanstalten, Gefängnisse auf Stadt-, County- und Bundesebene, Internierungslager) und ihren Weiterungen (Bewährungsstrafen, vorzeitige Haftentlassung zur Bewährung, Polizei-Datenbanken und sonstige Systeme zur Beaufsichtigung, Überwachung und Profilerstellung wie etwa ›Hintergrund-Checks‹ durch Ämter, Arbeitgeber und Immobilienmakler) sowie von aggressiven Bildern, Laien- und Fachsprachen und Bergen von Expertenwissen, sorgfältig ausgearbeitet, um diesen Einsatz darzustellen und zu rechtfertigen (allen voran die Tropen von moralischer Entrüstung, staatsbürgerlicher Dringlichkeit und technischer Effizienz)« (Wacquant 2013: 38).

2.1.7 ›Learnfare‹ – Sarrazins ›Bildungsunfähigkeit‹

Thilo Sarrazin beklagt sich über angebliche ›Grenzen der Meinungsfreiheit‹. Wie bereits erwähnt, hat er jedoch mit einer nie zuvor dagewesenen Medienkampagne seine Thesen darstellen dürfen, die zum Teil als äußerst problematisch angesehen werden müssen. Hierzu gehört die Ideologie der ›Bildungsunfähigkeit‹. Im Nationalsozialismus wurde das Schulgesetz um den Begriff ›Bildungsunfähigkeit‹ ergänzt. Ideologen der nationalsozialistischen Erziehung wandten sich gegen das Bildungskonzept des ›unbeschriebenen Blattes‹. Dies war im Sinne der nationalsozialistischen Praxis, der es darum ging, Kinder aus dem Bildungssystem zu entfernen, damit sie zwangssterilisiert oder gleich getötet werden konnten. Entsprechend wurden die Schultests biologisiert. Es galt, die ›Bildungsunfähigen‹, die ›erblich Schwachsinnigen‹ auszusortieren.[57] Grundlage für die Selektionen und Zwangssterilisierungen war das nationalsozialistische Erbgesundheitsgesetz. Auch nach der Befreiung vom nationalsozialistischen Regime wurde die Rechtmäßigkeit dieses NS-Gesetzes nicht bestritten, daher galten die zwangssterilisierten Menschen Jahre nach diesem Gesetz weiterhin als ›erblich schwachsinnig‹ und erhielten über Jahrzehnte keine finanzielle Entschädigung. Erst in den 1960er Jahren wurde der Begriff ›Bildungsunfähigkeit‹ aus den Erziehungswissenschaften entfernt. Thilo Sarrazin hatte bei Volkmar Weiss abgeschrieben, als er behauptete, die Nazis hätten die ›jüdischen‹ Intelligenztests abgelehnt. In dem Buch *Der Kulturumsturz. Die Bedrohung des Untermenschen* (*The Revolt Against Civilisation. The Menace of the Under Man*, 1922) des Rassisten Lothrop Stoddard bezieht dieser sich auf Intelligenztests, die sowohl klassenspezifisch als auch ethnisch differenzieren. Ausgerechnet im Kapitel ›The Iron Law of Inequality‹ verweist er auf die niedrige Intelligenz von italienischen Kindern in den USA. Es soll damit auf die ›rassische Vererbung‹ hingewiesen werden. Dies zeigt, wie flexibel Rassist*innen immer aufs neue ›eiserne‹ Gesetze aufstellen. Stoddards Untermenschen-Konzeption wurde von den Nazis übernommen. Er differenzierte zwischen ›Primitiven‹, die in einer ›zivilisierten Gesellschaft‹ am falschen Platz seien und ›Degenerierten‹. Beide Gruppen seien grundsätzlich ›unzivilisierbar‹. Diese ›Unzivilisierbarkeit‹ wurde im nationalsozialistischen Regime unter anderem durch die Ergänzung eines Abschnitts zur ›Bildungsunfähigkeit‹ im entsprechenden Gesetzestext aufgenommen. Auch Sarrazin thematisierte in *Deutschland schafft sich ab* an verschiedenen Stellen die ›Bildungsfähigkeit‹. ›Untermenschen‹ wurden von Stoddard mit »der Wahnsinn all dieser melancholischen Abfallprodukte, die jede lebende Spezies ausscheidet, die aber

57 Hierzu: Harten/ Neirich/ Schwerendt 2006; Hossfeld 2005; Ley 2004; Pfeiffer 2008; exemplarisch: Czech 2002; Rudolph/ Benetka 2007

umgehend im Naturzustand ausgerottet wird«[58] beschrieben. Stoddard besuchte 1940 Hitler, Goebbels und Himmler und Sitzungen des Erbgesundheitsobergerichts in Berlin-Charlottenburg, an dem auch der Großvater des Sarrazin-Verteidigers Klaus von Dohnanyi Richter war. Himmler gab selber einen Bildband mit dem Titel ›Der Untermensch‹ heraus.

Eine moderne Variante der Biologisierung der Schultests durch das Erbgesundheitsgesetz findet sich in der eigenwilligen Wahrnehmung der PISA-Studien als erbbiologisch interpretierbare Intelligenz-Tests, wie sie von Volkmar Weiss und Heiner Rindermann vorgenommen wurden, und auf die sich auch Thilo Sarrazin bezieht. Im Abschnitt ›Was misst eigentlich PISA?‹ (Sarrazin 2010: 213ff.) bezieht sich Sarrazin auf Rindermann, der die PISA-Daten mit den Intelligenztests von Richard Lynn (*Mankind Quarterly*) abglich und später für einen Skandal sorgte, weil er im Radio von unterschiedlich begabten Rassen sprach. Sarrazin schlussfolgert wie die Nazi-Erbgesundheitsprediger: »Die beste Schule macht ein dummes Kind nicht klug« (Sarrazin 2010, S. 215). Es handelt sich um Antworten auf eine Legitimationskrise des Kapitalismus. Der Kapitalismus legitimiert sich über das Belohnungs-Prinzip – wenn aber die Vermögensunterschiede kontinuierlich wachsen und gleichzeitig offensichtlich wird, dass nicht nach Leistung, sondern nach (sozialer und/oder ethnischer) Herkunft selektiert wird, gerät der Kapitalismus in einen Widerspruch zu diesem Grundprinzip. Mit der Biologisierung wird versucht, die Widersprüche zu lösen. Wenn PISA zeigt, dass der Bildungserfolg von der sozialen Herkunft abhängig ist, dann besteht der Paradigmenwechsel in der Naturalisierung der PISA-Ergebnisse: was PISA misst, wären dann nicht unfaire Strukturen im Bildungssystem, sondern biologische Tatsachen. Sarrazin verknüpft darüber hinaus diese angebliche ›Bildungsunfähigkeit‹ mit dem Bild einer nationalen »Grundlast«: »Die vierte und fünfte Grundlast – Verschiebung der Bevölkerungsstruktur zu bildungsferneren Schichten – gehen einher mit einer durchschnittlich geringeren Aufgeschlossenheit gegenüber dem Erwerb von Wissen sowie mit einer geringeren Fähigkeit, dieses zu erwerben« (Sarrazin 2010: 347). Und er betont, dass dieser demografischen Grundlast nur begrenzt entgegengewirkt werden könne, da die jeweiligen »Populationen« »unterschiedliche Bildungsunfähigkeit« mit sich brächten:

58 »the insane all those melancholy wasteproducts which every living species excretes but which are promptly extirpated in the state of nature«

»Die notwendige weitere Verbesserung der Bildungsanstrengungen kann den aus der Demografie herrührenden Grundlastenverschiebungen aber nur begrenzt entgegenwirken, weil [...] möglicherweise die international beobachteten Pisa-Unterschiede zumindest teilweise auch auf eine unterschiedliche Bildungsunfähigkeit der jeweiligen Population zurückzuführen sind. Das heißt, sie sind nicht nur Ausdruck unterschiedlich leistungsfähiger Bildungssysteme, sondern auch einer regional unterschiedlichen Intelligenzverteilung und unterschiedlicher Bildungsferne« (Sarrazin 2010: 348).

Der »Kern« in jeder »Population« an »nicht oder kaum Bildungsfähigen« sei nach Sarrazin stabil. Eine realistische Pädagogik, die den Schüler*innen diene, akzeptiere die »genetisch bedingte Variabilität der menschlichen Anlagen«:

»Die innerstaatlichen Leistungsunterschiede [bei PISA, A.K.] sind aber offenbar weitgehend auf angeborene Unterschiede in der Bildungsfähigkeit zurückzuführen, anders ist ihre Stabilität bei völlig unterschiedlichen Schulsystemen nicht zu erklären. Eine realistische und den Schülern dienende Pädagogik setzt hier an und akzeptiert die genetisch bedingte Variabilität der menschlichen Anlagen. Es gibt nämlich in jeder Population [...] einen stabilen Kern an nicht oder kaum Bildungsfähigen, bei dem die objektiven Grenzen eines jeden Bildungssystems sichtbar werden: Fünf Prozent der Bevölkerung in Deutschland und Österreich sind funktionale Analphabeten, in der Schweiz kann jeder Siebte nicht flüssig lesen und schreiben.« (Sarrazin 2010: S. 213)

Es sei unwahrscheinlich, dass die Schule »die gemessene Intelligenz um mehr als fünf Punkte beeinflussen kann. »Die beste Schule macht ein dummes Kind nicht klug, und die schlechteste Schule macht ein kluges Kind nicht dumm« (Sarrazin 2010: S. 215). Hierzu eine Anmerkung des Begründers des Intelligenztests, Alfred Binet, von 1912, also vor über einhundert Jahren(!):

»Niemals! Was für ein feines Wort! Einige Philosophen aus neuerer Zeit scheinen diese bedauerlichen Wahrsprüche unterschrieben zu haben, wenn sie behaupten, die Intelligenz eines Individuums sei eine konstante Größe, die man niemals steigern könne. Gegen einen solchen Pessimismus müssen wir Einspruch erheben, da er zu weit geht; wir wollen ihn zu widerlegen suchen« (Alfred Binet: Die neuen Gedanken über das Schulkind, Leipzig 1912, S. 120, zit. n. Gould 1988: 165).

Sarrazin sucht erst gar nicht nach Möglichkeiten, die Intelligenz, bzw. Bildung zu vergrößern. Er ist kein Intelligenzforscher, kein Psychologe oder gar Humangenetiker. Dennoch fühlt er sich berufen, im Namen der Intelligenzforschung aufzutreten. Nach eigenen Angaben hat er sich in die Intelligenzforschung kurzfristig eingelesen. Er beruft sich auf Intelligenzforscher und leugnet dann – wie im Fall Volkmar Weiss – sogar noch seine

Quellen. Hierauf bin ich im ersten Kapitel ausführlich eingegangen. Sarrazin scheut sich nicht, in seinen Forderungen nach Disziplinierung auch den Begriff »Dressur« zu benutzen. Die Regeln, ein Pferd zu dressieren, einen Hund apportieren zu lassen, unterschieden sich nicht grundlegend von der menschlichen Erziehung:

> »Hier werden Forderungen gegeneinander ausgespielt, die zwei Seiten von ein und derselben Medaille sind, nämlich Führung, Leistungsforderung und Disziplin einerseits, Zuwendung andererseits. Jeder Jäger weiß von seinem Hund und jeder Reiter von seinem Pferd, dass er seinem tierischen Freund, der seine Führung erwartet, nichts abfordern kann, wenn er ihm keine Zuwendung zuteil werden lässt. Er weiß aber auch, dass sich das Pferd nicht von selber dressiert und der Hund nicht von alleine apportiert. Viel anders sind die Regeln nicht, die in der menschlichen Erziehung gelten« (Sarrazin 2010: 201).

Dressur basiert auf stupidem Einüben und geht mit Strafen einher. Weiter oben wurde Michel Foucault zitiert, der diese Dressur/ dieses Üben als Kennzeichen der Disziplinierung des korrektionalen Strafsystems bezeichnete. Sarrazin betont mehrfach das Üben und richtet diese Forderung explizit an >bildungsferne ^Schichten^<:

> »An vielen Schulen kam das Üben in den letzten Jahrzehnten allerdings aus der Mode. Hausarbeiten gerieten in Verruf, weil sie Kindern aus bildungsnäheren Elternhäusern angeblich komparative Vorteile verschaffen. [...] Man tut gerade den Kindern aus bildungsfernen Schichten einen Tort an, wenn man ihnen und ihren Familien den Eindruck vermittelt, man lerne etwas ohne übende Vertiefung (Sarrazin 2010: 204f.). [...] Andererseits gibt es Grenzen des Übens, die durch Entwicklungsstand und Intellekt gesetzt sind. Manche Schüler kommen trotz intensiven Übens über bestimmte Niveaus in Leseverständnis und mathematischer Kompetenz nicht hinaus« (Sarrazin 2010: 205).

Mit diesen vermeintlichen Grenzen der Bildungsfähigkeit ist der Umschlagpunkt von Körperkorrekturen zu Volkskörperkorrekturen, der Übergang von der Disziplinierung zur bevölkerungspolitischen Eugenik/ Rassenhygiene gekennzeichnet.

2.2. Bevölkerungskorrekturen. Sarrazins rassenhygienische Tradition

2.2.1 Kurze Geschichte der Rassenhygiene

Im vorangegangenen Kapitel ging es um Menschenkorrekturen, konkreter: um Körperkorrekturen. Wir können hier noch einmal den Philosophen Michel Foucault zitieren, der zusammenfasst:

> »Im 17. und 18. Jahrhundert sieht man Machttechniken entstehen, die wesentlich auf den Körper, den individuellen Körper gerichtet waren. All diese Prozeduren

ermöglichen die räumliche Verteilung der individuellen Körper (ihre Trennung, ihre Ausrichtung, ihre Serialisierung und Überwachung) und die Organisation eines ganzen Feldes der Sichtbarkeit rund um diese individuellen Körper. Mithilfe dieser Techniken vereinnahmte man die Körper, versuchte man ihre Nutzkraft durch Übung, Dressur, usw. zu verbessern. Es handelte sich zugleich um Techniken der Rationalisierung und der strikten Ökonomie einer Macht, die auf am wenigsten kostspielige Weise mittels eines gesamten Systems der Überwachung, der Hierarchie, Kontrolle, Aufzeichnung, und Bereiche ausgeübt werden sollte: Diese gesamte Technologie wird man als Disziplinartechnologie der Arbeit bezeichnen. Sie wurde mit dem ausgehenden 17. und im Laufe des 18. Jahrhunderts installiert« (Foucault 2010: 65f.).

Seit der zweiten Hälfte des 18. Jahrhunderts tritt nach Foucault nun eine neue Machttechnologie auf, »die die Disziplinartechnik nicht ausschließt, sondern sie umfasst, integriert, teilweise modifiziert und sie vor allem benutzen wird, indem sie sich in gewisser Weise in sie einfügt« (ebd.: 66). Die neue Machttechnik richtet sich nicht auf den Körper, sondern auf die Gattung:

»Diese neue Technik der nicht-disziplinären Macht lässt sich nun – im Gegensatz zur Disziplin, die sich auf den Körper richtet – auf das Leben der Menschen anwenden: sie befasst sich [...] nicht mit dem Körper-Menschen, sondern dem lebendigen Menschen, dem Menschen als Lebewesen, und letztendlich [...] dem Gattungs-Menschen. Genauer gesagt versucht die Disziplin die Vielfalt der Menschen zu regieren, insofern diese Vielfalt sich in individuelle, zu überwachende, zu dressierende, zu nutzende, gegebenenfalls zu bestrafende Körper unterteilen lässt. Die neue Technologie dagegen richtet sich an die Vielfalt der Menschen, nicht insofern sie sich zu Körpern zusammenfassen lassen, sondern insofern sie diese im Gegenteil eine globale Masse bilden, die von dem Leben eigenen Gesamtprozessen geprägt sind wie Prozessen der Geburt, des Todes, der Produktion, Krankheit usw. Nach einem ersten Machtzugriff auf den Körper, der sich nach dem Modus der Individualisierung vollzieht, haben wir einen zweiten Zugriff der Macht, nicht individualisierend diesmal, sondern massenkonstituierend, [...] der sich nicht an den Körper-Menschen, sondern an den Gattungs-Menschen richtet. Nach der Anatomie-Politik des menschlichen Körpers, die sich im Laufe des 18. Jahrhunderts ausbreitete, sehen wir am Ende dieses Jahrhunderts etwas auftreten, das keine Anatomie-Politik des menschlichen Körpers mehr ist, sondern etwas, das ich als ›Bio-Politik‹der menschlichen Gattung bezeichnen würde« (Foucault 2010: 66f.).

Genaugenommen ist auch die Bio-Politik eine Technologie, die am Körper ansetzt, allerdings indirekt, da »die Körper durch die biologischen Gesamtprozesse ersetzt werden« (ebd.: 73). Umgekehrt ist die Disziplinierungstechnik auch eine die Bio-Macht, Foucault spricht von »disziplinäre und regulatorische Bio-Macht« (ebd.: 78f.). Die individuelle Körper-Politik war einfacher umzusetzen, daher ging sie chronologisch der

Bio-Macht voran, »auf lokaler Ebene, in intuitiven, empirischen, bruchstückhaften Formen, und in begrenzten Rahmen von Institutionen wie der Schule, dem Hospital, der Kaserne, der Werkstatt usw.« (ebd.: 74). Da die Bio-Politik »komplexe Organe zur Koordinierung und Zentralisierung erfordert« (ebd.), folgt sie in einem zeitlichen Abstand den Disziplinartechnologien. Beide Technologien überschneiden und ergänzen sich. Foucault führt zunächst die Entstehung der Arbeiterstädte an. Dort zeige sich allerdings schon »der Druck, den die Organisation der Stadt auf die Sexualität und damit auf die Fortpflanzung ausübt« (ebd.:75). Auf die Sexualität als Scharnier zwischen Körper- und Gattungstechnologien geht Foucault dann ausführlicher ein:

> »Einerseits ergibt sich die Sexualität als körperliches Verhalten aus einer individualisierenden Disziplinarkontrolle in der Form permanenter Überwachung (ab dem 18. Jahrhundert hat man beispielsweise begonnen, die Kinder den berühmten Kontrollen der Masturbation auszusetzen, und zwar im familiären Bereich, im schulischen Bereich usw.; sie stellen genau diese Seite der disziplinären Kontrolle der Sexualität dar.; daneben fügt sich die Sexualität dank ihrer Fortpflanzungseffekte gleichzeitig in die umfassenden biologischen Prozesse ein, die nicht mehr den Körper des Individuums, sondern jenes Element, jene multiple Einheit betreffen, die die Bevölkerung ist. Die Sexualität befindet sich an der Kreuzung von Körper und Bevölkerung. Folglich gehört sie zur Disziplin, aber auch zur Regulierung« (ebd.: 75f.).

Aufgrund dieses Scharniers erhalte die Sexualität im 19. Jahrhundert eine extreme medizinische Aufwertung. Noch einmal Foucault zu den Wirkungen einer undisziplinierten und unregelmäßig ausgeübten Sexualität in den Diskursen der Medizin; die Wirkungen seien:

> »einerseits auf den Körper, den undisziplinierten Körper, der unmittelbar von allen Krankheiten ereilt wird, die sexuelle Ausschweifung nach sich zieht. Ein masturbierendes Kind wird sein Leben lang krank sein: eine disziplinierende Sanktion auf der Ebene des Körpers. Zugleich hat eine ausschweifende, pervertierte Sexualität Auswirkungen auf der Ebene der Bevölkerung, da man von dem sexuell Ausschweifenden annimmt, dass sein Erbgut, seine Nachkommenschaft ihrerseits beeinträchtigt sein werden, und das über Generationen hinweg bis ins siebente Glied und ins siebte des siebente Glieds. Es handelt sich um die Theorie der Degeneration« (ebd.: 76).

Eine pastorale und eine volkswirtschaftliche Warnung vor der Fruchtbarkeit der ^Unterklasse^ wurde in der ersten Phase der Eugenik in Personalunion durch Thomas Malthus verkörpert. Der Rassenhygiene ging der Malthusianismus und wenig später der Sozialdarwinismus voraus. Malthus war Pastor, bevor er Volkswirtschaftler wurde. Bekannt wurde er durch die demografische Rechnung in seinem 1798 erschienen Buch *An Essay on the Principle of Population*, nach der das Bevölkerungswachstum schneller wachse als die Nahrungsproduktion. Malthus zog daraus die ersten eugenischen Schlüsse, wonach die Fruchtbarkeit der ärmeren Bevölkerung eingeschränkt werden müsse. In der zweiten Ausgabe fügte er die Passage ein, dass jemand, der in eine Familie geboren werde, die ihn nicht ernähren könne, eben wieder die Welt verlassen müsse. In späteren Ausgaben erschien diese Passage nicht mehr, sie zeigt aber den mitleidlosen Geist, der die Geschichte der eugenischen/ rassenhygienischen Ideologie seit diesem begleitete[59]. Diese Theorietradition ist zudem wie kaum eine andere von wissenschaftlicher Unredlichkeit, Betrug und Verfälschungen gekennzeichnet. Die Unredlichkeit, die Marx bereits bei Malthus mit deutlichen Worten hervorhob[60], scheint

59 An anderer Stelle wies ich auf aktuelle klassistische volkswirtschaftliche Modelle hin, die heute Staaten als ›Clubs‹ interpretieren und entsprechend die Frage stellen, ob es so etwas wie ›angeborene Clubmitgliedschaft‹ geben dürfe.

60 Bereits Karl Marx warnte vor der bevölkerungspolitischen Ideologie, wie sie sich bei Malthus zeigte. Dessen Ideologie sei nicht von wissenschaftlicher Redlichkeit geprägt, sondern vom Interesse der Privilegiensicherung der Reichen, zu diesem Zwecke würde Malthus plagiieren und Zahlen verfälschen: Aber *Malthus*! Ce misérable [dieser Elende] zieht aus den wissenschaftlich gegebenen (und von ihm stets *gestohlenen*) Vordersätzen nur solche Schlüsse, die der Aristokratie gegen die Bourgeoisie und beiden *gegen* das Proletariat »angenehm« sind (nützen). Er will deshalb nicht die *Produktion um der Produktion* willen, sondern nur soweit sie das *Bestehende* erhält oder ausbauscht?, dem Vorteil der herrschenden Klassen konveniert. Gleich seine erste Schrift, eines der merkwürdigsten literarischen Beispiele vom Erfolg des Plagiats auf Kosten der Originalwerke, hatte den *praktischen* Zweck, die Perfektibilitätstendenzen der Französischen Revolution und ihrer *Anhänger in England* im Interesse der *bestehenden* englischen Regierung und *Grundaristokratie* als Utopie »ökonomisch« nachzuweisen. D.h., es war ein panegyrisches Pamphlet für die bestehenden Zustände gegen die historische Entwicklung, dazu eine Rechtfertigung des Kriegs gegen das revolutionäre Frankreich. [...] Der Pfaffe Malthus dagegen setzt der Produktion wegen die Arbeiter zum Lasttier herab, verdammt sie selbst zum Hungertod und zum Zölibat. Wo dieselben Forderungen der Produktion dem landlord seine ›Rente‹ schmälern oder dem ›Zehnten‹ der Established Church oder dem Interesse der ›Steuerverzehrer‹ zu nahe treten oder auch den Teil der industriellen Bourgeoisie, dessen Interesse den Fortschritt hemmt, dem Teil der Bourgeoisie opfern, der den Fortschritt der Produktion vertritt wo es also irgendein Interesse der Aristokratie gegen die Bourgeoisie oder der konservativen und stagnanten Bourgeoisie gegen die progressive gilt –, in allen diesen Fällen opfert ›Pfaffe‹ Malthus das Sonderinteresse nicht der Produktion, sondern *sucht*, soviel an ihm, die Forderungen der Produktion dem Sonderinteresse bestehender herrschender Klassen oder Klassenfraktionen zu opfern. Und zu diesem Zweck *verfälscht er* seine wissenschaftlichen Schlußfolgerungen. Das ist seine *wissenschaftliche* Gemeinheit, seine Sünde gegen die Wissenschaft, abgesehen von seinem schamlosen und handwerksmäßig betriebenen Plagiarismus. Die wissenschaftlichen Konsequenzen von Malthus sind *›rücksichtsvoll‹* gegen die herrschenden Klassen in

ein Strukturmerkmal der ›wissenschaftlichen‹ Ansätze zu sein, die die Ungleichheit der Menschen beweisen wollen. Stephen Jay Gould (Gould 1988) hat das beginnend mit den Schädelmessungen über Körpermessungen bis zu Intelligenzmessungen in seinem Standardwerk *Der falsch vermessene Mensch* dargelegt. Als die Menschenkorrekturen alleine nicht die gewünschten Ergebnisse erzielten, sich einige ›Korrigenden‹ und ›Korrigendinnen‹ trotz brutalster Korrektionsprogramme nicht formen ließen und auch die ›Gelehrigkeit‹ ihrer Körper an Grenzen stieß, wurde die Erziehbarkeit, die Formbarkeit und die Bildungsfähigkeit dieser Menschen generell in Frage gestellt. Die ab 1860 zunächst als Sozialdarwinismus entwickelte Ideologie der Rassenhygiene (vgl. Drechsler 1993, 89ff.) ermöglichte eine Ergänzung der Menschenkorrekturen durch ›Bevölkerungskorrekturen‹. In Deutschland wurde der Sozialdarwinismus vor allem von Ernst Haeckel propagiert. Haeckel ging von der Vererbung erworbener Eigenschaften aus und versuchte, den Darwinismus auch für Disziplinar-Institutionen wie Schule und Strafvollzug fruchtbar zu machen. So begrüßte er die Auslesefunktion von Schulbildung und Erziehung und auch den angeblich bevölkerungsbezogenen Effekt der Todesstrafe, »denn es würde dadurch jenem entarteten Auswurfe der Menschheit die Möglichkeit benommen, seine schlimmen Eigenschaften durch Vererbung zu übertragen« (Haeckel 1902: 155; zit. N. Drechsel 1993: 91f.). Thilo Sarrazin scheint in seiner persönlichen Biografie die Theoriegeschichte der Rassenhygiene zu wiederholen[61], da auch er mit seinen klassistischen Äußerungen zunächst ›nur‹ Faulheitsdebatten bediente, aber 2009 dazu überging, aufgrund der angeblich begrenzten Bildungsfähigkeit eines Teils der ›Population‹, Bevölkerungskorrekturen zu fordern. Er ergänzte seine Menschenkorrekturen implizierende Forderung nach Verschärfungen des Sozialsystems durch eine Forderung nach einer qualtitativen Bevölkerungskorrektur. Erst Jahrzehnte nach Haeckel sollte die Rassenhygiene begründet werden. Ihr Vordenker war Alfred Plo-

---

general und gegen die reaktionären Elemente dieser herrschenden Klassen in particular; d.h. er *verfälscht* die Wissenschaft für diese Interessen. Sie sind dagegen *rücksichtslos*, soweit es die unterjochten Klassen betrifft. Er ist nicht nur *rücksichtslos*. Er *affektiert* Rücksichtslosigkeit, gefällt sich zynisch darin und *übertreibt* die Konsequenzen, soweit sie sich gegen die misérables richten, selbst *über* das Maß, das von seinem Standpunkt aus wissenschaftlich gerechtfertigt wäre (Marx 1967:110ff.).

61 Ernst Haeckel hatte die ›biogenetische Grundregel‹ postuliert, wonach die individuelle Entwicklungsgeschichte ein Schnelldurchlauf der Entwicklungsgeschichte der Art darstelle. Etwas ähnliches scheint bei Thilo Sarrazin bezogen auf seine klassistische Theorieentwicklung stattgefunden zu haben.

etz. Klaus-Peter Drechsel schreibt, dass Ploetz zunächst Volkswirtschaft studierte, um später zur Erkenntnis zu kommen, dass sozialistische Experimente am »heutigen schlechten Menschenmaterial« scheitern würden. Er nahm daher ein Studium der Medizin auf, wo er auf den Psychiater August Forel traf, der vor der drohenden ›Degeneration‹ der Menschheit warnte (Drechsel 1993: 104). 1895 veröffentlichte Ploetz die Grundlinien einer Rassenhygiene. Diese seien aus den Bedürfnissen eines Arztes entsprungen (tatsächlich wohl eher den Bedürfnissen eines Volkswirtschaftlers, der Arzt wurde), um aus Sorge um die »Tüchtigkeit unserer Rasse« sich »hauptsächlich an den socialen Practiker« wende. (ebd.: 105). Drechsel fasst die Motivation Alfred Ploetz' zusammen:

> »Ausgehend von einem Rassebegriff, der Rasse als ›Bezeichnung einer durch Generationen lebenden Gesamtheit von Menschen im Hinblick auf ihre körperlichen und geistigen Eigenschaften‹ versteht, stellte Ploetz dem Begriff der Hygiene im gewöhnlichen Sinne, der Individual-Hygiene, den der Hygiene einer Gesamtheit von Menschen gegenüber. So könne man von der Hygiene einer Nation, einer Rasse im engeren Sinne oder der gesamten menschlichen Rasse reden. In diesem Sinne werde er in seinem Werk von ›Rassenhygiene‹ reden« (ebd.: 105f.).

1905 gründete Ploetz u.a. zusammen mit seinem Schwager Ernst Rüdin die ›Gesellschaft für Rassenhygiene‹ und das *Magazin Archiv für Rassen- und Gesellschaftsbiologie.* Rüdin führte bereits 1903 Sterilisationen durch, wurde 1932 in New York zum Präsidenten der ›International Federation of Eugenic Organizations‹, 1933 Kommissar des ›Reichsinnenministeriums für Rassenhygiene und Rassenpolitik‹ und im selben Jahr erarbeitete er das ›Gesetz zur Verhütung erbkranken Nachwuchses‹ zusammen mit Eugen Fischer. Obschon Rüdin durch seine Machtposition im NS-Staat und der Formulierung des Erbgesundheitsgesetzes die Grundlage für die Zwangssterilisation von mehreren hunderttausend Menschen schuf, wurde er nach der Befreiung nur sehr kurz bis 1946 inhaftiert.

2.2.2 Kontinuitäten nach 1945

Insbesondere bei Richtern und Medizinern gab es nach 1945 ungebrochene Karrieren. So waren allein an der Uniklinik Münster nach 1945 vier Dekanatsstellen mit Professoren besetzt, die aktiv an rassenhygienischen Maßnahmen beteiligt gewesen waren. Zu ihnen gehört Otmar von Verschuer, der noch in den 1960er Jahren ein Buch zur Eugenik verfasste und zu den Gründern der Eugenik-Zeitschrift *Mankind Quarterly* zählte, an der die Vordenker Thilo Sarrazins, wie beispielsweise Volkmar Weiss, führend beteiligt sind. In den letzten Jahren haben verschiedene Kommissionen herausgearbeitet, dass Juristen, die in der Nazi-Zeit *SS*- und *NSDAP*-Mitglieder gewesen sind, sehr viel häufiger in relevanten Positionen waren, als ursprünglich angenommen worden ist. Eva Schumann fasst für die Oberlandesgerichte zusammen:

> »In den OLG-Bezirken lag die Kontinuitätsquote im Jahr 1953 im Mittel deutlich über 65 %; beim Bundesgerichtshof war die Quote mit 73 % noch höher; das Bundesverfassungsgericht hatte eine Quote von lediglich 4,8 %. Noch interessanter sind aber die Zahlen gut zehn Jahre später (1964), also fast zwei Jahrzehnte nach dem Krieg. An der Spitze stand nun der Bundesgerichtshof mit einer Quote von immer noch über 70 % und auch beim Bundesverfassungsgericht lag die Quote nun bei 40 %. In den OLG-Bezirken machte sich hingegen die personelle Erneuerung durch jüngere Juristen langsam bemerkbar, so dass es hier zu einem Absinken der Kontinuitätsquote kam« (Schumann 2013: 110).

Diese Kontinuitäten von ehemaligen NS-Juristen erklärt zum Teil, weshalb die verfolgten Sinti und Roma kaum finanzielle ›Wiedergutmachungen‹ erhielten. Das Problem bestand aber nicht nur darin, dass sie keine Entschädigung erhielten, sondern auch in der fortgesetzten Diskriminierung, der Zuschreibung einer ›asozialen und kriminellen Haltung‹:

> »So hatte beispielsweise der IV. Zivilsenat des Bundesgerichtshofs 1956 über einen Anspruch eines sog. Zigeunermischlings auf Wiedergutmachung nach dem Bundesentschädigungsgesetz (§ 1 Absatz 1 BEG) zu entscheiden. Im Vorfeld der Entscheidung waren Entschädigungsansprüche von Roma und Sinti von den zuständigen Behörden in den 1950er Jahren u. a. aufgrund interner ministerieller Anweisungen mit der Begründung abgelehnt worden, dass ›Zigeuner‹ nicht aus rassischen Gründen verfolgt, sondern aufgrund ihrer ›asozialen und kriminellen Haltung‹ inhaftiert worden seien, wobei sich entsprechende Stellungnahmen auch in den damaligen Kommentaren zum Bundesentschädigungsgesetz finden« (Schumann 2013: 115).

Eva Schumann zitiert eine entsprechende Entscheidung des Bundesgerichtshofes:

> »Faßt man zunächst den Runderlaß des Reichsführers SS und Chefs der Deutschen Polizei v. 8.12.1938 [...] ins Auge, dann läßt gerade er jedoch erkennen, daß trotz des Hervortretens rassenideologischer Gesichtspunkte nicht die Rasse als solche der Grund für die darin getroffenen Anordnungen bildet, sondern die bereits erwähnten asozialen Eigenschaften der Zigeuner, die auch schon früher Anlaß gegeben hatten, die Angehörigen dieses Volkes besonderen Beschränkungen zu unterwerfen. Es wird einleitend nicht nur auf die rassenbiologischen Erkenntnisse, sondern auch auf die bei der Bekämpfung der Zigeunerplage gesammelten Erfahrungen hingewiesen, die es angezeigt erscheinen ließen, die Regelung der

Zigeunerfrage aus dem Wesen dieser Rasse heraus in Angriff zu nehmen« (BGH LM Nr. 16 zu § 1 BEG, Bl. 422 f, ;zit. n. Schumann 2013: 116).

Die Aufarbeitung dieser Kontinuitäten wurde auch medial weitgehend unterbunden. So wurde Wolfgang Staudte, der 1951 in der DDR den Film ›Der Untertan‹ drehte, in der BRD zunächst durch die Verweigerung sonst üblicher staatlicher Gelder an der Filmproduktion gehindert. Er konnte dennoch den Film ›Rosen für den Staatsanwalt‹ (1959) verwirklichen, der einen ›furchtbaren Juristen‹ porträtiert, welcher über den Dieb einer Schokolade das Todesurteil verhängte und vom entflohenen Opfer in der Nachkriegszeit gestellt wurde.[62] Da gegen den Willen von Staudte das Ende des Films zu einem Happy-End verändert wurde, lehnte er den Filmpreis ab. Von der Presse wurde er als ›Nestbeschmutzer‹ kritisiert – damals stand die Vokabel ›politisch korrekter Gutmensch‹ noch nicht zur Verfügung. Die als Vorwurf gemeinte Zuschreibung, er sei ein ›Weltverbesserer‹ nahm er gerne an, gab aber zu bedenken: »Es ist schwer die Welt zu verbessern mit dem Geld von Leuten, die die Welt in Ordnung finden«. Neben der Kontinuität von Rassismus und Antiziganismus im juristischen Apparat gab es auch eine entsprechende Zusammenarbeit mit den Medizinern, die als Rassenhygieniker aktiv gewesen waren. Dieser medizinisch-juristische Komplex verweigerte sogenannte ›Entschädigungen‹ und ›Wiedergutmachungen‹ der Verfolgten des Nazi-Regimes. Das Erbgesundheitsgesetz wurde als normales Gesetz, keinesfalls aber als Nazi-Gesetz eingeschätzt, mit der Folge, dass Zwangssterilisierte nicht nur keine ›Wiedergutmachung‹ erhielten, sondern auch nach 1945 noch als ›erblich schwachsinnig‹ diffamiert wurden. Eva Schumann schreibt:

»Ein weiteres Beispiel ist der Umgang der Nachkriegsjustiz mit den von Erbgesundheitsgerichten angeordneten Zwangssterilisationen. Da das Gesetz zur Verhütung erbkranken Nachwuchses nicht durch das Kontrollratsgesetz Nr. 1 betreffend die Aufhebung von NS-Recht vom 20. September 1945 aufgehoben worden war, galten die Betroffenen nicht als NS-Opfer. Seit 1947 bestand jedoch in der britischen Zone die Möglichkeit, im Rahmen eines Wiederaufnahmeverfahrens eine Entscheidung der Erbgesundheitsgerichte überprüfen zu lassen, um gegebenenfalls einen Anspruch auf Refertilisierung oder Entschädigung geltend zu machen; Voraussetzung war jedoch, dass die Entscheidung auf einem Verfahrensfehler oder

62 Damit nahm er den ›Fall Filbinger‹ 20 Jahre vorweg. Der damalige Ministerpräsident hatte in der NS-Zeit mehrfach Todesurteile beantragt. Er entschuldigte sich auch in der Diskussion nicht bei den Angehörigen, sondern äußerte dem Spiegel zufolge: »Was damals Rechtens war, kann heute nicht Unrecht sein!«. Nachdem er im August 1978 von seinem Posten als Ministerpräsident Baden-Württembergs zurückgetreten ist, gründete er das rechtskonservative ›Studienzentrum Weikersheim‹.

einer ärztlichen Fehldiagnose beruhte. Bis 1965 endeten nicht ganz 1.000 Verfahren mit einer positiven Entscheidung, so dass insgesamt bei weniger als 0,3 % der 350.000 Zwangssterilisierten eine Fehlentscheidung anerkannt wurde. Die hohe Zahl der Zwangssterilisationen beruhte auch darauf, dass der Tatbestand des angeborenen Schwachsinns in der NS-Zeit extensiv ausgelegt wurde. Da der Einzelne allein nach seinem Wert für die Volksgemeinschaft beurteilt wurde, sollten diejenigen, die insofern als »minderwertig« eingestuft wurden, auch keine Nachkommen zeugen dürfen. In der Praxis der Wiederaufnahmeverfahren kam es nun vor, dass ehemalige Erbgesundheitsrichter über die Wiederaufnahme zu entscheiden hatten oder Ärzte, die die zur Sterilisation führende Diagnose getroffen hatten, nun erneut als Gutachter beauftragt wurden oder als ärztliche Beisitzer in den Verfahren auftraten. Zudem lehnten sich die Richter bei ihren Entscheidungen an die ab 1934 entwickelten Bewertungskriterien an« (Schumann 2013:117ff).

Diese Kontinuität ging soweit, dass sich zuständige Amtsgerichte noch nach Kriegsende als ›Erbgesundheitsgerichte‹ darstellten:

»In Nordrhein-Westfalen wurden die für die Wiederaufnahme zuständigen Amtsgerichte im amtlichen Schriftverkehr weiter als ›Erbgesundheitsgerichte‹ und die Verfahren als ›Erbgesundheitssachen‹ bezeichnet; das Amtsgericht Düsseldorf führte die neuen Wiederaufnahmeverfahren sogar im alten ›Erbgesundheitsregister‹. Interne amtliche Äußerungen belegen zudem die Voreingenommenheit der Richter gegenüber den Betroffenen: So wurde etwa die ›Unfruchtbarkeit bei Aufrechterhaltung der Beischlaffähigkeit‹ als ›vorteilhaft‹ bezeichnet oder behauptet, dass durch die ›Möglichkeit einer Wiederaufnahme‹ ›bei der Masse der Antragsteller [die] ohnehin schon vorhandene Rentensucht [...] in äußerst unerwünschter Weise gesteigert‹ werde. Auf diese Weise wurde vielen Antragstellern bescheinigt, dass die in der NS-Zeit erfolgte Einstufung als ›minderwertig‹ auch im Rechtsstaat der Bundesrepublik noch ihre Berechtigung habe« (Schumann 2013:117ff).

US-amerikanische Psychiater drückten in den Auseinandersetzungen um Wiedergutmachungsentscheidungen ihr Entsetzen über ihre deutschen Kollegen aus. Sie sprachen von der »psychologischen Stumpfheit« (Niederland 1980: 12) bzw. »schwerer Störung des Einfühlungsvermögens« (Eissler 1994: 182). Einige Fälle, die Niederland betreute sind im Band *Folgen der Verfolgung: Das Überlebenden-Syndrom. Seelenmord* (Niederland 1980) festgehalten. William G. Niederland stellt dort fest:

»Als praktizierender Nervenarzt und vieljähriger Vertrauensarzt des Generalkonsulats in New York habe ich buchstäblich bei Hunderten erschütternder seelischer Krankheitsbefunde die ›herrschende Lehrmeinung‹ so ausgedrückt gesehen: ›kein Krankheitswert‹; ›nicht verfolgungsbedingt‹; ›Krankheitswert nicht feststellbar;‹ Krankheitswert unter 20%‹ (im Entschädigungsverfahren bedarf es eines Krankheitswerts von mindestens 25%, um überhaupt eine Entschädigung zugebilligt zu erhalten« (Niederland 1980: 8).

Zu einem Fall merkte Niederland an: »Daß der ehemals Verfolgte an seinem Leiden elendiglich zugrunde ging, hatte nach Ansicht des Gerichtsgutachters gemäß dessen zusätzlicher Verlautbarung nicht mit der Rassenverfolgung zu tun, sondern mit der ›Anlage‹ des Kranken. Der spätere Tod, so hieß es im amtlichen Text, sei aus ›eigengesetzlichen‹ Gründen erfolgt und ›verfolgungs-unabhängig‹« (Niederland 1980: 8). Es mute »geradezu grotesk an, wenn man in einem vertrauensärztlichen Gutachten diese Zustände (in den Konzentrationslagern; A.K.) als Unannehmlichkeiten des Konzentrationslagers beschrieben findet und damit der Wiedergutmachungsantrag eines so geschädigten Menschen abgelehnt wird. Die psychologische Stumpfheit eines derartigen Gutachters erscheint selbst bei Hinnahme des bereits geschilderten Konservativismus der deutschen Psychiatrie unüberbietbar« (Niederland 1980: 12). Auch sein Kollege Kurt R. Eissler, dessen Bruder Erich Eissler in Auschwitz ermordet wurde, war entsetzt über die amtsärztlichen deutschen Gutachten der Nachkriegszeit. In seinem Artikel *Die Ermordung von wie vielen seiner Kinder muß ein Mensch symptomfrei ertragen können, um eine normale Konstitution zu haben?* merkt er an:

> »Ich kann mir gut vorstellen, was jener Psychiater oder jener Richter, falls er unter solchen Bedingungen drei Jahre im Konzentrationslager verbracht hätte und seine dadurch verursachte Angst als anlagebedingt erklärt worden wäre, zu sagen hätte. Er würde aufschreien in dem Gefühl, neuerlich Misshandlungen erdulden zu müssen, und er wäre sicher, ein Opfer unerhörter Verfolgungen zu sein. Es bleibt vorderhand ein Rätsel, wieso es zu einer so schweren Störung des Einfühlungsvermögens bei gebildeten Intellektuellen kommen kann« (Eissler 1994: 182).

Die NS-Kontinuitäten zeigen sich auch in der Fortexistenz der Bevölkerungsbiologie, die nicht nur als Ideologie, sondern auch in der Gründung von Institutionen ihre Fortsetzung fand. Relevant ist hier an erster Stelle, dass Rassenhygieniker weiterhin nach 1945 an Hochschulen Karriere machen konnten. Auf der Website der Uniklinik Münster stellt diese beispielsweise selbstkritisch fest: »Verdiente Ärzte und Forscher, die bis heute hohes Ansehen genießen, finden sich ebenso in der Liste wie Verfolgte des NS-Regimes und – leider – auch dessen Verfechter oder Mittäter (hier mit *).« Aufgelistet sind hier:

- 1948 Prof. Dr. med. Karl-Wilhelm Jötten,
- 1953 Prof. Dr. med. Otmar Freiherr von Verschuer,
- 1956-1957 Prof. Dr. Robert Friedrich Mauz,
- 1962-1963 Prof. Dr. med. Heinrich Reploh

Ottmar von Verschuer war in der Nazi-Zeit Vorsitzender des *Kaiser-Wilhelm-Institut für Anthropologie, menschliche Erblehre und Eugenik.* Verschuer wurde für seine Forschungen, an denen der KZ-›Arzt‹ Josef Mengele beteiligt war[63], nicht belangt, sondern schrieb noch in den 1960er Jahren Bücher zum Thema Eugenik. Er wurde Dekan der Uniklinik in Münster und gründete dort das *Humangenetische Institut*, die finanziellen Unterstützungen für den Aufbau dieses Instituts und für ›erbpathologische Forschungen‹ im Zusammenhang mit radioaktiver Strahlung erhielt er großzügig vom damaligen *Atomministerium*.

Sarrazins Thesen zur Demografie und Intelligenz sind nicht neu, sie konnten an der Kontinuität der Bevölkerungsbiologie nach 1945 anknüpfen. 25 Jahre vor *Deutschland schafft sich ab* erschien das Buch *Deutschland – ohne Deutsche* (Hepp/ Schade / Schröcke 1984) – bereits die Titelähnlichkeit deutet auf inhaltliche Übereinstimmungen, die sich dann auch leicht finden: »Seit Jahren sterben in Deutschland mehr Menschen, als Kinder geboren werden, und die Zahl der Ausländer nimmt erschreckend zu. Vom Wohlstandsmaterialismus verblendet, treibt das deutsche Volk in der Todesspirale.« heißt es im Klappentext zu *Deutschland – ohne Deutsche* und auf der Rückseite von *Deutschland schafft sich ab* entsprechend: »Thilo Sarrazin beschreibt [...] die Folgen, die sich für Deutschlands Zukunft aus der Kombination von Geburtenrückgang, problematischer Zuwanderung und wachsender Unterschicht ergeben. [...] Er zeigt ganz konkret, wie wir die Grundlagen unseres Wohlstands untergraben und so den sozialen Frieden und eine stabile Gesellschaft aufs Spiel setzen. Deutschland läuft Gefahr, in einen Alptraum zu schlittern.«

Deutschland – ohne Deutsche wurde von Rechtsextremisten verfasst, zu denen Heinrich Schade zählt. Heinrich Schade war neben Josef Mengele ein Assistent des Rassenhygienikers Otmar von Verschuer, er assistierte ihm zunächst in Frankfurt und Berlin, dann bruchlos in den 1950er Jahren am von Verschuer gegründeten Humangenetischen Institut in Münster. Dass Deutschland aussterbe und »überfremdet« werde, ist ein altes und vor allem deutsches Thema. *Die Angst vor dem Abstieg – Malthus, Burgdörfer, Sarrazin: eine Ahnenreihe mit immer derselben Botschaft* (Etzemüller 2012) heißt der Artikel von Thomas Etzemüller, im dem der er diese ewig neu entdeckte Litanei beschreibt:

---

63 Josef Mengele war Doktorand bei Otmar von Verschuer.

> »Es waren schon immer die ›Falschen‹, die am meisten Kinder bekamen. Hätten die Niedergangspropheten vergangener Jahrhunderte Recht behalten, müsste sich Deutschland schon unzählige Male abgeschafft haben. Doch der ›Volkstod‹ lässt auf sich sich warten. Land und Leute sind wohlauf. Wie seinen historischen Vorläufern geht es auch Thilo Sarrazin nicht um das Wohlergehen der Bevölkerung, sondern um die Verteidigung bürgerlicher Vorrechte durch die Exklusion missliebiger Sozialgruppen« (Etzemüller 2012: 157).

Diese Kontinuitäten zeigten sich jedoch nicht nur im Formulieren von Texten. Thomas Bryant wies in seinem Artikel *Alterungsangst und Todesgefahr – der deutsche Demografie-Diskurs (1911–2011)* darauf hin, dass Konrad Adenauer das Novum eines 1953 gegründeten Familienministeriums damit begründete, dass »die Bevölkerungsbilanz des deutschen Volkes (...) erschreckend« sei (Bryant 2011). Erste Staatssekretärin im Familienministeriums war dann auch Gabriele Wülker, im NS-Staat forschte sie zusammen mit ihrem Mann Heinz Wülker zur Bevölkerungsbiologie. Hier werden die Recherchen zu den Erbbiologie-Vordenker*innen Sarrazins spannend. Leider kann ein linearer Buchtext nur nacheinander die parallelen Verzweigungen wiedergeben. Daher möchte ich das räumliche Vorstellungsvermögen der Leser*innen hier ein wenig bemühen: Stellen Sie sich Gabriele Wülker als Namen in einer Graphik vor, von der drei Pfeile weiterführen. Die erste Verbindung besteht zu ihrem Mann Heinz Wülker, der unter dem ›Blut-und-Boden‹-Nazi Walther Darré Sippenforschung betrieb, zusammen mit Bruno Kurt Schultz. Dieser war zudem an »Front-Universität« Prag für Rassenforschung zuständig und erhielt in den 1950er Jahren bei Otmar Freiherr von Verschuer im Humangenetischen Institut Münster einen lukrativen Arbeitsplatz. Einen Pfeil stellen Sie sich zu Hans Grimm vor, mit dem Gabriele Wülker zusammen einen nationalsozialistischen Jugend-forscht-rassistisch-Preis gewann. Hans Grimm war Assistent bei Egon Freiherr von Eickstedt in Belgrad. Von Eickstedt wiederum war im NS-Staat ein Rassentheoretiker, der später in der Bundesrepublik an der Uni Mainz mit seinen Assistent*innen den ›wissenschaftlichen‹ Rassismus der ›Belgrader Schule‹ fortsetzte. Und schließlich können Sie sich noch einen Verweis auf ihre weitere Karriere vorstellen: als Staatssekretärin im Familienministerium und als Mitgründerin der *Deutschen Gesellschaft für Bevölkerungswissenschaften.* Diese *Deutsche Gesellschaft für Bevölkerungswissenschaften* wurde unter anderem von Karl Valentin Müller mitgegründet. Müller betrieb wie Bruno Kurt Schultz an der Nazi-Hochschule Prag Rassenforschung und besorgte in der Bundesrepublik an seinem Lehrstuhl in Nürnberg u.a. Richard Koherr, einen Arbeitsplatz – Koherr war der Verfasser des Koherr-Berichts zur »Endlösung der Judenfrage«.

Mit Thilo Sarrazin hängen diese Verzweigungen über Volkmar Weiss, aus dessen Buch ›Die IQ-Falle‹ aus dem Jahr 2000 Sarrazin mehrfach zitiert, zusammen. Volkmar Weiss wurde in der DDR vom Anthropologen und ehemaligen Rassenforscher Hans Grimm ermutigt, eine Dissertation über die Vererbung von mathematischer Hochbegabung anzufertigen (Kulke 2011). Volkmar Weiss lobte Jahrzehnte später als Leiter des Instituts für Genealogie die bevölkerungsbiologische Forschung von Heinz Wülker und ebenso ärgerte er sich darüber, dass ›Begabungsforscher‹ wie Karl Valentin Müller heute in Vergessenheit geraten sind. Und auch zu Verschuer besteht eine Verbindung, denn Verschuer war Mitbegründer des rassistischen Magazins *Mankind Quarterly*, zu dessen Beiratsmitgliedern heute Volkmar Weiss zählt, der in dem Magazin auch Sarrazins Buch ausführlich lobte. Ich habe diese komplexen Verzweigungen aufgezeigt, um zu verdeutlichen, dass die Ideologie Bevölkerungsbiologie nach 1945 keineswegs beendet war und sich entsprechend in den Schriften Sarrazins wiederfindet. Wichtig für die Kontinuität ist die erwähnte *Deutsche Gesellschaft für Bevölkerungswissenschaft*. Hans Harmsen, der schon in seiner Dissertation die »Befreiung des Volkes von schädlichen Erbmassen«propagierte, kommt hier eine Schlüsselrolle zu. In dem Spiegel-Artikel ›Lange braune Schatten‹ fasst Wolfgang Sontheimer die Fortsetzung der bevölkerungsbiologischen Ideologie mittels der Bevölkerungswissenschaft-Gesellschaft zusammen:

> »Harmsen, bereits 1946 in Hamburg wieder als Professor für Allgemeine und Sozialhygiene berufen, avancierte zum aktivsten und einflussreichsten Bevölkerungswissenschaftler in der westdeutschen Nachkriegsrepublik. Er initiierte 1952 die Gründung der Deutschen Gesellschaft für Bevölkerungswissenschaft und kurz darauf die der Deutschen Akademie für Bevölkerungswissenschaft. Der vormalige Volk-ohne-Jugend-Burgdörfer wurde Ehrenmitglied und vertrat die Zunft auf etlichen internationalen Kongressen. Harmsens Vereinigungen dienten, so der Wissenschaftsjournalist Ludger Weß, ›als Auffangbecken und Netzwerk der führenden Köpfe der NS-Rassen- und Bevölkerungsbiologie‹. Die Gruppe um Harmsen hatte beste Beziehungen zum Statistischen Bundesamt. In der dem Bundesinnenministerium unterstellten Behörde in Wiesbaden brachte es Siegfried Koller bis zum Abteilungsleiter. Er war 1941 an einem Gesetzentwurf zur Zwangssterilisierung von ›Asozialen und Gemeinschaftsunfähigen‹ beteiligt, deren Zahl er auf zwei Prozent der Bevölkerung schätzte und die er in schweren Fällen einer ›Sonderbehandlung‹, sprich ihrer Ermordung, zuführen wollte. Zu den ›Gemeinschaftsunfähigen‹ zählte er ›sexuell Hemmungslose, Süchtige, Trinker, heimliche Prostituierte, Rassenschänder und Landesverräter‹. Nachdem Koller von 1945 bis 1952 im Zuchthaus Brandenburg eingesessen hatte, wurde er 1953

> beamteter Statistiker und einflussreichster Mann im Wiesbadener Bundesamt« (Sontheimer 2006: 58).

Die *Deutsche Gesellschaft für Bevölkerungswissenschaft* wurde schließlich aufgelöst, bzw. zur *Deutschen Gesellschaft für Demografie* fusioniert. Trotz der Renaissance der Erbbiologie durch Sarrazins Bucherfolg scheint sich im Feld der Demografieforschung eine moderne Variante des volkswirtschaftlichen Kosten-Nutzen-Rechnens des Sozialdarwinismus zu entwickeln. So hielten während der Herbsttagung 2007 der *Deutschen Gesellschaft für Demografie* in Rostock Simon Felber und Holger Kolb einen Vortrag mit dem Titel ›Staaten als Clubs: Zur politischen Ökonomie von Bevölkerungspolitik‹. Dort stellten sie ein ordnungspolitisch-volkswirtschaftliches Modell vor, welches Staaten als Clubs betrachtet. Relevant an dieser Sichtweise ist, dass Clubs exklusiv seien und nicht jedem eine Clubmitgliedschaft gebühre. Daher müsse sich nicht nur die Migrationspolitik von der ›einseitigen Fokussierung‹ auf soziale Gleichheit verabschieden, sondern auch die Familienpolitik müsse als Pendant zur modernen Einwanderungspolitik die ›Geburtsmitgliedschaft‹ hinterfragen. »Die Gruppe von Eltern (Investoren), die mit einer gewissen Wahrscheinlichkeit über ausreichende Ressourcen zur Investition in ihre Kinder verfügen (Qualitätsaspekt), entscheidet sich mit steigender Wahrscheinlichkeit gegen Kinder (Qualitätsaspekt)« heißt es in der Präsentation zum Vortrag. Und im entsprechenden Artikel wird zu bevölkerungspolitischen Maßnahmen aufgerufen:

> »Zum zentralen Ansatzpunkt werden damit die Opportunitätskosten der Zulassung von Geburtsmitgliedern (oder: des Kinderkriegens) für die Eltern, die als Stellvertreter für die späteren Geburtsmitglieder Adressaten staatlicher Mitgliedschaftspolitik werden. Abhängig vom familienpolitischen Ansatz können die Kosten entweder gesenkt (optimale Inklusion und Förderung positiver externer Effekte) oder erhöht (optimale Exklusion und Vermeidung negativer externer Effekte) werden. Beispiele für eine optimale Inklusionsstrategie ist das neue Elterngeld in Deutschland, das die Opportunitätskosten des Kinderkriegens vor allem für die Eltern, denen eine hinreichend große Investitionsneigung in ihre Kinder unterstellt wird, senkt bzw. die in den USA seit 1992 bekannte Maßnahme ›Family Cap‹ als Maßnahme der Erhöhung der Opportunitätskosten der ›Zulassung‹ von Geburtsmitgliedern für Eltern mit angenommener niedriger intergenerationaler Investitionsneigung« (Felber/ Kolb 2007).

Kolb benennt ausdrücklich das Problem der Diskreditierung der Bevölkerungspolitik durch die nationalsozialistische Theorie und Praxis: »Dabei ist der Begriff Bevölkerungspolitik in Deutschland durch den Missbrauch während der nationalsozialistischen Diktatur in hohem Maße diskreditiert.

Daher hat sich in Deutschland als gängiger Politikbegriff für Maßnahmen zur Beeinflussung von Struktur und Entwicklung der Bevölkerung der Begriff ›Familienpolitik‹ durchgesetzt« (Kolb 2007: 18).

Das Kennzeichen der Eugenik ist die Sorge um die sogenannte ›Bevölkerungsqualität‹. Diese ›Bevölkerungsqualität‹ habe unmittelbar mit der ›Kinderqualität‹ zu tun. Die vor zehn Jahren entwickelte ›nachhaltige Familienpolitik‹ »soll einen Anstieg der Fruchtbarkeit auf das Reproduktionsniveau (›höhere Kinderquantität‹) und eine Verbesserung der Erziehung und Ausbildung der Kinder (›höhere Kinderqualität‹) bewirken« stellt Gunter Steinmann begrüßend fest (Steinmann 2008: 120). Auch Kolb bezieht sich auf diese ›Qualität der Kinder‹: »Mit ›guter Qualität‹ sind jene Kinder gemeint, von denen mit einer gewissen Wahrscheinlichkeit angenommen werden kann, dass ein gewisses Maß an Ressourcen wie Erziehung und Bildung in sie investiert wurde« (Kolb 2007: 16). Auch Kolb lobt den Paradigmenwechsel, die Ökonomisierung der Familienpolitik:

> »Ähnlich wie im Bereich der Einwanderungspolitik, die lange Zeit vor allem, aber nicht ausschließlich von der politischen Linken als Instrument gesehen wurde, die weltweite Ungleichheit durch eine großzügige Aufnahme der Armen und Schwachen zu bekämpfen und mittlerweile in einer engen Verbindung mit Wirtschaftspolitik steht, wird auch Familienpolitik vermehrt zu einem wirtschaftspolitischen Instrument. Statt durch den Ausstieg der Mütter aus dem Berufsleben vermeintliche Verteilungsgerechtigkeit herstellen und damit klassische Sozialpolitik verwirklichen zu wollen, fungiert Familienpolitik als Teil einer Personalentwicklungsstrategie: Durch optimale Exklusion und Inklusion nicht nur für Erwerbsmitglieder, sondern auch im Bereich der Geburtsmitgliedschaft, soll die staatliche Mitgliedschaft und damit das staatliche Clubkollektivgüterbündel optimiert werden« (ebd.: 21).

2.2.3 Nachhaltige, d.h. forstwirtschaftliche, Familienpolitik

Seit etwa zehn Jahren ist die Demografisierung der Sozialpolitik (vgl. Prokla 146) auch in der Familienpolitik zu finden. Die Bevölkerungspolitik müsse korrigiert werden, weil – so der spätere Gesundheitsminister Daniel Bahr (FDP) – in Deutschland die »Falschen« die Kinder bekämen. Da demnächst Akademikerinnen und Akademiker fehlen würden, so die Logik der früheren Familienministerin Renate Schmidt (SPD), und PISA gezeigt habe, dass vorwiegend Kinder von Akademikerinnen und Akademikern studieren würden, müsse es ab sofort mehr Kinder von Akademikerinnen geben. Getreu dieser Perspektive fand vor rund zehn Jahren ein grundlegendes Umdenken in der Familienpolitik statt, die sich deshalb heute ›nachhaltig‹ schimpft und auch schimpfen darf. Denn, ganz wie es der wohl unfreiwillig aus der Forstwirtschaft entlehnte Begriff schon impliziert, wird heute das vermeintliche Unkraut ausgetrocknet, wohingegen man ertragreiche Pflanzen noch mehr als zuvor düngt. So wurde beispielsweise das Erziehungsgeld für ärmere Familien komplett abgeschafft und durch eine einkommensabhängige Prämie für gutverdienende Familien ersetzt. Nach der Einführung des Elterngeldes, welches ärmere Eltern bereits massiv schlechter stellte als gutverdienende Eltern, meldete sich Gunnar Heinsohn zu Wort. Mit einer Sprache, die in der Wortwahl an die Menschenverachtung der rassenhygienisch motivierten Ärzten in Korrektionsanstalten von vor 100 Jahren erinnert, forderte Heinsohn die komplette Streichung, also auch die Verrechnung des Sockelbetrages für Kleinkinder in arbeitslosen Familien. Dieser Forderung wurde umgehend nachgegangen, der Sockelbetrag von 300 Euro monatlich wird jetzt wie das Kinder- und Betreuungsgeld mit ALG-II-Auszahlungen verrechnet, d.h. de facto gestrichen. Mit der Einführung des Elterngeldes wurde somit eine der ältesten Forderungen der Rassenhygiene erfüllt: reiche Eltern zu unterstützen und armen Eltern nichts zu geben.

Einer der ersten Aufsätze in Alfred Ploetz Archiv für Rassen- und Gesellschaftsbiologie wurde von einem Hermann W. Siemens zum Thema ›Die Proletarisierung unseres Nachwuchses, eine Gefahr unrassenhygienischer Bevölkerungspolitik‹ (Siemens 1916) geschrieben. Ebenso wie heute beklagte Siemens damals die Schwierigkeit, den "höheren Ständen" eine größere Kinderzahl attraktiv erscheinen zu lassen:

> »Denn da die Kinderaufzucht in den höheren Ständen sehr viel kostspieliger ist als in den niederen, so müßten dort auch die Unterstützungen sehr viel höher sein, damit durch sie die ökonomischen Motive zur Prävention lahmgelegt werden könnten« (Siemens 1916: 50).

Er hatte die gleiche Idee wie unser Familienministerium, hielt dies aber seinerzeit für nicht durchführbar:

> »Eine solche Einrichtung, die den Reichen mehr gibt als den Armen, würde aber in den heutigen innerpolitischen Zuständen kaum jemals Gesetz werden können« (ebd.).

Es ist beschämend, dass eine rassenhygienische Utopie, die selbst in einer Ständegesellschaft als undurchführbar galt, weil mit erheblichen sozialpolitischen Protesten zu rechnen gewesen wäre, die sich solch eine Ungerechtigkeit nicht hätten bieten lassen, in unserer vermeintlich aufgeklärten Gesellschaft ohne jeden Protest durchgewunken wurde. Man muss derlei dabei gar nicht eugenisch begründen, wie es Thilo Sarrazin tut, wenn er davon spricht, das ›Problem der Unterschicht‹ müsse ›sich auswachsen‹. Eleganter und nicht minder zielführend zur Legitimation einer solchen Politik sind heutzutage volkswirtschaftliche Modelle, die unlängst eine ›Qualität der Kinder‹[64] konstruieren, die, richtig genutzt und gesteuert, schließlich zu einer größeren Bevölkerungsqualität führe und die anhand der ›Investitionsbereitschaft der Eltern‹ messbar sei. Sarrazin ging diese Bevölkerungskorrektur, das Elterngeld als Maßnahme zugunsten von Akademiker*innenkindern nicht weit genug. Er forderte die komplette Streichung des Kindergeldes und eine Auszahlung in Form eines einmaligen Satzes von 50.000 Euro nur an Eltern mit abgeschlossenem Studium und unter 30 Jahren (Sarrazin 2010: 389) und schränkte sicherheitshalber noch weiter _eugenisch – ein: »Die Prämie – und das wird die politische Klippe sein – dürfte allerdings nur selektiv eingesetzt werden, nämlich für jene Gruppen, bei denen eine höhere Fruchtbarkeit zur Verbesserung der sozioökonomischen Qualität der Geburtenstruktur besonders erwünscht ist« (ebd.: 390).

64 Diese Vokabel wird in volkswirtschaftlichen Argumentationen tatsächlich verwandt, z. B. von Holger Kolb: Migranten und (andere) Mitglieder. Personalentwicklung im Staat (Kolb 2007)

3 Politische Korrekturen / korrekte Politisierungen

3.1 Von der Tugend zur Tüchtigkeit: Zur Inkorporation der Sekundärtugenden

Thilo Sarrazin bezieht sich positiv auf die preußischen Tugenden bzw. Sekundärtugenden[65] Fleiß, Pünktlichkeit, Ordnung, Sauberkeit. Die Internalisierung dieser Sekundärtugenden sei vor allem für die ^Unterklassen^ wichtig, damit deren Körper an den Anforderungen des Niedriglohnsektors angepasst bleiben. Der Körper müsse entsprechend dieser Sekundärtugenden ständig korrigiert werden, was am Besten durch einen ständigen Arbeitszwang geschehe, da dieser mit einer Disziplinierung und permanentem Einüben einhergehe. Diese Sekundärtugenden wurden seit Ende der 1960er Jahre vor allem von der Studierendenbewegung kritisiert. Doch schon Jahre zuvor gerieten die sogenannten ›preußischen Tugenden‹ in die Kritik, waren sie doch gekennzeichnet durch unbedingten Gehorsam und militärischen Drill. In den vorangegangenen Kapiteln wurde auf Heinrich Manns kritischen Roman *Der Untertan* eingegangen. Heinrich Mann schrieb diesen Roman in der Zeit der *Décadence* , einer kulturellen Bewegung, die sich vom Leitbild des preußischen Mannes absetzte. Um 1900, im Fin de Siècle, waren ›Tüchtigkeit‹ und ›Dekadenz‹ Gegenbegriffe, die Tüchtigkeit war stets durch die Dekadenz bedroht (›dekadente Antriebsschwäche‹), sowohl auf körperlicher als auch auf ›volkskörperlicher‹ Ebene. Georges L. Mosse hat dies in seiner Untersuchung *Das Bild des Mannes: zur Konstruktion der modernen Männlichkeit* von 1997 herausgearbeitet – insbesondere die Verknüpfung von Tüchtigkeit und Männlichkeit (Mosse 1997). In diesem Zusammenhang sind die beiden Kapitel ›Der Anti-Typ‹ und ›Maskulinität in der Krise: die Dekadenz‹ lesenswert. Ich gehe an dieser Stelle kurz in das 19. Jahrhundert zurück.

Ab der zweiten Hälfte des 19. Jahrhunderts setzte sich nach Mosse die herrschende Männlichkeit von sogenannten »Counter-Typen« ab: »Zigeuner, Landstreicher und die Juden ... Verbrecher, Geisteskranke und die sogenannten Perversen müssen dieser Liste hinzugefügt werden« (ebd.: 79f.). Dekadenz war zunächst ein kulturhistorischer Begriff, der moralisch eingesetzt wurde. Er vermischte sich aber zusehends mit dem Begriff der Degeneration, wie er von Ärzten definiert wurden. Zum Ende des 19.

65 Im Nationalsozialismus wurden diese noch einmal verschärft als ›soldatische Tugenden‹ dargestellt

Jahrhunderts wurden beide Begriffe gleichgesetzt und es waren Mediziner, denen die Definitionsmacht über Dekadenz/Degeneration zugesprochen wurde.

> »Die Mediziner bedienten sich ihrer gesammelten ärztlichen Autorität, um ein moralisches und körperliches Stereotyp der Außenseiter zu erschaffen, seien es die sogenannten minderwertigen Rassen, seien es emanzipierte Frauen, Juden oder Homosexuelle. Dass die Maskulinität in irgendeiner Weise befleckt wurde, galt als Symptom für die Krankheit oder gar Auflösung der Gesellschaft ...« (ebd.).

›Degeneration‹ wurde vor allem als medizinischer Begriff verstanden. In diesen Kontext gehören weitere moderne Krankheitsbilder, die sich von einer ›Verweiblichung‹ absetzten, wie z.B. ›Hysterie‹ oder ›Nervösität‹. Mosse stellt in seinem Buch dar, wie sich die Außenseiter verbünden und dass sich zum Entsetzen vieler Männer zusätzlich noch die erste Frauenbewegung entwickelt. In dieser europaweiten Bewegung, die für sich das Etikett Décadence annahmen, traten Schwule und Lesben öffentlich und selbstbewusst auf; auch die künstlerische Avantgarde (Expressionismus) um die Jahrhundertwende sympathisierte mit der ›Dekadenz‹. Die Reaktion der Träger der Dominanzkultur ließ nicht lange auf sich warten: Christliche Vereine mit evangelischen Kirchenmännern und Schullehrern an der Spitze schossen aus dem Boden. Der »dekadenten Antriebsschwäche« wurde Nietzsche (»Was ist gut? – alles, was den Willen zur Macht, die Macht im Manne selbst stärkt.«) entgegengesetzt (ebd.: 135) und ging einher mit dem antisemitischen Arbeitsmythos. Spätestens mit dem Beginn des ersten Weltkriegs vor 100 Jahren fand die ›Dekadenz‹ als gesellschaftliche Bewegung ihr vorläufiges Ende: »Welche Gegenstimmen auch zu vernehmen waren, sie wurden in den Augusttagen des Jahres 1914 vom Kriegsgetöse übertönt« (143). Der Krieg wurde als Heilmittel gegen die Dekadenz betrachtet und gefeiert.

3.1.1 Machiavelli: Tugend als traumatische Ertüchtigung

Ein erster Umschlag der Tugend zur Tüchtigkeit wird in der Benutzung der Vokabel virtù durch Niccolò Machiavelli gesehen. Virtus hieß Tugend, Virtù wird aber eher im Sinne einer frühkapitalistischen Tüchtigkeit übersetzt. Machiavelli beziehungsweise sein berüchtigtes Werk *Il Principe* ist oftmals der Bezugspunkt für eine Anti-Gutmenschen-Ideologie, wie sie bspw. in Carl Schmitts Definition der Politik als Freund-Feind-Differenzierung auftritt. Es ist erstaunlich, dass in knapp 500 Jahren niemand auf die Tatsache hinwies, dass Machiavelli *Il Principe* schwersttraumatisiert mit seinen durch die Folter verkrüppelten Händen niederschrieb, unmittelbar und hektisch nach Entlassung aus seiner Kerkerhaft. In seinen Bittbriefen aus der Kerkerzelle, wo er um Gnade flehte oder in seinen späteren Briefe, wo er mitteilte, dass ihm die Arbeit an *Il Principe* die Flucht aus dem nicht zu ertragenden Alltag erlaubte, deuten auf die traumatische Situation, in der sich Machiavelli befand. In der Kerkerzelle bekam er mit, wie Bekannte von ihm, die seine Gesinnung teilten, ermordet wurden und auch er musste nicht nur mehrfach die Folter erdulden, sondern auch jederzeit mit seiner Ermordung rechnen. *Il Principe* steht inhaltlich im Widerspruch zu seiner republikanischen Positionierung, er hatte es nicht nur dem Fürsten gewidmet, der für die Einkerkerung und Folterung verantwortlich war, sondern Machiavelli legitimierte in *Il Principe* seine eigene Folter. In der Psychoanalyse ist ein derartiges Verhalten bekannt unter ›Identifikation mit dem Aggressor‹. Das berüchtigte Büchlein *Il Principe* ist daher in erster Linie als eine Verarbeitung der erlebten traumatisierenden Folterungen zu interpretieren. Traumatisierungen sind durch Ohnmachtsgefühle geprägt. Indem man sich mit dem Aggressor identifiziert, der für die erlebte traumatisierende Gewalt verantwortlich war, beendet man das schwer zu ertragende Gefühl der eigenen Ohnmacht, man wähnt sich mächtig. Vor allem der Nationalsozialismus gründete sein ganzes Erziehungssystem der nationalpolitischen Erziehung des Einfügens auf diesen psychologischen Mechanismus. Der Psychologe Arno Gruen schreibt in seinem Buch *Der Fremde in uns* zum Gehorsam als Funktion der ›Identifikation mit dem Aggressor‹:

> »Der Ursprung des Gehorsams ist also in den Prozessen zu suchen, die den Fremden in uns erzeugen. Mit dem Gehorsam geben wir unsere eigenen Gefühle und Wahrnehmungen auf. Wird ein Mensch im Verlauf seiner Identitätsentwicklung einmal in diese Richtung gezwungen, verläuft seine Entwicklung nach Gesetzen, die völlig anders sind als die, die das heute gängige psychologische Denken vorgibt. Das Festklammern an der Autorität wird dann zu einem Lebensgrundsatz. Obwohl man sie haßt, identifiziert man sich mit ihr. Die Unterdrückung des Eigenen löst Haß und Aggressionen aus, die sich aber nicht gegen den Unterdrücker richten dürfen, sondern an andere Opfer weitergegeben werden. Typisch für diese Entwicklung ist immer, daß das eigene Opfersein verleugnet wird. Denn der eigene Schmerz und das eigene Leid waren ja einmal Bestandteil dessen, was uns wertlos machte. So wird das Opfersein zur unbewußten Basis für das Tätersein. Gleichzeitig wird der Gehorsam zur gesellschaftlichen Institution, mit der diese Krankheit, von der wir alle zu einem gewissen Grad betroffen sind, die wir aber nicht als Krankheit erkennen, weitergegeben wird« (Gruen 2002, S. 39).

Machiavellis Begriff ›virtù‹ bezeichnet weniger eine Tugend als eine Tüchtigkeit, es handelt sich um eine Ertüchtigung, die nichts anderes ist als als eine von vielen möglichen Umgangsformen mit der erlittenen Traumatisierung. Da traumatisierende Gewalt oftmals als gesellschaftliches Phänomen auftritt und nicht nur Einzelpersonen, sondern viele Personen, die miteinander interagieren mit Gewalt traumatisiert werden und da Traumata von einer Generation auf die folgende weitergegeben werden können, ist es sinnvoll, von gesellschaftlichen Folgen von Traumata bzw. von ›gesellschaftlichen Traumata‹ zu sprechen (Vgl. Kemper 2012b: 108ff.). Gesellschaftliche Traumata bewirken nicht nur individuelle psychische Dispositionen, sondern schlagen sich gesellschaftlich nieder in strukturellen und institutionalisierten Dispositiven[66]. Die individuellen Verdrängungen multiplizieren sich zu gesellschaftlichen ›Lügen‹. Virtù ist männlich codierte[67] Fügemacht und Gefügemacht.

Ein Bindeglied zwischen der machiavellistischen Virtù und den preußischen Tugenden ist die Schrift Friedrich des Großen: *Der Anti-Machiavell.* An diesem Werk war der Aufklärer Voltaire maßgeblich mitbeteiligt. Friedrich hat seine Position als angehender König reflektiert, er war noch nicht König von Preußen, als er das Buch schrieb. Und auch später sah er sich eben nicht als Sonnenkönig, sondern als erster Diener des Staates. Er war »nur« Kronprinz, als er mit dem Aufklärer Voltaire über Machiavelli diskutierte. Voltaire redigierte in Absprache den ursprünglichen Text und fand 1740, im Jahr der Krönung Friedrich des Zweiten, einen Drucker. Friedrich II ließ das Buch anonym verfassen, er war jung und schrieb es mit von der Aufklärung gespeisten ethischen Grundsätzen. In seinem politischen Testament schließlich erkannte er die Machtpolitik Machiavellis an und gab ihm Recht. Wir können davon ausgehen, dass auch Friedrich der Große in seiner Kindheit traumatisch prägende Erfahrungen machte. Er wurde von seinem Vater, dem ›Soldatenkönig‹ kurzzeitig inhaftiert und er musste zusehen, wie sein Vater seine besten Jugendfreund*innen hinrichten ließ. Friedrich der Große fügte sich daraufhin seinem Vater und führte die von seinem Vater propagierten soldatischen/ preußischen Tugenden fort, sieht man von seiner Freundschaft mit Voltaire ab. Machiavelli verlor schließlich seinen dämonisierten Charakter und wurde vom deutschen Idealismus entdeckt. Entsprechend wurde Machiavelli eingedeutscht und gegen die französische Zivilisation und ihre ›gutmenschelnden‹ Tugenden der Aufklärung in Stellung gebracht.

---

66 Unter ›Dispositive‹ versteht Michel Foucault strategische Anordnungen.

67 Machiavelli arbeitet mit der Gegenüberstellung von Herkules und Fortuna. Herkules müsse Fortuna am Schopfe packen und schlagen, das würde sie lieben.

3.1.2 ›Tugendterror‹: Zum Machiavellismus der Jakobiner

Robespierre hatte ursprünglich die Abschaffung der Todesstrafe gefordert. Nun, während der Revolution verkündete er allerdings:

> »Wir müssen die inneren und äußeren Feinde der Republik ersticken oder mit ihr untergehen. Deshalb soll in dieser Lage die erste Regel der politischen Tugend sein, das Volk durch Vernunft zu leiten und die Feinde des Volkes durch Terror zu beherrschen. Wenn der Geist der Regierung im Frieden die Tugend ist, so ist er während der Revolution Tugend und Terror zugleich: Tugend, ohne die der Terror verderblich ist, Terror, ohne den die Tugend ohnmächtig ist. Terror ist nichts anderes als rasche, strenge unbeugsame Gerechtigkeit. Er ist eine Offenbarung der Tugend. Der Terror ist nicht ein Prinzip der Demokratie, sondern er ergibt sich aus ihren Grundsätzen, welche dem Vaterland als dringendste Sorge am Herzen liegen müssen« (Robesspierre1794; zit. n. Peter 1961: 65).

Diese Verbindung von Tugend und Terror wurde später durch das Schlagwort ›Tugendterror‹ ausgedrückt. Damit soll die Proklamation der Menschenrechte und der Gleichheit der Menschen als Terrorismus diffamiert werden. Ausgeblendet wird die Rolle, die die Gegner*innen der Menschenrechte und der Gleichheit der Menschen beim Terror der Jakobiner spielten. Vor der Französischen Revolution existierte ein feudalistisches System, welches für die Armen bedeutete, in einem Zustand der Rechtlosigkeit hinsichtlich Bildung, politischer Partizipationsmöglichkeiten und rechtlicher Sicherheit zu leben. Das Strafsystem beruhte auf der Marter, dessen Schrecken schlimmer sein musste als der Terror von Hunger und Krankheit, dem die Armen ausgeliefert waren. Auch ein gefüllter Getreidespeicher kann einen Menschen terrorisieren, der Hunger leidet. Der Terror der Französischen Revolution begann, als diese es nicht nur mit konterrevolutionären Bewegungen im eigenen Land zu tun bekam, sondern als die Monarchen von Preußen und Österreich 1791 zunächst die ›Pillnitzer Punktation‹ verabschiedeten und die Lage des Königs von Frankreich zum »Gegenstand eines gemeinschaftlichen Interesse für alle europäische Souverains« erklärten. Sie forderten den Beistand »in Verbindung mit Ihren Majestäten die kräftigsten Mittel« den König wieder in seiner monarchischen Regierung zu befestigen. Der Brief endete mit dem Hinweis, dass der Kaiser und der König von Preußen »ihren Truppen die dienlichen Befehle ertheilen, damit sie im Stande seyn mögen, sich in Activität zu setzen.« Wenig später kam es zum Krieg zwischen Frankreich auf der einen und Preußen und Österreich auf der anderen Seite. Bis zu dem Zeitpunkt gab es keinen Terror. Erst als die preußisch-österreichische Truppen auf Paris zumarschierten, die Wiedereinsetzung des Königs forderten und der Oberbefehlshaber ein Ultimatum verabschiedete, mit dem er drohte, Paris niederzubrennen, wenn der König beleidigt werden und sich die Bewohner ihrem König nicht unterwerfen sollten, setzte ein Prozess ein, der schließlich im Terror mündete. Der Herzog von Braunschweig teilte mit:

> »Die Stadt Paris und alle ihre Bewohner ohne Unterschied sind schuldig, sich sogleich ihrem König zu unterwerfen, ihn in volle Freiheit zu setzen, und ihm, so wie allen Mitgliedern seiner Familie, die Unverletzlichkeit und die Achtung zu versichern, auf welche nach dem Vernunft- und Völkerrechte die Fürsten gegenüber von ihren Untertanen Anspruch zu machen haben. [...] Ihre Majestäten erklären ferner auf Ihr kaiserliches und königliches Ehrenwort, dass, wenn das Schloß der Tuilerien gestürmt oder sonst verletzt, wenn die mindeste Beleidigung dem Könige, der Königin und der ganzen königlichen Familie zugefügt, nicht unmittelbar für ihre Sicherheit, ihr Leben und ihre Freiheit gesorgt wird, sie eine beispiellose und für alle Zeiten denkwürdige Rache nehmen und die Stadt Paris einer militärischen Exekution und einem gänzlichen Ruine preisgeben, die Verbrecher selbst aber dem verdienten Tode überliefern werden« (Herzog von Braunschweig 1792).

Als das Ultimatum bekannt wurde, stürmte das Volk die Festung des Königs, wobei es auf beiden Seiten viele hundert Tote gab. Und auch der Eintritt Englands und der Niederlande 1793 im Krieg gegen die Französische Revolution führte zu einer Stärkung des machiavellistischen Herrschaftsrealismus. Einer der berüchtigsten öffentlicher Ankläger (*Accusateur Public*) der Französischen Revolution war Antoine Quentin Fouquier-Tinville. Dabei war es ihm anscheinend egal, welche politische Position die Person vertrat, die er hinrichten ließ. Fouquier-Tinville hielt seine adelige Herkunft geheim. Unter anderem war er verantwortlich für die Hinrichtung von Olympe de Gouges, die die *Erklärung der Rechte der Frau und Bürgerin* verfasst hatte und sich gegen die Sklaverei in den Kolonien engagierte.

3.1.3 Der ›Tugendterror‹ oder ›Finis Germaniae‹

Das Schlagwort ›Tugendterror‹ tauchte bereits Mitte des 19. Jahrhunderts in politischen Schriften auf. Allerdings findet es sich bis in die 1960er Jahre des zwanzigsten Jahrhunderts nur sehr sporadisch. Es fällt auf, dass erst mit der 1968er-Bewegung das Bürgertum den ›Tugendterror‹ der Französischen Revolution, insbesondere Robespierres entdeckte. Dies legt die Vermutung nahe, dass es beim Schlagwort ›Tugendterror‹ vorrangig nicht um die Analyse der Französischen Revolution geht, sondern um eine Instrumentalisierung gegen die 68er-Bewegung.

Aber schon im 19. Jahrhundert wurde mit der Verknüpfung von Robespierre und ›Tugendterror‹ vor dem Kommunismus gewarnt. So schrieb Wilhelm Marr:

> »Die Tugend ist Etwas, wofür man trotz allem Schrecken in letzter Instanz doch nur sich selbst Rechenschaft abzulegen hat, ein Etwas, das man *heucheln* kann, ein bequemes Hinterpförtchen zu einem noch bequemern Wohnsitz; die Begebung seines Eigenthums dagegen ist *pracis*, ist ein Faktisches, wobei keine Heuchelei möglich, der Schein nicht gerettet werden kann, weil der gerettete Schein zu Nichts nützen würde. Um wie viel größer muß aber *der* Terrorismus seyn, welcher das dekretirte *Reale* – den Kommunismus – aufrecht halten will, als jener Terrorismus zur Konservirung eines rein *Ideellen* – der Tugend – in der französichen Revolution! [...] Wenn sich aber der Kommunismus uns aufdrängen will, so ist ihm der ›Schrecken‹ noch unentbehrlicher als er es der Tugend war, denn der Fanatismus, welcher sich *verkörpert* hat, kann gar nicht anders als noch weit gewaltthätiger auftreten, als der Tugendterrorismus« (Marr 1848: 148).

Man könnte – vor dem Hintergrund des Stalinismus – hier von einer hellsichtigen Warnung sprechen, wäre nicht Wilhelm Marr mitverantwortlich für eine sehr viel größere ›Verkörperung von Fanatismus‹. Wilhelm Marr ist nicht bekannt geworden für die Wortschöpfung ›Tugendterrorismus‹, sondern für die Wortschöpfung ›Antisemitismus‹. Marr nimmt für sich in Anspruch, als erster das Judentum nicht nur angegriffen, sondern erkannt zu haben, dass diese das Germanentum unterworfen hätten (Marr 1879: 3f.). Diese Täter-Opfer-Verkehrung, die ein typisches Merkmal des Anti-PC-Diskurses ist, findet sich also schon beim Wortschöpfer des Schlagwortes ›Tugendterror‹. Auf der letzten Seite des Pamphlets *Der Sieg des Judenthums über das Germanthum* heißt es:

> »Nur redet weder von *Confessions- noch Racenhass*. Es ist der Schmerz eines unterdrückten Volkes, der aus meiner Feder spricht, eines Volkes, welches unter Eurer Herrschaft heute seufzt [...] das ihr im Laufe der Zeit schrittweise zu Boden geworfen habt. [...] Die ›freisinnige‹ Tagespresse ist uns verschlossen, denn Ihr habt sie zu monopolisiren verstanden! *Ja, die heilige Freiheit selbst ist jüdisches Monopol geworden! Sie muss sich nach sozialpolitischen jüdischen Dogmen richten.* [...] *Finis Germaniae*« (Marr 1879: 48).

Diese Diskussionsmuster sind uns bestens bekannt: Man solle keinen Rassismus (»Racenhass«) unterstellen, Deutschland bzw. das Germanentum sei das wahre Opfer, die Presse ist den Kritikern verschlossen, da sie monopolisiert wurde, ergo: Deutschland schafft sich ab, Finis Germaniae[68]. Wie

68 Zu denjenigen, die an der Formel *Finis Germaniae* anschließen, zählt Gunnar Heinsohn 2005: › Finis Germaniae? Reflexionen über demografische Ursachen von Revolutionen, Kriegen und politischen Niederlagen ‹ (Heinsohn 2005).

bereits 1848, als Marr im Kommunismus und im ›Tugendterrorismus‹ der Französischen Revolution vor allem den ›religiösen Fanatismus‹ als Ursache ausmachte (Marr 1848: 148), sei es auch beim jüdischen Volk die »Energie des theokratischen Fanatismus« gewesen, die wirke, allerdings in anderen Formen als denen von »Feuer und Schwert«:

> »Dieses Volk, die Juden, welches in seiner eigenen Geschichte eine Energie des theokratischen Fanatismus besaß, wie kein anderes Volk auf Erden, dessen theokratischer Codex in Krieg und Frieden geradezu haarsträubend war, hat seine ganze destructive Spannkraft in andere Formen gebracht und in dieser Form die abendländische Welt erobert, was ihm bei der morgenländischen Welt mit Feuer und Schwert nicht gelungen ist« (Marr 1879: 15).

Wilhelm Marr sieht das Problem darin, dass mit der ›Judenemanzipation‹ von 1848 nach und nach die Redaktionsstuben unterwandert hätten:

> »Die Emanzipation einmal errungen, gebot es der natürliche Instinkt, dieselbe zu consolidiren, zu befestigen. Das konnte nur durch die *Presse* und durch das *Vereinswesen* geschehen. In beide fluthete das Judenthum daher ganz folgerichtig wie eine Sturmfluth hinein. Es gebärdete sich ungemein geistes- und vorurtheilsfrei. [...] Das Wort ›Knoblauch‹ genügt schon, um uns Germanen des *Glaubenshasses* zu bezichtigen« (Marr 1879: 24).

Ähnlich argumentiert auch Thilo Sarrazin: die Bewegung von 1968 (Sarrazin 2014: 203), bzw. die Emanzipationsbewegungen (ebd.: 340) hätten mit der Zeit die ›Medienklasse‹ weitaus stärker geprägt, als die Gesellschaft insgesamt (ebd.: 35), daher würde heute die ›Politische Korrektheit‹ »große Teile der Medienklasse« dominieren (ebd.). Eine weitere Parallele findet sich im Gefühl der persönlichen Marginalisierung durch die Medien, wie sich an folgender Anmerkung von Wilhelm Marr zeigt:

> »Denn als ich zu Anfang der Sechziger Jahre in meinem *Judenspiegel* (Hamburg, *Otto Meissner*), indignirt über die Folgen der Judenemanzipation, leidenschaftlich aber *sachlich*, den Kampf gegen die Verjudung der Gesellschaft führte, entstand ein Sturm wider mich, als ob das Orchester von Jericho um 1000 Posaunen verstärkt worden wäre. Aus der ›Journalistik‹ wurde ich förmlich *hinauszumanöveriren* versucht und bis auf den heutigen Tag ist mir ein *selbständiges* Wort, über was immer für eine Frage, in der verjudeten Tagespresse *nicht möglich*. Ich ward hingestellt als ein ganz gemeiner, religiös-fanatischer ›Hepp-Hepp-Rufer‹, trotzdem jede Zeile meines ›Judenspiegel s‹ das Gegentheil darthat. Ich hatte eben in das semitische Wespennest gestochen« (Marr 1879: Anm. S. 24f).

Das Jahr 1879, in dem Wilhelm Marr sein antisemitisches Pamphlet schrieb, gilt als das Jahr, in dem der eliminatorische Antisemitismus begann. Marr verfasste in dem Jahr die »Statuten der Antisemitenliga«, mit denen ein Bündnis aller »nicht-jüdischen Deutschen« gegründet werden sollte mit dem Ziel »das deutsche Vaterland vor der vollständigen Verjudung zu bewahren« (Statuten der Antisemiten-Liga (1879).

Neben Wilhelm Marr gilt Heinrich von Treitschke als Wegbereiter des deutschen Antisemitismus. In seinem Aufsatz *Unsere Aussichten* von 1879 fand sich sein Satz »Die Juden sind unser Unglück!«, der später zum Schlagwort der nationalsozialistischen Zeitung *Der Stürmer* werden sollte. Volker Weiß sieht in Treitschkes Aufsatz *Unsere Aussichten* eine Vorwegnahme der Gutmenschen-Abwehrstrategie:

> »Treitschke konstruiert darin eine Bedrohung des Reichs durch osteuropäische Juden, die sich bereits mit der Frage nach der Assimilation von Einwanderern mischt: ›(Ü)ber unsere Ostgrenze aber dringt Jahr für Jahr aus der unerschöpflichen polnischen Wiege eine Schar strebsamer hosenverkaufender Jünglinge herein, deren Kinder und Kindeskinder dereinst Deutschlands Börsen und Zeitungen beherrschen sollen; die Einwanderung wächst zusehends, und immer ernster wird die Frage, wie wir dies fremde Volkstum mit dem unseren verschmelzen können.‹ Neben diesen Ausführungen enthält Treitschkes Text bereits einige wohlfeile Angriffe auf Positionen, die heute als ›gutmenschlich‹ bezeichnet werden würden. So schreibt er: ›Das erwachte Gewissen unseres Volkes wendet sich vornehmlich gegen die weichliche Philanthropie unseres Zeitalters.‹ Der Kontext dieser Einschätzung ist, dass ein zeitgenössisches Pamphlet, das sich gegen eine zu menschliche Behandlung von Sträflingen in den wilhelminischen Zuchthäusern aussprach, auf Kritik gestoßen war: Treitschkes Kommentar dazu ist verblüffend ähnlich zur Reaktion der Verteidiger Sarrazins: ›Warum ist diese streng sachlich gehaltene Schrift bereits durch Entrüstungsmeetings und grimmige Verachtungsresolutionen der radikalen Parteien beantwortet worden? Weil die Helden der philanthropischen Phrase im Stillen fühlen, dass der tapfere Verfasser, obwohl seine Sätze im Einzelnen sich vielfach bestreiten lassen, im Wesentlichen doch nur ausspricht was Hunderttausende denken‹« (Weiß 2011).

Mit Treitzschke und Marr sind die beiden zentralen Begründer des deutschen Antisemitismus zugleich die Begründer eines wilhelminischen Anti-PC-Diskurses. Der Antisemitismus scheint von Beginn an auf die Diffamierung der Primärtugenden (›Tugendterror‹) und von Menschlichkeit (›weichliche Philanthropie‹) angewiesen zu sein.

3.1.4 Die preußischen Tugenden

Oswald Spengler, bekannt durch sein Buch *Der Untergang des Abendlandes* hatte als Vorstudie 1919 den Aufsatz *Preußentum und Sozialismus* publiziert. Er sah im Sozialismus die für das Preußentum angemessene Staatsform, wobei ›sein‹ Sozialismus eine antimarxistische Prägung hatte, da Spengler ein Vertreter der konservativen Kreise der Weimarer Republik war. Spengler spricht von einem »autoritativen Sozialismus«, der antidemokratisch und auf Befehl und Gehorsam basierend sei und so »preußischem Instinkt« entspreche:

> »Der deutsche, genauer preußische Instinkt war: die Macht gehört dem Ganzen. Der einzelne dient ihm. Das Ganze ist souverän. Der König ist nur der erste Diener seines Staates (Friedrich der Große). Jeder erhält seinen Platz. Es wird befohlen und gehorcht. Dies ist, seit dem 18. Jahrhundert, autoritativer Sozialismus, dem Wesen nach illiberal und antidemokratisch, soweit es sich um englischen Liberalismus und französische Demokratie handelt. Es ist aber auch klar, daß der preußische Instinkt antirevolutionär ist« (Spengler 1933: 14).

Im heutigen Begriff des Deutschen sei die »Summe von Tatsachen, Disziplin, Korpsgeist, Energie ein Versprechen der Zukunft«:

> »Aber echt preußische Wirklichkeiten sind bis jetzt nur die Schöpfungen Friedrich Wilhelms I. und Friedrichs des Großen: der preußische Staat und das preußische Volk. Indessen jede überlegene Wirklichkeit ist fruchtbar. Im heutigen Begriff des Deutschen, im heutigen Typus des Deutschen ist das preußische Element verjährten Ideologien gegenüber bereits stark investiert. Die wertvollsten Deutschen wissen es gar nicht. Es ist mit seiner Summe von Tatsachensinn, Disziplin, Korpsgeist, Energie ein Versprechen der Zukunft, noch immer aber nicht nur im Volke, sondern in jedem einzelnen von jenem Wirrwarr absterbender, der abendländischen Zivilisation gegenüber nichtssagender und gefährlicher, obwohl oft sympathischer Züge bedroht, für die das Wort »Deutscher Michel« längst bezeichnend geworden ist« (Spengler 1933: 29).

Spenglers ›Sozialismus‹ geht einher mit einem »tiefe[n] Standesbewußtsein«, einem »Gemeingefühl der Arbeit« und des Ranges:

> »Statt dessen hat der preußische Stil das ebenso starke und tiefe Standesbewußtsein gezüchtet, ein Gemeingefühl nicht des Ruhens, sondern der Arbeit, die Klasse als Berufsgemeinschaft, und zwar des Berufs mit dem Bewußtsein, für alle, für das Ganze, für den Staat wirksam zu sein: den Offizier, den Beamten, nicht zuletzt die Schöpfung Bebels, den klassenbewußten Arbeiter. Wir haben eine Symbolik in Worten dafür: oben heißt es Kamerad, in der Mitte Kollege, unten in genau demselben Sinn Genosse. Es liegt eine hohe Ethik darin nicht des Erfolges, sondern der Aufgabe. Die Zugehörigkeit gibt nicht der Reichtum, sondern der Rang. Der Hauptmann steht über dem Leutnant, mag der auch Prinz oder Millionär sein. Das französische *bourgeois* der Revolution sollte die Gleichheit unterstreichen, was weder dem englischen noch dem deutschen Sinn für Distanzen entspricht. Wir Germanen unterscheiden uns nur durch die Herkunft dieser Distanzen, das Distanzgefühl selbst ist uns gemeinsam« (Spengler 1933: 36f.).

Der Rang unterscheide nach der »Aufgabe«, nicht nach »Erfolg«; nach »Leistung«, nicht nach »Besitz«. Die »berufsständische[n] Körperschaften« seien in einem Land der Arbeit die hierarchischen Entscheidungsinstitutionen, es brauche daher weder Parteien noch periodische Wahlen:

> »In einem Lande, wo Arbeit die allgemeine Pflicht und der Inhalt des Lebens sein sollte, unterscheiden sich die Menschen nach ihrer Leistung, nicht nach ihrem Besitz. Also örtliche berufsständische Körperschaften nach Maßgabe der Bedeutung dieser Berufe im Volksganzen; höhere Vertretungen bis hinauf zu einem obersten Staatsrat; jederzeit widerrufliche Mandate; also keine organisierten Parteien, keine Berufspolitiker, keine periodischen Wahlen« (Spengler 1933: 63).

Spenglers ›preußische Tugenden‹ (die »Summe von Tatsachen, Disziplin, Korpsgeist, Energie«) entsprach einem Ständestaat, der ganz auf Arbeit ausgerichtet sei. Diese ›preußischen Tugenden‹ wurden im ›sozialistischen‹ Ständestaat des Nationalsozialismus ›soldatische Tugenden‹ genannt, was keinen großen Unterschied macht, da die preußischen Tugenden vom ›Soldatenkönig‹ Friedrich Wilhelm I. ausgingen. Die Ideen Spenglers zum preußischen Ständestaat, der auf preußischen Tugenden beruhen solle, wurden nach dem Krieg maßgeblich von Hans-Joachim Schoeps weitergetragen. Dieser hatte (bis in die 1970er Jahre hinein) versucht, die Monarchie wieder zu errichten (Spiegel 1954). Aufgrund seiner antidemokratischen Forderungen (»für die Errichtung eines Zwei-Kammer-Systems, für die Etablierung eines Eliten-Wahlrechts und für die Wiedereinführung der monarchischen Staatsform in Deutschland« (Kroll 2007: 435)) kam es seit 1968 zu Boykottaufrufen gegen seine Vorlesungen. Nach einer Rede Schoeps im Jahr 1969, die als ›Initialzündung‹ wirkte, wurde der ›Zollernkreis‹ gegründet, aus dem 1975 das ›Preußeninstitut‹ entstandt (Bauerschmidt u.a. 1996). Derzeitiger Präsident des Preußeninsitituts ist Hans Seubert. der zudem Präsident des rechtskonservativen ›Studienzentrums Weikersheim‹ ist. Das Studienzentrum Weikersheim wurde vom ehemaligen Ministerpräsidenten Hans Filbinger gegründet, nachdem dieser seinen Ministerposten ablegen musste, als die Öffentlichkeit von seinem Wirken als Jurist in der Nazi-Zeit erfuhr. Nach Angabe der Website wurde das Studienzentrum »1979 gegründet, um die geistige Auseinandersetzung mit der Kulturrevolution von 1968 zu führen und zu bündeln und im Sinn eines freiheitlichen, christlich fundierten Konservatismus auf die Grundlagen des freiheitlichen Rechtsstaates zu verweisen.« In jüngerer Zeit wurde im Studienzentrum Weikersheim die schmittsche Freund-Feind-Differenzierung bemüht von Jost Bauch, Vizepräsident des Studienzentrums Weikersheim, der eine Abkehr von der ›Milchkuh‹-Politik des Wohlfahrtsstaates und eine Hinwendung zum ›Kampf der Kulturen‹ forderte. Zur Proklamierung der sozialen Ungleichheit und dem entsprechenden Kulturkampf gegen 1968 schreibt Volker Weiß:

»Die Befürwortung der sozialen Ungleichheit kollidiert dabei allerdings mit dem humanistisch-westlichen Menschenbild, das Werte wie Solidarität, Mitgefühl und ein adäquates Sozialverhalten in den Mittelpunkt rückt. Daher gehört die trotzige Ablehnung jeder als Gefühlsduselei empfundenen Empathie zum Standardrepertoire elitär orientierter Politik. Kaum eine Betrachtung heikler Themen kommt deshalb mehr ohne die Beschwörung des neuen nationalen Feindbildes aus: des ›Gutmenschen‹. Er gilt als Erbe der ›Achtundsechziger‹, sein Gespenst wandert durch die Onlineforen und Artikel von der Jungen Freiheit bis zum Spiegel. Seine Figur ist komplementär zum Vorwurf der Zensur konzipiert, als populäre Phantasmagorie ist der ›Gutmensch‹ der Akteur gefühlter Repression« (Weiß 2011).

Weiß hatte in seinem Artikel bereits auf den NS-Staatsrechtler Carl Schmitt verwiesen, dessen Verständnis von Politik in einem Freund-Feind-Denken besteht und der entsprechend moralische Bedenken als Gutmenschentum abtat. Im Zusammenhang mit der Verfolgung des Sozialpsychologen Peter Brückner wurde die ›innerstaatliche Feinderklärung‹ bereits thematisiert: Der Feind (im obigen Fall Peter Brückner) wird als Feind entmenschlicht, daher muss argumentativ eine Kritik der Entmenschlichung abgewehrt werden und hier kommt der ›Anti-Gutmenschen‹-Diskurs ins Spiel.

3.1.5 Von den preußisch-soldatischen zu den bürgerlichen Tugenden

Nach der Zerschlagung des nationalsozialistischen Regimes wurde im Westen statt von ›preußischen‹ oder ›soldatischen Tugenden‹ von ›bürgerlichen‹ oder ›Sekundärtugenden‹ gesprochen. Ende der 1950er Jahre gab der Philosoph und Pädagoge Otto Friedrich Bollnow das Buch *Wesen und Wandel der Tugenden* heraus, in dem er neue Tugenden neben den Kardinaltugenden aufführte, beispielsweise ›Fleiß‹ und die drei »bürgerlichen Tugenden« ›Ordnung‹, ›Sparsamkeit‹ und ›Reinlichkeit‹. Bollnow, der 1933 in Alfred Rosenbergs ›Kampfbund deutscher Kultur‹ eintrat und zu den Professoren zählte, die sich zu Hitler und der NSDAP bekannten, beklagte in diesem Buch das »Absinkende Verständnis des Wortes Tugend«. Dies führte er darauf zurück, dass Tugend mit Passivität und »Leisetreterei« verbunden werde. Tatsächlich sei aber seit der Antike unter Tugend Tauglichkeit/ Tüchtigkeit verstanden worden und neben dem Bezug zur Tüchtigkeit stellt er auch einen Zusammenhang des Tugendbegriffs zum Übermenschen her:

»Bei den Griechen etwa entsprach unserm Wort Tugend das Wort areté, aber dieses Wort hatte nun noch gar nichts von diesem verächtlichen Nebenklang der heutigen Tugendhaftigkeit, areté war die Tüchtigkeit, die Tauglichkeit allgemein, die »Bestheit« (Schadewaldt), nicht nur von einem Menschen, sondern auch

> von einem Tier oder sogar von einem Werkzeug. Das Pferd beispielsweise hatte die areté der Schnelligkeit und das Messer die der Schärfe. Und wir denken daran, daß es ursprünglich mit dem deutschen Wort Tugend nicht viel anders ist; denn auch das kommt von »taugen« her und bezeichnet ursprünglich die Tüchtigkeit in einem allgemeinen und noch gar nicht spezifisch moralischen Sinn. [...] Bei den Römern entspricht unsrer Tugend das Wort virtus, und das leitet sich von vir, der Mann, her. Tugend wird demnach gleichbedeutend mit Männlichkeit und den die Männlichkeit auszeichnenden Eigenschaften. Das ist also eine ganz andre Weise der Auffassung. Von hierher kommend kann dann das italienische Wort virtù gradezu zur auszeichnenden Eigenschaft des gewaltsamen Renaissance-Menschen werden. Es bezeichnet hier die unwiderstehliche, aber auch hemmungslose Kraftentfaltung des Übermenschen. Und daraus wiederum leitet sich der Begriff der Virtuosität ab, der zur formalen Vollkommenheit gebrachten Leistung« (Bollnow 1958: 12f).

Es kommt Bollnow wenige Jahre nach dem Krieg und den grauenhaften Gewalttätigkeiten des NS-Regimes gar nicht in den Sinn, dass der Tugendbegriff aufgrund dieser nietzeanisch-machiavellistischen Aufladung zum Uomo Virtuoso, zum Übermenschen, in Verruf geraten sein könnte. Im Gegenteil. Die »zunehmende Veräußerlichung« des Begriffs Tugend im christlichen Mittelalter sei es, die »dann im 19. und 20. Jahrhundert zu dem uns verdächtig gewordenen Tugendbegriff« hinüberführe. Mit der Tugend sei ursprünglich eine sehr viel »kräftigere Auffassung« verbunden gewesen (ebd.: 13). Der Fleiß und die ›bürgerlichen Tugenden‹ seien explizit erst mit der Aufklärung, also mit dem Beginn der bürgerlichen Gesellschaft, als Tugenden benannt worden. Neben dem Fleiß listet Bollnow »die Arbeitsamkeit, die Ordnungsliebe, die Reinlichkeit, die Mäßigkeit, die Beständigkeit, die Bescheidenheit« (Bollnow 1949:362) auf. Er verweist auf Kant und auf die Pädagogik, bspw. Campes *Sittenbüchlein für Kinder*, in dem die Bedeutung des Fleißes hervorgehoben und vor Trägheit gewarnt werde (ebd.). Mit der Romantik setzte jedoch eine Gegenbewegung ein, die sich von diesen Werten abgrenze. So lehne sich schon im ›Werther‹ Goethes »der Held gegen die umständliche Genauigkeit seines Vorgesetzten auf: ›Der Gesandte macht mir viel Verdruß ... Er ist der pünktlichste Narr, den's nur geben kann; Schritt vor Schritt und umständlich wie eine Base‹» (ebd.: 364).[69] Bollnow betont allerdings, dass auch ›Sturm und Drang‹ und die Romantik nicht gegen die bürgerlichen Tugenden generell vorgegangen seien, sondern gegen deren Absolutierung. Man müsse unterscheiden zwischen den »hohen« und den »niederen« Tugenden. »Der

69 Die Kritik an dieser Spießigkeit nimmt Ulrich Plenzdorf in seinem Roman *Die neuen Leiden des jungen W.* auf und wendet sie gegen Alltagserscheinungen in der DDR.

Fleiß ist eine relative und keine absolute Tugend« (ebd.: 367). Als relative Tugend gibt Bollnow dann jedoch dem Fleiß einen außergewöhnlich großen Stellenwert:

> »Die formende Kraft erwächst erst aus der Selbstüberwindung. Aber auch hier genügt wiederum nicht der einzelne Akt der Entsagung, der in der bloß augenblicklichen Anstrengung beruht und ebenso rauschhaft erfolgen kann, aber auch nicht einmal die Zucht einer beständigen Askese, solange sie den Menschen in der Passivität läßt und nicht dienend auf ein andres Ziel bezogen ist. Hierzu bedarf es erst der disziplinierten, anhaltenden Aktivität, also genau derjenigen Tugend, die wir als Fleiß bezeichnen. Damit gewinnt der Fleiß dann über allen Selbstzweck und über allen Nutzen im praktischen Leben hinaus eine ganz entscheidende Schlüsselstellung im Aufbau des gesamten sittlichen Lebens. Man übertreibt kaum, wenn man dem bekannten und schon angeführten Sprichwort ›Müßiggang ist aller Laster Anfang‹ auch die entsprechende Umkehrung gegenüberstellt: ›Fleiß ist aller Tugenden Anfang‹. [...] Seine besondere Bedeutung gewinnt damit aber der Fleiß unter dem pädagogischen Gesichtspunkt. Die Erziehung zum Fleiß bedeutet in der Tat den Grundstein aller sittlichen Erziehung. Er hat eine disziplinierende Kraft, die schlechterdings durch keine andre Tugend ersetzt werden kann, und die weit über den Umkreis des wirtschaftlichen Lebens hinausgeht« (Bollnow 1949 :368).

In den 1970er Jahren wurde der Schulkampf entlang dieser ›bürgerlich/preußischen‹ Tugenden geführt, die dann ›Sekundärtugenden‹ hießen.

3.1.6 »Correctnessorientierte Verwerfung der Sekundärtugenden«

> »All das Elend, das in verflossenem Jahre über Preußen hereingebrochen, ist Ihre, einzig Ihre Schule, die Schuld der Afterbildung, der irreligiösen Massenweisheit, die Sie als echte Weisheit verbreiten, mit der Sie den Glauben und die Treue in dem Gemüte meiner Untertanen ausgerottet und deren Herzen von mir abgewandt haben.«
>
> Kaiser Friedrich Wilhelm IV, 1848 gerichtet an die Schulreformer

Die Sekundärtugenden wurden seit den 1960er Jahren vor allem hinsichtlich der Bildungspolitik kontrovers diskutiert. Dies begann mit den Studierendenprotesten gegen die Ordinarien-Universität und nicht zufällig entstand 20 Jahre später das konservative Schlagwort ›political correctness‹ in den US-amerikanischen Campus Wars. Die Studierenden protestierten gegen die Spießigkeit, ja Miefigkeit eines antiquierten Bildungssystem und dessen mangelhaft aufgearbeitete Verstrickungen mit dem Nationalsozialismus: »Unter den Talaren, der Muff von tausend Jahren«. Eine neue Generation von Lehrer*innen ersetzte die autoritären Lehrkräfte, die ihre Ausbildung noch im Nationalsozialismus erhalten hatten. Im Gegensatz zur DDR hatte es in der BRD keine Entnazifizierung der Lehrkräfte gegeben. Bis Mitte/ Ende der 1970er Jahre wurden in der Bundesrepublik Deutschland Bildungsbarrieren abgebaut und autoritäre Bildungsmethoden zurückgefahren, nachdem mit dem ›Sputnik-Schock‹ eine ›Bildungskatastrophe‹ konstatiert worden war. Es wurden Gesamtschulen und Gesamthochschulen eingeführt. Die Bildungsöffnung und -reform währte allerdings nicht lange. Eine konservative Bildungswende setzte bereits in den 1970er Jahren ein. Im Januar 1978 fand der Kongress ›Mut zur Erziehung‹ unter der Schirmherrschaft des damaligen Bundespräsidenten Walter Scheel statt. Dort verabschiedeten konservative Akademiker wie Friedrich H. Tenbruck, Golo Mann, Hermann Lübbe, Robert Spaemann und Nikolaus Lobkowicz ein gleichnamiges Thesenpapier (Lübbe u.a. 1978), welches vom baden-württembergischen Kultusminister Wilhelm Hahn Baden-Württemberg begrüßt wurde. Zu den Mitherausgebern zählt Thomas Manns ältester Sohn, der Historiker Golo Mann. Dieser gab zu, sich mit der Schulpolitik nicht so gut auszukennen, dennoch beklage er, dass Eltern heutzutage kein Mitspracherecht in der Erziehung mehr haben würden. Die neun Thesen zur Schulpolitik waren nach einem einheitlichen Muster aufgebaut: Einer imaginären Person werden überzeichnete Thesen in den Mund gelegt und mit einer Antwort, die *ex cathedra* mit »In Wahrheit« beginnt, zu widerlegen versucht (Tugendhat 1978). In den neun Thesen wandten sich die Konservativen vor allem gegen eine Fokussierung der Bildungspolitik auf Chancengleichheit. Und sie forderten eine Rückbesinnung auf Sekundärtugenden: »Wir wenden uns gegen den Irrtum, die Tugenden des Fleißes, der Disziplin und der Ordnung seien pädagogisch obsolet geworden, weil sie sich als politisch missbrauchbar erwiesen haben. In Wahrheit sind diese Tugenden unter allen politischen Umständen nötig ...« (Lübbe u.a. 1978).

Während des 6. Kongresses der ›Deutschen Gesellschaft für Erziehungswissenschaft‹ in Tübingen formulierten die Teilnehmenden mit der ›Tübinger Erklärung‹ eine Kritik an dem Papier ›Mut zur Freiheit‹. Insbesondere die Zurückweisung der Erziehungsziele Glück, Mündigkeit und Gleichheit wurde kritisiert:

> »Die in den Thesen attackierten Begriffe von Glück, Mündigkeit und Gleichheit gehören seit der Aufklärung zu den zentralen Leitbegriffen unserer Gesellschaft und Erziehung. In den Thesen werden diese Begriffe ganz einseitig gefasst, aus ihren ursprünglichen Zusammenhängen herausgerissen und damit politisch und moralisch diskreditiert« (Tübinger Erklärung 1978).

Der Philosoph Ernst Tugendhat, der mit seiner jüdischen Familie als Achtjähriger aus Deutschland fliehen musste, befasste sich im *Zeit*-Artikel *Totalitäre Tendenz. Es wird eine Schule anvisiert, die Untertanen, nicht Bürger erzieht* mit den neun Thesen, die sich auf ein Erziehungsziel zusammenfassen ließen, die Sekundärtugenden:

> »wenn man sich fragt, wo in diesen Thesen positive Erziehungsziele genannt werden, kommt man zu dem niederschmetternden Ergebnis, daß alle Thesen nur abwehren, nur Antithesen sind, mit der einen Ausnahme dieser 3. These, daß also Fleiß, Disziplin und Ordnung die *einzigen* Erziehungsziele sind, die genannt werden« (Tugendhat 1978).

Tugendhat warnt mit deutlichen Worten vor reaktionären Gesinnungen, die eine »Pseudomoral ins Auge fassen«,

> »von der – um mit Kant zu sprechen – der Mensch nicht mehr als Zweck an sich, sondern nur noch als Mittel gedacht wird, so daß die von ihm erwarteten ›Tugenden‹ die Tugenden eines Werkzeugs sind. Und in der Tat: soweit aus den neun Thesen erkennbar, kann mit dem in der 2. These erwähnten ›Tun des Rechten‹ nichts anderes gemeint sein als die Tugenden, die dann in der 3. These aufgeführt werden: ›Fleiß, Disziplin und Ordnung.‹ Ist es denn möglich, daß die Autoren nicht bemerkt haben, daß sie damit den Typus Adolf Eichmann zur Zielnorm der Erziehung gemacht haben?« (Tugendhat 1978)

1979 kamen Vertreter des Papiers ›Mut zur Erziehung‹ und der ›Tübinger Erklärung‹ zu einem Schlagabtausch zusammen. Während die Erziehungswissenschaftler der ›Tübinger Erklärung‹ fachwissenschaftlich argumentierten, agierten die konservativen Akademiker »offensiv und aggressiv und verfolgten eher ein politisches denn ein pädagogisches Ziel« (Voland 1979). In einem Beitrag für den konservativen *Bund Freiheit der Wissenschaft* schlägt Hermann Lübbe 2009 die Brücke zwischen einem Plädoyer für Sekundärtugenden und der Kritik an Correctness. Es fällt auf, dass Lübbe die englische Vokabel benutzt und dass er nicht von ›political correctness‹ spricht, sondern nur von ›correctness‹.

Lübbe spricht sich dort unter Rückgriff auf Aristoteles durchaus dafür aus, dass nicht jede Meinung diskutiert werden müsse und führt als Beispiel »Elternliebe« an. Diese sei unhinterfragbar, ein Common Sense, wer solche Konsensansprüche nicht teile, solle von der öffentlichen Meinungsbildung ausgeschlossen werden, daher sei die Kontrolle öffentlicher Meinungsbildung wichtig. Das Problem bestehe nach Lübbe allerdings darin, dass aufgrund der Komplexität unserer Welt nicht mehr der alte Gemeinsinn gelte, sondern dass sich »Correctnessphänomene« durchgesetzt hätten, die in den »correctnessdurchherrschten« Sphären der Massenmedien Minderheiteninteressen durchsetzen:

> »Moral, die uns doch als die breite Straße gewiesen sein sollte, wo jedermann geht und niemand sich auszeichnet, wird zum Höhenweg, dessen Findung Expertenwissen voraussetzt und für dessen Begehung man sich zu Seilschaften zusammenschließen müsste. Politische Gegensätze werden von Tugendwächtern, statt überwunden, geschärft. Der Anstand wird parteilich, das Gemeine verächtlich und die Orientierung am Gemeinen als Populismus verdächtig« (Lübbe 2009).

Lübbe halluziniert eine widerspruchsfreie heile Welt. Er lehnt gar nicht generell die Moral ab, sondern nur die aktuelle Moral. Es ist unklar, welche Gesellschaft aus der Vergangenheit ihm vorschwebt, in der es noch einen »Gemeinsinn« gegeben haben soll. Lübbe zitiert Aristoteles »Elternliebe« als eine von »zahlreichen moralischen Regeln«, die eine »Pflicht von gemeinsinnsgeschützter Trivialität« sei. Diesem »Bürgersinn« stünden die »Correctnessregeln« »bei Intellektuellen und Absolventen kritischer Schulen«[70] gegenüber. Lübbe arbeitet vier Aspekte der Correctness heraus:

(1) Correctnessregeln bedienen in einer Zeit der komplexen Globalisierung das Bedürfnis nach einer »Rückversicherung«, nach einer »moralischen Pseudogewissheit«.
(2) Gegenargumente gegen die Correctness werden als »Zynismus« denunziert.
(3) Correctness ist ein Herrschaftssystem, welches sich selber seine Grundlagen schafft.
(4) Correctness stellt andere als unmoralisch dar.

Seine Beispiele bilden dabei nicht eine politisch-willkürliche ›Correctness‹ ab, sondern ausschließlich emanzipatorische und ökologische Forderungen: Abholzung des Tropenwaldes, Ausstieg aus der Atomenergie, Arbeitszeitverkürzung, Abbau von Bildungsbarrieren. Er warnt dabei vor der »konsequenten Wegarbeit aller Standes- und Klassenschranken gleichheitshalber«. Alle vier Punkte der Correctness könnten aber inhaltlich – und sogar sehr viel kongruenter – mit konservativen Forderungen nach den Sekundärtugenden gefüllt werden. Dies würde sich dann Korrektheit nennen und in der Tradition der Korrektionsanstalten stehen. Dass mit den Menschenrechtserklärungen und den Diskriminierungsverboten ein formulierter »Gemeinsinn« existiert, darüber geht Lübbe hinweg. Gegen

70 Hier findet sich eine deutliche Parallele zur Kulturmarxismus-These, wie sie der Rechtsterrorist Breivik vertritt.

die Menschenrechte und ihre Verankerung in den Willensbekundungen supranationaler Institutionen wie den Vereinten Nationen und der EU fordert er einen rechten Populismus:

> »In Übereinstimmung mit tatsächlich beobachtbaren verfassungsrechtspolitischen Entwicklungen haben wir eher zu erwarten, dass dem Common Sense institutionalisierte Entscheidungskompetenzen zuwachsen, die ihm bisher gar nicht gegeben waren – vielerlei Formen direkter Demokratie mit ihrer Tendenz der moralischen Trivialisierung politischer Großziele und der Unterwerfung der Leistungen der Experten unter kollektivierte Urteile ihrer Bekömmlichkeit. Correctnesswächter sind ihrer Sache stets zu sicher, und das ist erwiesenermaßen unbekömmlich. Die Stimmbürger in hochentwickelten modernen Gesellschaften merken das und stimmen sie nieder.«

3.2. Zur Geschichte des rechten Schlagworts ›Political Correctness‹

Das Schlagwort ›Political Correctness‹ wurde bekannt als rechtskonservative Zuschreibung gegen emanzipatorische positive Maßnahmen, die in den Vereinigten Staaten unter ›Affirmative Action‹ bekannt sind, also Anti-Diskriminierungs-Maßnahmen. Zuvor wurde ›Political Correctness‹ in der linken Szene benutzt, zum Teil selbstironisierend, zum Teil aber auch gegen die ›politische Linie‹ von Parteimarxist*innen gerichtet.

3.2.1 Campus Wars – US-amerikanischer ›Kulturkampf‹

Mathias Hildebrandt macht in seinem Buch *Multikulturalismus und Political Correctness in den USA* von 2005 deutlich, dass die Vokabel ›Political Correctness‹ erst in den Campus Wars/ Cultural Wars bekannt wurde. Eine Auswertung der Printmedien konnte sehr deutlich zeigen, dass der Begriff erst ab 1990 bekannt wurde. Gab es Mitte der 1980er Jahre keine Erwähnung, ließen sich zwischen 1990 und 2000 bereits 32 Erwähnungen nachweisen, die dann bis 2004 auf mehrere Tausend jährlich anwuchsen.

> »In den USA avancierte er zu einem der zentralen politischen Kampfbegriffe und dominierte die innenpolitischen Auseinandersetzungen im Rahmen der Culture Wars. [...] Auch das Fernsehen, als das wichtigste amerikanische Massenmedium, stand zu Beginn der 90er Jahre nicht lange abseits und ließ sich vom PC-Fieber erfassen. Ähnlich wie Pat Buchanans Verwendung des Begriffs *Culture Wars* eine Katalysatorwirkung für das mediale Interesse an dem Topos ausübte, beförderte eine Rede George Bushs, die er am 4. Mai 1991 an der *University of Michigan* hielt, in der er vor der Gefährdung der Redefreiheit durch Political Correctness warnte, die mediale Karriere dieses Begriffs« (Hildebrandt 2005: 77).

1985	0	1990	32
1986	0	1991	761
1987	3	1992	934
1988	5	1993	1698
1989	4	1994	2648

LexisNexis Datenbank Recherche zum Begriff Political Correctness in den US-amerikanischen Printmedien (nach: Hildebrandt 2005: 77).

Interessant an den Ausführungen Hildebrandts ist auch wieder der Umstand, dass alle Medien und selbst der Präsident der Vereinigten Staaten in einer Rede an einer Hochschule ein vermeintliches Redeverbot durch eine vermeintliche ›Political Correctness‹ konstatieren. Wenn weder Medien, noch Hochschulen, noch der Präsident die Rede verbieten, inwiefern lässt sich dann von einem Redeverbot sprechen? Bei den ›culture wars‹ ging es darum, dass Konservative und Paläokonservative wie Pat Buchanan in einem konservativen Sinn die Definitionsmacht über Begriffe zurückerlangen wollten. Parallel gab es an Hochschulen Kontroversen über eine Erweiterung des konservativen Bildungskanons, Affirmative Action und das Verbot von Hatespeech.

3.2.2 Politische Korrektheit im deutschsprachigen Kontext

Import von Anti-PC: Mattusek, Zimmer, Schwanitz

Vor 20 Jahren, 1993, holten der ehemalige Leiter des Kultur-Ressorts des *SPIEGELS*, Matthias Matussek, und der ehemalige Feuilletonchef der *ZEIT*, Dieter E. Zimmer, den Anti-Political-Correctness-Diskurs in den deutschsprachigen Raum. Mattusek[71], der jetzt als bekennender Katholik

71 Weshalb Mattussek die Anti-PC-Kampagne so wichtig ist, zeigt sich auch zwanzig Jahre später noch. So heißt es im Artikel ›Ich bin wohl homophob. Und das ist auch gut so‹ vom 13.02.2014 in der Welt: »Der Philosoph Robert Spaemann hatte es in einem Interview mit der ›Welt‹ so ausgeführt: ›Das Natürliche ist auch moralisches Maß für die Beurteilung von Defekten. Nehmen Sie die Homosexualität: Die Abwesenheit der sexuellen Anziehungskraft des anderen Geschlechts, auf dem die Fortexistenz der menschlichen Gattung beruht, ist ein solcher Defekt. Aristoteles nennt das einen Fehler der Natur. Ich sage, es ist einfach ein unvollständig ausgestattetes Wesen, wenn es über die Dinge nicht verfügt, die zu einem normalen Überleben gehören.‹ So, und nun lasse ich mich gerne dafür steinigen, dass ich Spaemann und Aristotels zustimmend zitiere. Oder auch dafür, dass ich keine Lust habe, mich von den Gleichstellungsfunktionären plattmachen zu lassen, egal wie oft sie mir vorhalten mögen, dass es auch in der Natur bei irgendwelchen Pantoffeltierchen Homosexualität gebe und dass meine Haltung mittelalterlich sei.« (Mattussek 2014)

auftritt, war jahrelang für seine antifeministischen Artikel bekannt. Zimmer hatte bereits in den 1970ern Intelligenzvererbungs-Thesen vertreten und gab Anfang des Jahres im Zuge des Sarrazin-Bestsellers *Deutschland schafft sich ab* ein neues Buch zur Intelligenz-Vererbung heraus. Wir haben hier also einen fast 20 Jahre alten Diskurs, der gegen Gleichheitsvorstellungen eingesetzt wird. Die Kritik von Dieter E. Zimmer an ›PC‹ ist von einer deutlichen Stoßrichtung gegen emanzipatorische Bestrebungen, gegen Antidiskriminierungsmaßnahmen geprägt. So schreibt er:

> »PC – das ist also unter anderem das Bemühen, die anerkannten Opfergruppen sprachlich aufzuwerten und wenn schon nicht aus dem Leben, so zumindest aus der Sprache alles zu tilgen, was irgendwie an ihre Missachtung, ihre Stigmatisierung erinnern könnte. Wie weit das gehen kann, macht der Katalog einer Studentenorganisation des Smith College klar. Zu Tabus erklärte er nicht nur die Standard-Ismen, die man hier erwartet: Rassismus (›Unterdrückung anderer Gruppen‹), Ethnozentrismus (›Unterdrückung anderer Kulturen‹), Sexismus (die Diskriminierung von Frauen), Heterosexismus (die Diskriminierung von Homosexuellen), ›Klassismus‹ (›Unterdrückung der Arbeiterklasse‹ – um auch den übriggebliebenen Marxisten einen Platz innerhalb der PC zu lassen)« (Zimmer 2006).

1995 veröffentlichte Dietrich Schwanitz den Roman *Der Campus*. In dem Buch geht es zentral um einen Hochschulprofessor, dem zu Unrecht vorgeworfen wird, eine Studentin vergewaltigt zu haben. Der Roman wertet Arbeiter und ^Unterschicht^ ab, die Frauenbeauftragte und der AStA werden negativ überzeichnet, sie starten eine Hetzkampagne gegen den Professor. Ein Hamburger Journalist klärt ihn schließlich auf, dass es sich bei der Kampagne um eine Strategie handelt, die sich »Politische Korrektheit« nennt. 1998 wird der Roman verfilmt (Produzent: Bernd Eichinger, Regisseur: Sönke Wortmann, Hauptdarsteller: Heiner Lauterbach), allerdings wird im Film der konservative Kontext (Burschenschaft) durch eine liberale Einstellung (Wohngemeinschaft) ersetzt. Schwanitz veröffentlichte zudem das Buch *Bildung. Alles was man wissen muss*. Der Untertitel verweist auf den in den US-amerikanischen Campus-Wars umstrittenen Bildungskanon. Schwanitz klärt auf:

> »Politische Korrektheit
> Der Sozialismus ist also nach seinem Zusammenbruch von einem Kulturalismus beerbt worden, der Diskurstheorie, Dekonstruktion und Feminismus gleichermaßen kennzeichnet. Der Marxismus arbeitete noch mit einer Relativierung des Gegners durch den Nachweis von dessen falschem Bewußtsein. Die kulturalistischen Theorien dagegen sind schon ihre eigenen Programme: Da sie von den Symbolsystemen als verkappten Herrschaftsinstrumenten handeln, geht es ihnen um die Eroberung der Diskurse durch eine Form der moralischen Nötigung.

Dem kommt entgegen, daß die alte Linke mit ihrem geschichtsphilosophischen Programm auch das Kriterium für die Unterscheidung zwischen sich selbst und ihren Gegnern verloren hat: »Wir repräsentieren die Zukunft, sind also die Progressiven; die ändern sind die Vertreter der Vergangenheit, also die Reaktionäre.« Statt dessen griff man auf eine moralische Differenz zurück: »Wir sind die Guten, die ändern sind die Bösen.« Das führt zur Moralisierung des Meinungsmarktes durch semantische Schaukämpfe und Kampagnen: Ein falsches Wort in der Öffentlichkeit, und schon bist du reif für die Vorführung vor dem Wohlfahrtsausschuß. Das Rauschen der Diskurse wird begleitet von den Verhören der Ketzerprozesse und den Bußpredigten der Priester, die eine wahre Anschuldigungsindustrie unterhalten, um die Altäre der politischen Korrektheit mit dem Blut der Schlachtopfer rotzufärben. Mit anderen Worten: Der Meinungsmarkt ist selbst ein Schlachtfeld geworden. Man kann falsch und richtigliegen, man muß also vorsichtig sein. Zur Orientierung gibt es beleuchtete Warnschilder mit Aufschriften wie »Faschistisch. Betreten verboten – Lebensgefahr«; »Machistisch. Betreten auf eigene Gefahr. Söhne haften für ihre Väter«; »Achtung! Schlechte Wegstrecke . Eurozentrisch. Logozentrisch. Phallokratisch«; »Vorsicht, elitär«; ›Biologistisch. Schleudergefahr‹» (Schwanitz 1999: 359).

1996 begann eine Kampagne der neurechten Wochenzeitung *Junge Freiheit* mit einem Aufkleber ›PC Nein Danke‹. 2004 entstand das rechtspopulistische Blog *Politically Incorrect* mit ca. 6000 Aufrufen täglich.

George Orwells Vereinnahmung

In diesem Abschnitt möchte ich herausarbeiten, wie George Orwells eigentliche Intention auf den Kopf gestellt wurde. In die Rede vom ›neuen Tugendterror‹, ›Gutmenschentum‹, ›Political Correctness‹ reiht sich wie selbstverständlich die Vokabel ›Neusprech‹ ein.[72] Verschiedene Begriffe aus Orwells *1984* wurden von rechtskonservativen und faschistischen Diskursen beschlagnahmt, obwohl Orwell sich freiwillig am Spanischen Bürgerkrieg beteiligte, um dort gegen Faschisten zu kämpfen. Orwell kritisierte zwar auch die trotzkistische P.O.U.M., insbesondere deren ›Parteilinie‹, er verteidigte sie aber dennoch gegen ungerechtfertigte Angriffe.[73] Zudem war es ihm wichtig, Faschisten als Faschisten zu benennen:

72 Als Wortneuschöpfung ist auch von ›Gendersprech‹ die Rede.

73 »I was associated with the Trotskyists in Spain. It was chance that I was serving in the P.O.U.M. militia and not another, and I largely disagreed with the P.O.U. M. 'line' and told its leaders so freely, but when they were afterwards accused of pro-Fascist activities I defended them as best it could.« (»Ich war den Trotzkisten in Spanien zugeordnet worden. Es war Zufall, dass ich in der P.O.U.M.-Miliz diente und nicht einer anderen und ich war weitgehend mit der P:O.U.M.-›Linie‹ nicht einverstanden und teilte den Führern dies offen mit, aber als sie im Nachhinein pro-faschistischer Aktivitäten beschuldigt wurden, verteidigte ich sie, so gut wie ich es nur konnte.«) (Orwell 1942)

»What I object to is the intellectual cowardice of people who are objectively and to some extent emotionally pro-Fascist, but who don't care to say so and take refuge behind the formula ›I am just as anti-Fascist as anyone, but –‹. The result of this is that so-called peace propaganda is just as dishonest and intellectually disgusting as war propaganda. Like war propaganda, it concentrates on putting forward a ›case‹, obscuring the opponent's point of view and avoiding awkward questions. The line normally followed is ›Those who fight against Fascism go Fascist themselves.‹ » (»Wogegen ich mich wende ist die intellektuelle Feigheit der Menschen, die objektiv und zum Teil gefühlsmäßig pro-faschistisch sind, die dazu jedoch nicht stehen und Zuflucht hinter der Formel ›Ich bin genau so antifaschistisch wie alle anderen auch, aber-‹ nehmen. Das Ergebnis davon ist, dass die sogenannte Friedenspropaganda genauso unehrlich und intellektuell ekelhaft ist wie die Kriegspropaganda. Wie die Kriegspropaganda konzentriert sie sich auf das Vorbringen eines ›Falls‹, um den Standpunkt des Gegners zu verdecken und unangenehme Fragen zu vermeiden. Die Linie, der normalerweise gefolgt wird, ist: ›Diejenigen, die Faschisten bekämpfen, werden damit selber zu Faschisten.‹») (Orwell 1942).

Wie absurd es ist, dass ausgerechnet Rechte, die die politische Gleichheit zentral bekämpfen, ausgerechnet Orwell für sich übernehmen, zeigt die Erklärung Orwells zu seiner Intention, warum er vor Newspeak/ Neusprech warnt:

»One could, in fact, only use Newspeak for unorthodox purposes by illegitimately translating some of the words back into Oldspeak. For example, ALL MANS ARE EQUAL was a possible Newspeak sentence, but only in the same sense in which ALL MEN ARE REDHAIRED is a possible Oldspeak sentence. It did not contain a grammatical error, but it expressed a palpable untruth – i.e. that all men are of equal size, weight, or strength. The concept of political equality no longer existed, and this secondary meaning had accordingly been purged out of the word EQUAL. In 1984, when Oldspeak was still the normal means of communication, the danger theoretically existed that in using Newspeak words one might remember their original meanings. In practice it was not difficult for any person well grounded in DOUBLETHINK to avoid doing this, but within a couple of generations even the possibility of such a lapse would have vanished. A person growing up with Newspeak as his sole language would no more know that EQUAL had once had the secondary meaning of 'politically equal', or that FREE had once meant 'intellectually free', than for instance, a person who had never heard of chess would be aware of the secondary meanings attaching to QUEEN and ROOK.« (»Man könnte Newspeak tatsächlich ausschließlich nutzen für unorthodoxe Zwecke durch illegitimes Zurückübersetzen einiger Wörter ins Oldspeak. Zum Beispiel ALLE MÄNNER SIND GLEICH war ein möglicher Satz im Newspeak, allerdings allein in dem Sinne, in dem ALLE MENSCHEN SIND ROTHAARIG ein möglicher Satz im Oldspeak ist. Er enthält keinen grammatischen Fehler, aber es ist eine spürbare Unwahrheit ausgedrückt – das hieße, alle Menschen seien von gleicher Größe, gleichem Gewicht oder Stärke. Das Konzept der politischen Gleichheit existierte nicht länger und die sekundäre

Bedeutung war dementsprechend aus dem Wort GLEICH herausgespült worden. In *1984*, als Oldspeak noch das normale Kommunikationsmittel war, bestand theoretisch die Gefahr, sich beim Gebrauch von Newspeak-Wörtern an die originalen Bedeutungen zu erinnern. Praktisch war es für in DOUBLETHINK geübte Leute nicht schwer, dies zu vermeiden, aber innerhalb von ein paar Generationen sollte selbst die Möglichkeit solcher Vorgänge verschwunden sein. Eine Person, die mit Newspeak als alleiniger Sprache aufwächst, wird nicht mehr wissen, dass GLEICH einst die sekundäre Bedeutung ›politisch gleich‹ hatte oder das FREI einst ›intellektuell frei‹meinte , ebensowenig wie eine Person, die nie etwas von Schach gehört hat, sich den daran anhaftenden sekundären Bedeutungen von KÖNIGIN und TURM bewusst wäre.«) (Orwell 1942).

Orwell geht es explizit darum, dass die Sprache emanzipatorische Werte darstellen können muss. D.h. es geht Orwell um eine politische Sprache. Der Anti-PC-Diskurs hingegen stellt Newspeak so dar, als sei die emanzipatorisch durchdachte Sprachgestaltung Newspeak und nicht die gezielte Einfügung von Emanzipations-Abwehr-Schlagworten in die deutsche Sprache. Ein aktuelles Beispiel für ›Neusprech‹ sind die von Rechten als »Kampfbegriffe« eingeführten Wörter ›Politisch korrekt‹ oder ›Gutmensch‹ mit denen emanzipatorisches Engagement oder das Bemühen um eine nicht-diskriminierende und genau benennende Wortwahl verhindert werden solle. So bezeichnet Brigitta Huhnke in ihrem Artikel *›political correctness‹ – ein Mantra nationaler Erweckung*‹ den Anti-PC- und Gutmenschendiskurs als *Neusprech*: »Eine Zeit lang taucht der Neusprech – bereits auf den ersten Blick erkennbar – kursiv gedruckt in allen möglichen politischen Zusammenhängen auf« (Huhnke 1999). Zu den Strategien des PC-Codes gehört die Besetzung und Umdrehung von Begriffen. Hierzu gehört ausgerechnet auch das Wort Newspeak bzw. Neusprech. Wurde dieses Wort von George Orwell in *1984* eingeführt, um vor einer Entpolitisierung von Sprache zu warnen, wird ›Newspeak‹ im PC-Code genau anders herum gewertet: Es wird vor einer Politisierung von Sprache gewarnt und gleichzeitig wird mit Vokabeln wie ›PC‹ Sprache entpolitisiert. Wird bspw. mit dem Binnen-I darauf verwiesen, dass das generische Maskulinum Frauen sprachlich unsichtbar macht, dann ist das ein politischer Akt: es wird das Bewusstsein auf eine androzentrisch orientierte Gesellschaft gelenkt und damit auf die Frage von emanzipatorischer Gesellschaftsveränderung. Mit der Aussage, dieses Binnen-I sei dem Anliegen einer ›Politischen Korrektheit‹ geschuldet, wird vom Gehalt der emanzipatorischen Kritik abgelenkt. Der politische Inhalt wird zur Eigenschaft einer Korrektheit (das Subjekt wird Prädikat) und diese Korrektheit wird als Strategie einer nebulösen Gruppe ausgelegt, die mit dem Großen Bruder aus Orwells Roman gleichgesetzt wird. Auch hier findet wieder eine Umdrehung statt. In Orwells Roman gibt es tatsächlich eine nebulöse Gruppe. Als letztes Beispiel sei auf die Vokabel ›Proles‹ hingewisen, eine Newspeak-Vokabel. 50 Jahre nach dem Erscheinen des Romans hat sich ja tatsächlich ein ähnlich diffamierender Begriff im Deutschen gebildet: ›Prolls‹. Auf den Hinweis, die diffamierende Vokabel ›Prolls‹ doch bitte nicht zu verwenden, könnte es heute gut passieren, dass mit den Begriffen ›Sprachpolizei‹ und ›Neusprech‹ diese Kritik zurückgewiesen wird. Ich möchte hier nur kurz auf zwei Beispiele für die Vereinnahmung Orwells eingehen, nämlich auf den Rechtsterroristen Anders Behring Breivik und auf Sarrazins Vordenker Volkmar Weiss.

Als im April 2012 am Abend nach dem Bombenanschlag von Oslo erste diffuse Informationen durch die Medien gingen, hatte das rechtspopulistische Internet-Forum *Politcally Incorrect* bereits die Schuldigen ausgemacht: es seien natürlich Islamisten gewesen und die christlich-europäische Gesellschaft müsse sich spätestens jetzt von ihrem politisch korrekten *Gutmenschentum* verabschieden und konsequent gegen den Islam vorgehen. Erst spät in der Nacht wurde klar, dass der Täter ein blauäugiger blonder Christ war und genau die Ideologie vertrat, die in Foren und Blogs wie *Polically Incorrect* verbreitet wird. Jetzt war von »Konsequenzen ziehen« im *PI-Forum* nicht mehr die Rede, sondern man müsse Verständnis haben für Breivik, der aufgrund der Sprechverbote der *Political Correctness* quasi explodieren musste. Anders Behring Breivik beginnt sein zusammengestückeltes 1600-seitiges *Manifest 2083* tatsächlich mit einer Attacke gegen ›Kulturmarxismus‹, Feminismus und ›Political Correctness‹. Dieses Manifest ist über Jahre zusammenkopiert worden, es ist also nicht zu verwechseln mit einem dahingekritzelten Abschiedsbrief eines jugendlichen Amokläufers. Breivik hat nicht im Affekt gehandelt, weil ihn etwa *PC* keine Kritik äußern, keine Luft zum atmen ließ, sodass er explodieren musste, sondern umgekehrt, er griff aus zahlreichen öffentlichen Beiträgen die Anti-PC-Ideologie auf und beteiligte sich erfolgreich an deren Verbreitung und auch die Erschießung der Jugendlichen geschah aus dem Kalkül, sein Manifest inklusive seiner Ideologie zu Political Correctness und Kulturmarxismus zu verbreiten. Breivik hatte nicht nur auf seiner Facebook-Seite demonstrativ Orwells auf *1984* als sein favorisiertes Buch verwiesen, sondern auch das einleitende Kapitel »What you need to know, our falsified history and other forms of cultural Marxist/ multiculturalist propaganda (Book 1)« (»Was Sie wissen sollten, unsere verfälschte Geschichte und andere Formen der kulturellen

Marxisten- / Multikulti Propaganda«) (Breivik 2011: 45) seines ersten Buches im *Manifest 2083* mit einem Zitat aus *1984* überschrieben: »Who controls the present, controls the past« (»Wer die Gegenwart kontrolliert, kontrolliert die Vergangenheit«) (ebd.).[74] Auf Seite 380 kündigt er an, dass eine neue Soziologie sich auf zehn Werke/ Autor*innen stützen müsse, als erstes listet er die Bibel auf, danach kommen Machiavelli[75] und George Orwell, auch auf Seite 1402 gibt er George Orwells *1984* an erster Stelle unter den favorisierten Büchern an. Auch der Rassentheoretiker und Erbintelligenzforscher Volkmar Weiss versucht sich an dem Spagat, einerseits egalitäre Vorstellungen von der Gleichheit der Menschen zu bekämpfen und andererseits *1984* für sich zu vereinnahmen. Volkmar Weiss beginnt sein im rechten Leopold-Stocker-Verlag publiziertes Buch mit einem Zitat aus George Orwells *1984*. Zu lesen ist dort die dystopische Warnung vor einem modernen Ständestaat:

> »Proletariern wird praktisch nicht gestattet, in die Partei aufzurücken. Die Talentiertesten von ihnen, die sich möglicherweise zu Keimzellen der Unzufriedenheit entwickeln können, werden von der Gedankenpolizei aufgespürt und liquidiert« (George Orwell »1984« zitiert nach Weiss 2000: 8).

Orwells Dystopie *1984* ist unter deshalb so erfolgreich, weil sie real existierende Probleme erkennt und aufzeigt, was sich aus den Ursachen dieser Probleme tendenziell entwickeln könnte. In seinen Ausführungen zu den ›Proles‹ erkennt er heute (d.h. 1948) bereits existierende Widersprüche zum meritokratischen Versprechen des Kapitalismus, dass jede*r den gesellschaftlichen ^Aufstieg^ schaffen könne, wenn er genügend ›Leistung‹ bringe. In keinem kapitalistischen System wird dieses Ideal umgesetzt. Zwar ist der Kapitalismus als ökonomisches System tatsächlich darauf angewiesen, die Positionen in den Bereichen Forschung und Entwicklung und Führungspositionen mit den möglichst kompetentesten Menschen zu besetzen, um in der Konkurrenz möglichst gut abzuschneiden und eine möglichst hohe Profitrate zu erhalten, andererseits ist dieses System aus Gründen des

74 Weitere Zitate, mit denen Kapitel eingeleitet werden sind: »›[In the West] unpopular ideas can be silenced, and inconvenient facts kept dark, without any need for an official ban.‹« (»›[Im Westen] können unpopuläre Ideen verschwiegen und unbequeme Fakten im Dunkel gehalten werden, ohne dass die Notwendigkeit für ein offizielles Verbot besteht‹«) (Breivik 2011: 387 und 803) »›In a time of universal deceit – telling the truth is a revolutionary act.‹« (»›In einer Zeit des universellen Betrugs – ist die Wahrheit zu sagen eine revolutionäre Tat ‹«) (ebd.: 659)

75 Auf seiner Facebook-Seite, die er kurz vor dem Massenmord angelegt hatte, prangte übrigens auch das Konterfei von Machiavelli.

Machterhalts auf die konstante Privilegierung bestimmter gesellschaftlicher Gruppen angewiesen. Deshalb ist die bürgerliche Gesellschaft im Kapitalismus auch mehr oder weniger auf die mit der Leistungsideologie nicht zu vereinbarenden ständischen Elemente aus feudalistischer Vorzeit angewiesen. Im Übergang zum Faschismus kann eine bürgerlich-kapitalistische Gesellschaft auch ihr ständisches Element verstärken. Hiervor wollte der antifaschistische Sozialist George Orwell warnen. Volkmar Weiss stellt Orwells Warnung vor der Ständegesellschaft seinem Buch *Die IQ-Falle* voran, ohne zu begreifen, dass Orwell vor den Ideologien warnt, die Weiss verbreitet. Weiss verbreitet die Leistungsideologie direkt am Anfang seines Buches:

> »Die Industrienationen der heutigen Welt sind durchwegs Leistungsgesellschaften. Eine übereinstimmende Eigenschaft dieses Gesellschaftstyps besteht darin, daß seine Mitglieder durch individuelle Leistungsnachweise innerhalb der sozialen Statushierarchie aufsteigen können. In jeder Generation muß dieser Platz in der Statushierarchie neu erworben oder wenigstens bestätigt werden, wenn es nicht zum sozialen Abstieg kommen soll. Dieser Platz ist somit *nicht erblich* [Hervorheb. vom Autor]« (Weiss 2000:14).

Hier nimmt Weiss den ›Mythos der Leistungsgesellschaft‹ (Hartmann 2002) für bare Münze, trotz besseren Wissens[76]. Schulforschungsstudien wie IGLU 2001 und 2006[77] oder die Studie über Wiesbadener Schulen[78]

76 Dass Volkmar Weiss zumindest einige Zahlen kennt, die belegen, dass die soziale Herkunft einen leistungsfremden Einfluss auf den Bildungserfolg hat, zeigt sich dadurch, dass er Rainer Geißler wiedergibt: »Bei mittleren Schulleistungen (Notendurchschnitt 2,3-3,1) sollen noch 73% der Oberschichtkinder ein Gymnasium besuchen, 30% der Mittelschichtkinder und lediglich 11% der Unterschichtkinder, obwohl es für alle diese Kinder und das Leistungsniveau am Gymnasium sicher am besten wäre, keines von ihnen würde je dorthin gehen« (Weiss 2000: S. 143).

77 »Insgesamt besteht also ein signifikanter und durchaus nicht unbeträchtlicher Einfluss der sozialen Herkunft auf die Schullaufbahnpräferenzen der Lehrkräfte, der sich in IGLU 2006 noch deutlicher abzeichnet als in IGLU 2001. Deutlich zeigt sich auch die mehrfache Benachteiligung von Kindern aus unteren sozialen Lagen beim Übergang auf das Gymnasium« (Bos u.a. 2007, S. 32). »Bei gleichen kognitiven Fähigkeiten und gleicher Leseleistung haben Kinder von Eltern aus der oberen Dienstklasse eine mehr als zweieinhalb Mal so große Chance, von ihren Lehrern eine Gymnasialpräferenz zu erhalten als Kinder von Facharbeitern und leitenden Angestellten. Die Chance, von ihren Eltern eine Gymnasialpräferenz zu erhalten, ist sogar 3,8 mal so hoch.« Siehe auch Schulze/ Unger/ Hradil 2008 für die Notengebung nach sozialer Herkunft: »So divergieren die Wahrscheinlichkeiten einer Gymnasialempfehlung bei Durchschnittsnote 2,5 zwischen 19,5 Prozent und 70 Prozent, je nach dem, ob das Kind der niedrigsten oder der höchsten Sozialschicht zugehört« (S. 45).

78 Schulze/ Unger/ Hradil 2008 für die Notengebung nach sozialer Herkunft: »So divergieren die Wahrscheinlichkeiten einer Gymnasialempfehlung bei Durchschnittsnote

von 2008 zeigen sehr deutlich, dass bei gleichen kognitiven Leistungen und gleichen Leseleistungen, bzw. sogar bei gleichen Schulnoten, Schüler und Schülerinnen aus der Oberschicht sehr viel häufiger eine Gymnasialempfehlung erhalten als Kinder aus unteren Schichten. Volkmar Weiss geht über diese Feststellungen hinweg. Die Korrelation von ^Bildungsaufstieg^ und sozialer Herkunft kann entweder durch eine Bildungsbenachteiligung oder durch geringere Leistung der Menschen mit ^niedriger^ sozialer Herkunft erklärt werden. Weiss ignoriert die nachgewiesene Bildungsbenachteiligung und biologisiert eine vermeintliche ›Leistungsschwäche‹ von Arbeiter*innenkindern. Und Thilo Sarrazin übernimmt diese Biologisierung, die angebliche biologische Vererbung von Bildungsunfähigkeiten in der sogenannten ^Unterschicht^ – oder bei den »Proles«, denen in der Gesellschaft von *1984* der ^Aufstieg^ ebenfalls verwehrt wird. Dass in der ›Orwellschen Gesellschaft‹ die Sprache ›Newspeak‹ nicht mehr erlaubt die Gleichheit der Menschen als eine sozial egalitäre Gleichheit vorzustellen, hängt unmittelbar mit der ständischen Vorgabe zusammen, wonach ›Proles‹ ›Proles‹ bleiben müssen. Auch die sprachliche Diffamierung ›Proles‹ gehört zum Newspeak und richtet sich gegen die Gleichheit der Menschen. Der Anti-PC-Diskurs ist als eine moderne Variante von ›Newspeak‹ zu sehen. Dieser Diskurs begann als Strategie innerhalb der Campus-Wars und richtete sich gegen Gleichheitspostulate und gegen eine Hinterfragung diffamierender Begriffe (Hatespeech) sowie gegen Affirmative Action-Programme. Zudem ging es um die Frage, ob der Bildungskanon nur aus der Sichtweise der herrschenden Gruppen gebildet wird oder ob auch geschichtlich marginalisierte Sichtweisen erlaubt werden. Es ist kein Zufall, dass Dieter E. Zimmer als einer vehementesten Verfechter der These der Vererblichkeit von Intelligenz zu den Ersten gehörte, die den Anti-PC-Diskurs nach Deutschland importierten. Die Erbintelligenztheorie legitimiert gesellschaftliche Zuschreibungen, die vor ›Akademisierungwahn‹ warnen und das Zerrbild einer ›Verproletarisierung‹ an die Wand malen, und sie legitimiert ›Newspeak‹, wenn Hatespeech-Vokabeln wie ›Prolls‹ (Orwell: »Proles«) unhinterfragte Bilderproduktionen freisetzen, in denen eine Gleichheit der Menschen gar nicht mehr gedacht werden kann.

In Deutschland ist Anti-PC für die Rechte besonders attraktiv, weil sich Anti-PC für rechtskonservative Geschichtsumdeutungen anbietet. Auch hier wird Anti-PC zu einem Element eines modernen Newspeak. So

2,5 zwischen 19,5 Prozent und 70 Prozent, je nach dem, ob das Kind der niedrigsten oder der höchsten Sozialschicht zugehört.« (S. 45)

warnt der Psychoanalytiker Martin Lohmann im Vorwort seines Sammelbandes *Psychoanalyse und Nationalsozialismus. Beiträge zur Bearbeitung eines unbewältigten Traumas* vor dem Verlust des Geschichtsbewusstseins unter dem Hinweis auf die »wirklich beklemmende Lektüre« (Lohmann 1994: 7) von *1984* insbesondere in den eindringlichen Passagen, die »den Verlust des individuellen und sozialen Gedächtnisses« (ebd.) schilderten. Lohmann vergleicht die herrschende Kontrolle über die geschichtlichen Erinnerungen in *1984* mit traumatischen Verdrängungen und einer daraus resultierenden »notwendige[n] historische[n] Reflexion und Selbstreflexion« (ebd.:10).

›PC‹, ›Gutmensch‹, ›Tugendterror‹ sind ständig wiederholte Phrasen und entsprechen auch damit der Funktionsweise von ›Newspeak‹. Mit der Gleichsetzung von Gegensätzen ›Krieg ist Frieden‹, ›Freiheit ist Sklaverei‹, ›Unwissenheit ist Stärke‹ arbeitet der Anti-PC-Diskurs ebenfalls: ›Tugend ist Terror‹, ›Gutmensch ist böse‹, und schließlich – ausgedrückt durch den Begriff ›Korrektheit‹: ›Emanzipation ist Rückschritt‹.

3.3 Zur Funktion von Anti-PC

3.3.1 Rechtsextreme Strategie gegen ›Gutmenschen‹

In Deutschland erhielt der Anti-PC-Code eine nationale Ausrichtung, insbesondere konnte er an Debatten wie dem Historikerstreit anknüpfen. In diesem Zusammenhang war auch von der Auschwitzkeule die Rede. Wolfgang Schäuble äußerte dies in seiner Laudatio ›Zivilcourage vs. Political Correctness‹ auf Klaus von Dohnanyi sehr deutlich:

> »Jedenfalls steht kaum in Zweifel, dass das deutsche Phänomen von Political Correctness – im Unterschied etwa zu seiner amerikanischen Ausprägung – weitgehend an Themen haftet, die mit der deutschen Geschichte und insbesondere mit der Verarbeitung der deutschen Diktaturen zu tun hat. Das sind die Fragen, bei denen der Diskussionston schrill wird und sachliche Einwände mit rhetorischen Keulenschlägen erwidert werden. Charakteristisch war die Diskussion um die Asylpolitik in den 90er Jahren. Aber auch das Thema ›Multikulturalismus‹ lässt sich anführen« (Schäuble 2004: 3).

Entsprechend wurde der Anti-PC-Code von der neurechten Wochenzeitung *Junge Freiheit* mit einer erfolgreichen Aufkleber-Kampagne ›PC-Nein Danke‹ vorangetrieben. Seither gehört der Anti-PC-Code zu einem zentralen Bestandteil rechtspopulistischer bzw. faschistisch-rassistischer Propaganda. Das Schlagwort PC ist in diesen Szenen propagandistisch derart wichtig, dass der mit Abstand größte Blog des islamfeindlichen Rechtspopulismus in Deutschland *Politically Incorrect* getauft wurde. Grundlage der Anti-PC-Codes, insbesondere der Vokabel ›Gutmenschen‹, ist der Machiavellismus, wie er sich in der berüchtigten antidemokratischen ›Eisen und Blut‹-Rede Bismarcks wiederfindet:

> »Nicht auf Preußens Liberalismus sieht Deutschland, sondern auf seine Macht; Bayern, Württemberg, Baden mögen dem Liberalismus indulgieren, darum wird ihnen doch keiner Preußens Rolle anweisen; Preußen muß seine Kraft zusammenfassen und zusammenhalten auf den günstigen Augenblick, der schon einige Male verpaßt ist; Preußens Grenzen nach den Wiener Verträgen sind zu einem gesunden Staatsleben nicht günstig; nicht durch Reden und Majoritätsbeschlüsse werden die großen Fragen der Zeit entschieden – das ist der große Fehler von 1848 und 1849 gewesen – sondern durch Eisen und Blut« (Bismarck 1862).

Der nationalliberale Mitbegründer der Partei *Alternative für Deutschland*, Alexander Gauland, hatte aus dieser Rede Bismarcks explizit die ›Eisen und Blut‹-Passage zitiert, um gegen die vermeintliche »Angst der Deutschen« vor »militärischer Gewalt« zu agitieren (Gauland 2012). Und auch Klaus von Dohnanyi (Dohnanyi 2002) und Wolfgang Schäuble (Schäuble 2004) bezogen sich in ihrer Gegenüberstellung von Zivilcourage und Political Correctness auf Otto von Bismarck. Dem Ansatz folgend, dass es in der »Welt nur Pöbel« gäbe (Machiavelli), dass der Mensch dem Menschen ein Wolf sei (»Homo homini lupus«) (Hobbes), wird das ›Gute im Menschen‹ als politischer Anknüpfungspunkt mitsamt Naturrecht und Menschenrechten pauschal negiert. Bereits im Nationalsozialismus wurde das sogenannte ›Gutmenschentum‹ verhöhnt. Seinerzeit hätte sicherlich auch die bei Sarrazin häufiger vorkommende Vokabel »Gefühligkeit« Gefallen gefunden. Hier möchte ich noch einmal Volker Weiß zitieren:

> »Der Drang, ›schlecht‹ zu sein, ist also nicht nur im deutschen Feuilleton en vogue, er gilt als Ausweis der Zugehörigkeit zur Elite der Leistungsträger. ›Gutmensch‹ heißt heute, wer früher ein ›Vaterlandsverräter‹, ›Defätist‹ oder ›Intellektueller‹ gewesen wäre. Daher gilt auch für die heutige Schimäre des ›Gutmenschen‹ im rechten Diskurs, was schon Kurt Lenk für den gesamten Theoriefundus der Neuen Rechten feststellte: ›Man rüstet sich zum Generationenkampf mit den Waffen der Großväter, um sich von der vermeintlich allgegenwärtigen Bevormundung eines ›politisch korrekten‹ linken Establishments zu emanzipieren‹» (Weiß 2011).

3.3.2 Recodierung des Politischen

Während einer Tagung des Studienzentrums Weikersheim vom 13.-15.9.2013 zum 100. Geburtstag Hans Filbingers warnte Jost Bauch laut dem neurechten Magazin *Blaue Narzisse* vor der »Zersetzung der Nation«. In seinem Vortrag beschwor er »die elementare Funktion vorpolitischer Aspekte und organischer Voraussetzungen für den langfristigen Bestand einer Nation, die sich über Volkszugehörigkeit, Sprache, Kultur, Geschichte, Landschaft und Tradition als Abstammungs– und Schicksalsgemeinschaft konstituiere« (Pellar 2013). Bemerkenswert an Bauchs Ausführungen sind nicht seine Ängste vor einem Aussterben der Deutschen, sondern sein Rückgriff auf Carl Schmitt mit Niklas Luhmann. Bauch sieht in der Definition des Politischen von Schmitt als Freund/Feind-Differenzierung eine »Codierung«. Beim Kulturkampf gegen die 1968er geht es also um die Frage, was als das Politische codiert werde. In der Klärung dieser Frage bezieht sich Bauch auf ein Zitat Arnold Gehlens aus seiner Publikation *Moral und Hypermoral*:

> »So nimmt der Leviathan mehr und mehr die Züge einer Milchkuh an, die Funktionen als Produktionshelfer, Sozialgesetzgeber und Auszahlungskasse treten in den Vordergrund, und man hat dem humanitär-eudaimonistischen Ethos die Tore so weit geöffnet, daß das eigentlich der Institution angemessene Dienst- und Pflichtethos aus der öffentlichen Sprache und aus den Kategorien der Massenmedien vollständig verschwunden ist und dort nur noch Gelächter auslöst« (Arnold Gehlen 1969 Moral und Hypermoral).

Weiter zitiert Bauch Gehlen dahingehend, dass Fragen des Wohlfahrtstaates gegenüber der »politische[n] Herrschaftsstruktur des Staates« ein Übergewicht gewonnen hätten. Nach Jost sei der Staat »entpolitisiert« worden. Er stelle sich nicht mehr den Problemen, die ein »emphatischer Politikbegriff« zum Gegenstand habe, sondern sei nur noch administrativ mit Regulierungen befasst:

> »Mit sozialstaatlichen Interventionen reagierte er auf stratifikatorische und beschäfti-gungspolitische Effekte des Wirtschaftssystems, auf ökologische Gefährdungen reagierte er mit dem Ausbau des Umweltschutzes, auf gesundheitliche Gefährdungen mit dem entsprechenden Ausbau der gesundheitlichen Versorgung. Er hat sich bis zur Erschöpfung seiner materiellen und immateriellen Ressourcen mit dem Regulierungsanspruch der gesellschaftlichen Selbstgefährdungen völlig in gesellschaftspolitische Aufgaben verstrickt« (Bauch 2004).

Jost Bauch stellt einen Konflikt zweier Politikauffassung dar. Er propagiert eine Politik, in der es um die »Dignität des Staates«, um die »Selbsterhaltung« des Staates geht. Mit der Herausstellung der ›Würde des Staates‹ wird quasi gefordert, dass der Staat sich weniger um die Alltagssorgen der Menschen kümmern solle, wo es nur um die administrative Gestaltung menschenwürdiger Verhältnisse gehe, also um die ›Würde des Menschen‹. Dieses Politikverständnis basiert auf biopolitischen Forderungen (und ihren vorpolitischen, organischen Voraussetzungen als Schicksalsgemeinschaft) einerseits und (innen- und außenpolitischen) Feinderklärungen andererseits: »Das von dem Staatsrechtler Carl Schmitt eingeführte Muster der Freund/Feind-Kennung ist ein Mittel, diese real existierenden Konflikte, die gewisse Kreise natürlich stets hinter dem Grauschleier eines ideologischen Moralcodes verbergen möchten, sichtbar zu machen« (Bauch 2010). Bauch bezieht sich positiv auf Samuel Huntingtons *Kampf der Kulturen*. Dieser Kulturkampf mache eine Abkehr von der wohlfahrtsstaatlichen ›Milchkuh‹-Politik erforderlich:

> »Die neuen äußeren Bedrohungen machen es erforderlich, in der Politik wieder verstärkt nach dem Muster Freund/Feind zu denken und die bislang im Vordergrund stehende "Milchkuh"- Funktion für gesellschaftliche Probleme von Staat und Politik zu relativieren. So gesehen muß sich Staat und Politik "repolitisieren", weil Staat und Politik sich wieder mit politischen und nicht gesellschaftlichen Problemen primär befassen muß« (Bauch 2004).

Für die Diskussion über die Funktion des Anti-PC-Diskurses ist diese freimütige Äußerung zur geplanten Recodierung des Politischen aufschlussreich.

3.3.3 Dreifachfunktion des Anti-PC-Codes

Die PC-Unterstellung scheint gleichzeitig drei Funktionen zu haben: Mit dem Vorwurf ›Politische Korrektheit‹ wird erstens in der Vokabel ›Korrektheit‹ eine Spießbürgerlichkeit unterstellt, deren Erwähnung auf emotionale Parteilichkeit im Sinne von Gegenwehr zielt– dies ist die unmittelbar rhetorische Funktion des Anti-PC-Diskurses. So wird die deutsch-preußische Spießigkeit, die Oberkorrektheit, wie sie Heinrich Mann in Der Untertan schilderte, gegen emanzipatorische Kräfte gerichtet. Selbst ein Thilo Sarrazin als typisch deutscher Finanzbeamter, der wahrscheinlich in allen Lebensbereichen korrekt ist, nur nicht im Politischen, schafft es über den PC Code, sich als fortschrittlich und seine Gegner*innen als rückschrittlich darzustellen. Die Spießigkeit des in Verruf geratenen Korrektionalismus soll mit der Betonung, dass hier ›Korrektheit‹ eingefordert werde, umgedreht.[79]

79 In der deutschsprachigen Wikipedia konnte 2014 ein Versuch abgewendet werden, Wikipedia komplett von geschlechtergerechter Sprache zu ›befreien‹. Hierbei gelang es, die spießige Oberkorrektheit dieses Ansinnens mit der Vokabel ›Sprachpolizei‹ zu be-

Zweitens richtet sich dieser Vorwurf jedoch gar nicht gegen eine vermeintliche ›Korrektheit‹, sondern gegen den politischen Inhalt des mittels ›Korrektheit‹ denunzierten Objektes. Der Vorwurf müsste, wenn er ehrlich gemeint wäre, also eigentlich ›Politisierung des Heteronormativen‹ oder ›dekonstruierende Politisierung‹ heißen. Die zweite Funktion ist also die Politik der Entpolitisierung, mit der eine inhaltliche Auseinandersetzung erst gar nicht zugelassen wird. Es handelt sich also um eine typische Derailing-Strategie (›Entgleisungs-Strategie‹). Der Vorwurf, einer PC-Ideologie anzuhängen, ist ein Totschlag-Argument, eine Stigmatisierung, die jede weitere Diskussion über Gründe und Ursachen, über das gemeinsame Ringen nach dem Bestmöglichen, abrupt abbricht.

Drittens geht es bei dieser Entpolitisierung um eine heimliche Rekodierung des Politischen, nämlich um eine Biopolitisierung (Rassialisierung, auch in Bezug auf die Geschlechter- und Klassenebene) auf Grundlage der schmittschen Freund-Feind-Differenzierung (›Kampf der Kulturen‹, ›innerstaatliche Feinderklärung‹), also um die Frage, wie politisiert wird und damit wie Entscheidungsstrukturen gestaltet werden. Die Politik soll sich nicht mehr an Fragen der Würde des Menschen orientieren, sondern an Fragen der Würde der Nation und des Staates und ihrer Repräsentationen.

3.4 Politische Selbstorganisierung gegen normierenden Korrektionalismus

> »Wir sind darüber belehrt, dass aus der verabsolutierten, also zum Wahrheitsanspruch befreiten Parteilichkeit – zum Beispiel der Sekte, der ›Partei‹ – bloß antagonistische Herrschaftsordnung entspringt (von den halb-humanen Konventionen der alten Herrschaftsform gereinigt), und niemals eine alternative Ordnung, das heißt eine, die ihren Herrschaftscharakter verliert, weil sich die Differenz von Regierenden und Regierten mindert.«
>
> *Peter Brückner*

3.4.1 Modernisierte Diskriminierung: Colorblind Racism, Postgender und Demografisierung des Sozialen

Dass sich durch emanzipatorische Bewegungen auch die Form von Diskriminierung wandelt, hat sich nicht zuletzt durch eine Neuskalierung zur Messung von Sexismus gezeigt. Der *moderne Sexismus*, ›Modern Sexism‹,

---

nennen. Die Denunziation geschlechtergerechter Sprache als ›Gendersprech‹ wirkte dadurch angestrengt und bemüht.

tritt gegenüber dem traditionellen Sexismus subtiler auf. Vor allem aber ist ein Kennzeichen des modernen Sexismus die Leugnung der fortgesetzten Diskriminierung von Frauen. Entsprechend wird versucht mit Postgender-Ansätzen Benennungen von Geschlechterdifferenzen wegzuwischen als handele sich bei Gender um eine fertiggestellte Skulptur, bei der nur noch Ecken und Kanten geglättet werden müssten. Ganz ähnlich handelt es sich auch beim *Colorblind Racism* um einen Ansatz, der versucht, durch das Nichtbenennen von Unterschieden, die mit der Strukturkategorie Rasse in Verbindung stehen, den Rassismus hinter sich zu lassen. Auch hier wird davon ausgegangen, dass wir uns bereits in einem Zustand des *Post-Race* befinden. Post-Gender- und Post-Race-Ansätze können auf Beispiele wie Angela Merkel (eine weibliche Bundeskanzlerin) und Barack Obama (ein schwarzer Präsident) zurückgreifen, um ihren Thesen Plausibilität zu verleihen. Zu diesen *Post*-Ansätzen gehört auch der Verzicht auf das Insistieren biologischer Unterschiede.

Ähnlich wurde bereits vor 30 Jahren die klassenlose Gesellschaft ausgerufen. In der Zeit, als die *Neuen Sozialen Bewegungen*, die *Grünen* und die *taz* entstanden, wurde auch über Andre Gorz' ›Abschied vom Proletariat‹ und Becks ›Risikogesellschaft‹ diskutiert. Kurz nach dem Fall der Berliner Mauer veröffentlichte Francis Fukuyama seine Thesen im Text *Das Ende der Geschichte*, welche die klassenlose ›freie Marktwirtschaft‹ als dieses Ende festschreiben möchte. Mit den deutlich zunehmenden Vermögensunterschieden und der durch zahlreiche Studien immer wieder bestätigten sozialen Selektivität im Bildungssystem, wird allerdings bis in konservative Kreise zunehmend hinterfragt, ob wir nicht doch in einer Klassengesellschaft leben. Liegt hier eine Phasenverschiebung der Diskriminierungsformen vor? In der Klassenfrage gibt es divergierende Positionen. Während unternehmensnahe Thinktanks für eine stärkere Durchlässigkeit des Bildungssystems eintreten, um einen größeren Pool an Ingenieuren und eine größere Akzeptanz der Marktwirtschaft zu erhalten, findet parallel eine zunehmende Demografisierung der Sozialpolitik statt. Diese Post-Gender, Post-Race, Post-Class-Ansätze treten mit einer entdramatisierenden Intention auf und essenzialisieren noch in der Abgrenzung die Unterschiede: »Ich bin kein Rassist, aber ... » Als unnötige Dramatisierung werden dann sowohl die ›alten‹ extremen Befürwortungen von Diskriminierung betrachtet, als auch emanzipative Positionen und Forderungen. Letztere werden mit dem Vorwurf, nur PC einfordern zu wollen, abgewehrt. Interessant an der Verwendung von Anti-PC in dieser *Post*-Strategie ist, dass der Anti-PC-Code in Deutschland von Essenzialisten eingeführt wurde.

An dieser Stelle soll auf die Frage der ›Linie‹ eingegangen werden. Es fiel den rechtskonservativen Kräften so leicht, das Schlagwort ›political correctness‹ für sich zu nutzen, weil der Parteimarxismus bzw. Ableitungsmarxismus ebenso problematische Züge haben wie der Mittelschichtsfeminismus und postmoderne Theorien. Diese Problematiken werden nun allerdings nicht von der rechtskonservativen Anti-PC-Fraktion kritisiert, sondern es wird mit dem Schlagwort ›political correctness‹ ausgerechnet die sogenannte ›kulturmarxistische‹ Linke angegriffen, der Parteisoldatentum weitgehend fremd ist. Es ist daher nötig, die Kritik innerhalb der Linken an Parteimarxismus aber auch an postmodernistischen Tendenzen zu benennen, um Verwandschaften zum Korrektionismus konservativer Theorie und Praxis deutlich zu machen.

> »Übersehen wird auch, dass es bei vielen der beschimpften »Einmischungen des Staates« im Kern gar nicht um die Verbesserung/Gängelung des Reglementierten geht, sondern um den Schutz von Dritten. Das Rauchen in Kneipen gehört nicht verboten, um Raucher vor sich selbst zu schützen, sondern um die Nichtraucher vor den Rauchern zu schützen. Regeln gegen Diskriminierung sind keine Umerziehungsmaßnahmen für notorische Machos, sondern schützen Frauen vor unangenehmen Situationen. Es ergibt Sinn, die Deutschen aufzufordern, teurere Kleidung zu kaufen, nicht, weil Geiz ein hässlicher Charakterzug ist –, sondern um Näherinnen in Bangladesch einen sicheren Arbeitsplatz zu garantieren. Und es ist richtig, Autos mit einem hohen Verbrauch peu à peu vom Markt zu drängen. Nicht, um die Wohlhabenden zu mehr Bescheidenheit zu zwingen. Sondern um den Klimawandel zu bremsen. Die Alternative zu einer globalen Perspektive der Rücksicht ist eine Weltanschauung, die die eigenen (niederen) Gelüste über das Recht Dritter stellt: Es ist eine tief im deutschen Wohnzimmer und tief im inneren Wohnzimmer verwurzelte Weltsicht, ein verquerer Mix aus Zynismus und Biedermeier. Es ist genau das, was den »Ökoterroristen« vorgeworfen wird. Es ist spießig und illiberal« (Sauerbrey 2013).

3.4.1 ›Nicht auf Linie‹ – Kritik am Parteimarxismus

Während die Kritik am Anti-PC-Diskurs zuerst eine Kritik am konservativen Korrektionalismus ist, speist sich dieser Korrektionalismus aus einem auch in Teilen der Linken vorhanden Machiavellismus. So wurde mit dem Schlagwort ›Political Correctness‹ zunächst von linken antiautoritären Gruppen der Dogmatismus der ›Parteilinie‹ kritisiert. ›Political Correctness‹ war in dieser Phase weniger ein Schlagwort als ein kritischer Begriff, der bestimmte Politikformen kritisierte. Die Sowjetunion hatte zum Teil

Korrektions-Maßnahmen der kapitalistischen Staaten übernommen und mit der ›Parteidisziplin‹ verknüpft. Michel Foucault hierzu:

> »Wenn die Sowjets das System des Eigentums und die Rolle des Staates bei der Kontrolle der Produktion verändert haben, so haben sie doch im übrigen die Techniken der Verwaltung und Machtausübung übernommen, die im kapitalistischen Europa des 19. Jahrhunderts entwickelt worden waren. Die Formen der Moralität, der Ästhetik, der Disziplin, die um 1850 in der bürgerlichen Gesellschaft in Kraft waren, sind en bloc in das sowjetische System übergegangen. Das System der Haft z.B. ist als verallgemeinertes Strafsystem im 18. Jahrhundert erfunden worden und im Laufe des 19. Jahrhunderts im Zusammenhang mit der Entwicklung der kapitalistischen Gesellschaften und des diesen Gesellschaften entsprechenden Staates eingeführt worden. Das Gefängnis ist übrigens nur eine der Machttechniken, die zur Entwicklung und Kontrolle der Produktivkraft notwendig waren. Die Arbeitsdisziplin, die Schuldisziplin, die Militärdisziplin, überhaupt alle Existenzdisziplinen waren technische Erfindungen jener Epoche. Nun kann jede Technik übertragen werden. Wie die Sowjets den Taylorismus und andere im Westen erprobte Organisationsmethoden übernommen haben, haben sie unsere Disziplinartechniken übernommen und durch die Parteidisziplin erweitert« (Foucault 1976: 70).

Der Parteimarxismus hatte bestimmte Felder von der Kritik ausgeschlossen, weil diese Bereiche in den Staaten des ›real existierenden Sozialismus‹ zum Herrschaftserhalt dienten:

> »Um die Machterscheinungen, die mit dem Marxismus als Ausdruck einer politischen Partei verknüpft sind, zu reduzieren, muss man andererseits die genannten neuen Probleme, nämlich Medizin, Sexualität, Vernunft, Wahnsinn mit verschiedenen gesellschaftlichen Bewegungen in Verbindung bringen, ob es sich nun um Proteste oder Revolten handelt. Die politischen Parteien neigen dazu, diese gesellschaftlichen Bewegungen nicht zur Kenntnis zu nehmen und ihre Kraft sogar zu schwächen« (Foucault 2003: 757).

Mit der Kritik an der ›Parteidisziplin‹, der ›Parteilinie‹ verband sich eine Politikform, die den Alltag bzw. das Persönliche als politisches Feld verstand. Die Kritik richtete sich gegen eine ›Parteimarxismus‹ bzw. ›Ableitungsmarxismus‹, der ^von oben^ Richtlinien und Handlungsdirektiven formulierte. Kritisiert wurden als bürgerlich, spießig, bürokratisch interpretierte Handlungsweisen und Direktiven. In Deutschland zeigte sich die Kontroverse um die Parteidisziplin vor allem in den Auseinandersetzungen zwischen der linken antiautoritären und Sponti-Szene und den ML-Gruppen. In der Gründungsphase der ML-Gruppen wurde die Parole ›Liquidiert die antiautoritäre Phase‹ propagiert (Geronimo 1990: 61). Der Berliner Autor Geronimo kennzeichnete in seinem Buch *Feuer und Flamme. Zur Geschichte und Gegenwart der Autonomen* die ML-Gruppen folgendermaßen:

»Viel wesentlicher und verheerender als alle programmatischen Verwirrungen der ML-Gruppen auf dem Sektor der Außenpolitik waren jedoch ein schematisiertes Theorie-Praxis Verständnis und ihre organisatorischen Binnenstrukturen: Ihr autoritäres und dogmatisches Theorieverständnis auf proklamierter Grundlage der Theorien des Marxismus-Leninismus strich den universellen Horizont dieser Theorien mit Hilfe von dürren polit-ökonomischen Lehrsätzen zu einem kleinkarierten vulgärmarxistischen Schrebergartensystem zusammen. Die ›führende Rolle der Partei des Proletariats‹ wurde zunächst einmal gegenüber den eigenen Mitgliedern durchgesetzt. Die vorgeblich an den Prinzipien des Marxismus-Leninismus angelehnten Organisationsstrukturen führten nicht nur zu einer straffen von oben nach unten aufgebauten hierarchischen Leitungsstruktur sondern auch zu einer zunehmend sinnentleerten kritiklosen Anwendung von Gehorsam, Disziplin und einer wahnwitzigen Durchhaltemoral in der politischen Arbeit. Wie selbstverständlich wurden von den einzelnen Mitgliedern anachronistische Leistungsstandards in der politischen Arbeit verlangt. Die sozialen Beziehungen und Alltagsstrukturen der Mitglieder wurden bin in die intimsten Bereiche entschieden und geregelt. In diesem Zusammenhang wurden weite Teile des privaten Einkommens an die Organisation abgeführt, ›Rote Ehen‹ geschlossen, die Haare kurz geschnitten, und teilweise 18 Stunden am Tag ›revolutionäre Parteipolitik‹ gemacht. Demgegenüber wurden die Politikformen und Muster der damaligen Linksradikalen aus der Sponti-Scene von den ML-Gruppierungen als ›elitär‹ und ›kleinbürgerlich‹ denunziert« (Geronimo 1990 63).

Geronimo führte die »irrationale Unterwürfigkeit« auf eine soziale Herkunft aus dem Mittelstand zurück:

»Auf das eigene unbegriffene ›antiautoritäre Ausflippen‹ in der Studentenrevolte erfolgte mit dem biographischen Hintergrund einer zumeist mittelständischen Sozialisation, die Rückkehr in die überschaubare ›kleinbürgerliche Struktur‹ einer ML-Kaderpartei. Diese war zumeist mit einer irrationalen Unterwürfigkeit und dem Verzicht auf eigenes Denken verbunden. Die vormals proklamierte ›revolutionäre Identität‹ des Individuums wurde auf eine Organisation verlagert, die sich zur jeweils ›führenden Partei des Proletariats‹ ernannte« (Geronimo 1990: 61).

Gegen den Partei- und Ableitungsmarxismus, der Alltagsfragen entpolitisiert und feministische Kritik als ›Nebenwiderspruch‹ sieht, gilt es den Kapitalismus nicht als Determination zu begreifen, der klar ableitbar eine politische Linie vorgibt. Vielmehr existiert ein politischer Möglichkeitsraum, der durch den Kapitalismus bestimmt ist, an dem man nicht vorbeigehen kann. Vor allem vom machiavellistischen Versuchungen hat eine marxistische Kritik die Finger zu lassen. Antonio Gramsci, Louis Althusser und Toni Negri waren – so weit ich weiß – inhaftiert, als sie Machiavelli besonders interessant fanden. Das ist verständlich, schließlich ist *Il Principe* die unbewusste Verarbeitung seiner Kerkerhaft. Außerhalb der Gefangenschaft ist Machiavelli obsolet, es gilt daher sozialpsychologisch die Folgen gesellschaftlich traumatisierender Korrektionen aufzuarbeiten, gerne auch therapeutisch, denn wenn die Klassen durch Körperkorrektionen fabriziert wurden, dann ist eine befreiende politische Körperarbeit gegen kapitalistisch-heteronormative Zurichtungen ebenfalls wichtig.

3.4.2 Materialität: Kritik am Postmodernismus

Der Erfolg des politischen Schlagwortes ›Political Correctness‹ hat sicher auch mit einer zu starken Orientierung emanzipatorischer Kritik an der Sprache zu tun. In den 1990er Jahren kam es zum sogenannten ›linguistic turn‹ in den Sozial- und Geisterwissenschaften, aber auch in der feministischen Theorie und Praxis. Indem emanzipatorische Probleme weitgehend auf Zeichen und Sprache reduziert wurden, wurden bestimmte Probleme marginalisiert. So sind Körper nicht einfach nur Zeichen, sondern sie haben eine Leiblichkeit, können Schmerzen empfinden, haben Grundbedürfnisse (Schutz vor Gewalt, Umwelteinflüssen, Krankheiten und Hunger) und sie sind die Grundlage für Inkorporationen. Zweitens sind Sprachkorrekturen Maßnahmen, mit denen klassenbezogen selektiert wird. Es kann also sein, dass dieser ›lingusitic turn‹ auch aufgrund der scholastischen Interessenlage von Akademiker*innen stattfand. Die Vermutung, dass die Dominanz von Sprache in der aktuellen emanzipatorischen Kritik die Interessenlage von Akademiker*innen wiederspiegelt, zeigt sich auch in einer Schräglage in der diskriminierungssensiblen Sprache. Dies kann anhand einer Anekdote während der Diskussion eines Vortrags verdeutlicht werden. In der Diskussion wurde die Relevanz von geschlechtersensibler Sprache betont. Ein Diskussionsteilnehmer wollte auf die unterschiedlichen Schwierigkeiten hinweisen, mit denen eine geschlechtersensible Sprechweise je nach gesellschaftlichem Feld konfrontiert sei. Er versuchte dies mit folgenden Worten zu verdeutlichen: »Hier an der Uni ist es ziemlich einfach, geschlechtergerecht zu sprechen, wenn ich aber abends in der Kneipe bin und dort die ganzen Prolls sitzen, dann ist das schon sehr viel schwieriger.« Ihm war gar nicht aufgefallen, dass er selber eine diskriminierende Wortwahl verwandte (›Prolls‹). Diese Hierarchie zeigt sich auch in den unterschiedlichen Bewertungen der Zuschreibungen ›schwaches Geschlecht‹ und ›Sozialschwache‹: Es ist weitgehend tabuisiert vom ›schwachen Geschlecht‹ zu sprechen, ›Sozialschwache‹ taucht wie selbstverständlich auch in kritischen Studien der Diskriminierungsforschung auf. Das heißt, es scheint eine Diskriminierungshierarchie zu bestehen, was sich auch daran zeigt, dass klassistische Diskriminierungen in den europäischen Antidiskriminierungsrichtlinen nicht auftauchen. Würde die emanzipatorische Linke Klassismus stärker als Diskriminierungsform wahrnehmen, käme es auch zu einer ^Erdung^ der Antidiskriminierungspolitik, da dann deutlich werden würde, dass Wörter nicht satt machen. Um den Korrektionalismus zu überwinden, ist die polititsche, solidarische Selbstorganisierung der benachteiligten Gruppen wichtig. Nur diese Selbstorganisierungen schaffen die Möglichkeitsräume politischen Handelns, die zu einer größeren Selbstbestimmung der Individuen führen.

»Die Tugend, gegebenenfalls nicht mitzumachen, in der Kindheit eingeübt – das erst wäre, individuell und ›links‹, Autonomie.«

Peter Brückner

Literatur

Altenbockum, Jasper von (2009): Fall Sarrazin. Zivilcourage bedeutet Risiko, in: Frankfurter Allgemeine Zeitung vom 14.10.2009, URL: http://www.faz.net/aktuell/politik/fall-sarrazin-zivilcourage-bedeutet-risiko-1865774.html

Arnim, Hans Herbert von (2006): Macht vor Recht. Bodenreform: Der ›Klassenfeind‹ sollte vernichtet werden, in: Junge Freiheit 17/06 vom 21. April 2006, URL: http://www.jf-archiv.de/archiv06/200617042145.htm

Bauch, Jost (2004): Epoche der Entpolitisierung, in: Junge Freiheit 38/04 vom 10. September 2004

Bauch, Jost (2010): ›Steckbriefe an jeder Wand‹. Interview mit Moritz Schwarz, in: Junge Freiheit vom 20.2.2010, URL: http://jungefreiheit.de/debatte/interview/2010/steckbriefe-an-jeder-wand/

Bauerschmidt, Michael/ Brandt, Susanne/ Jentsch, Ulli/ Ohrowski, Kurt (1996): Profil: Zollernkreis und Preußeninstitut e.V., in: Apabiz.de, URL: http://www.apabiz.de/archiv/material/Profile/Zollernkreis.htm

Bloch, Ernst (1962): Erbschaft dieser Zeit. Suhrkamp: Frankfurt a. M.

Blumencron, Matthias Müller von (2010): »Ich habe lange mit mir gerungen«. Sarrazins Thesen im ›Spiegel‹. Taz-Interview, in: Die Tageszeitung vom 27.08.2010, URL: http://www.taz.de/!57607/

Bödeker, Sebastian (2012): Soziale Ungleichheit und politische Partizipation in Deutschland. Grenzen politischer Gleichheit in der Bürgergesellschaft, herausgegeben von der Otto-Brenner-Stiftung, Frankfurt a.M.

Bollnow, Otto Friedrich (1949): Der Fleiß. Ein Beitrag zur Geistesgeschichte der Tugendbegriffe, in: ›Philosophische Studien‹, Heft 2-4 1949 (Verlag Walter de Gruyter & Co. Berlin W 35), S. 356-368

Bollnow, Otto Friedrich (1958): Wesen und Wandel der Tugenden, Frankfurt a.M.

Bonhoeffer, Karl (1949): Ein Rückblick auf die Auswirkung und die Handhabung des

nationalsozialistischen Sterilisationsgesetzes, Der Nervenarzt 1949

Bolz, Norbert (2012): Wer hat Angst vor der Philosophie?, SWR2 Manuskript, URL: http://www.swr.de/swr2/programm/sendungen/essay/-/id=9034720/property=download/nid=659852/1grwfi9/swr2-essay-20120123.pdf

Bos, Wilfried/ Hornberg, Sabine/ Arnold, Karl-Heinz / Faust, Gabriele / Fried, Lilian / Lankes, Eva-Maria/ Schwippert, Knut/ Valtin, Renate (Hrsg.) (2007): IGLU 2006. Lesekompetenzen von Grundschulkindern in Deutschland im internationalen Vergleich. Zusammenfassung, Berlin

Bourdieu, Pierre (1997): Die männliche Herrschaft, in: Irene Dölling / Beate Krais (Hrsg.) 1997: Ein alltägliches Spiel. Geschlechterkonstruktion in der sozialen Praxis, Frankfurt a. M.: Suhrkamp Verlag

Bourdieu, Pierre (2001): Meditationen. Zur Kritik der scholastischen Vernunft, Frankfurt a. M.: Suhrkamp Verlag

Breivik, Anders Behring (2011): Manifest 2083, Oslo

Brückner, Peter (1969): Springerpresse und Volksverhetzung, in: Kritische Justiz Nr. 4 1969, S. 339-354

Bruder, Klaus-Jürgen (2013): Massenloyalität. Zur Aktualität der Sozialpsychologie Peter Brückners, in: Klaus-Jürgen Bruder, Christoph Bialluch, Benjamin Lemke (Hg.): Sozialpsychologie des Kapitalismus – heute. Zur Aktualität Peter Brückners. Eine Publikation der Neuen Gesellschaft für Psychologie (NgfP), Gießen 2013, S. 13-32

Bryant,Thomas: Alterungsangst und Todesgefahr – der deutsche Demografie-Diskurs (1911–2011), in: Aus Politik und Zeitgeschichte, Nr. 10 / 07.03.2011 – Thema: Demografischer Wandel

Bundesministerium für Wirtschaft und Arbeit (2005): Vorrang für die Anständigen Gegen Missbrauch, »Abzocke« und Selbstbedienung im Sozialstaat. Ein Report vom Arbeitsmarkt im Sommer 2005

Czech, Herwig (2002): Selektion und Kontrolle. Der 'Spiegelgrund' als zentrale Institution der Wiener Jugendfürsorge zwischen 1940 und 1945. In: Gabriel, Eberhard und Neugebauer, Woflgang (Hg.) (2002): Von der Zwangssterilisierung zur Ermordung. Zur Geschichte der NS-Euthanasie in Wien. Teil II. Wien u.a., S. 165-187

Deutscher Bundestag (1998): Drucksache 13/10284 vom 31.03.1998, URL: http://dipbt.bundestag.de/dip21/btd/13/102/1310284.asc

Deutsches Historisches Museum (2014): Heinrich Mann: Der Untertan, URL: http://www.dhm.de/lemo/html/kaiserreich/kunst/untertan/

Diehl, Paula (2010): Körperkodierung der SS-Männer und symbolische Wirkung ihrer Uniformen, in: Claus, Robert/ Lehnert, Esther/ Müller, Yves (2010): »Was ein rechter Mann ist ...«. Männlichkeiten im Rechtsextremismus, Berlin, S. 209-220

Dohnanyi, Klaus von (2002): Hat uns Erinnerung das Richtige gelehrt? Eine kritische Betrachtung der sogenannten »Vergangenheitsbewältigung", Konstanz

Dohnanyi, Klaus von (2011): Ich stehe bereit, Sarrazin zu verteidigen, in: Die Süddeutsche.de vom 4. Mai 2011, URL: http://www.sueddeutsche.de/politik/debatte-um-thilo-sarrazin-feigheit-vor-dem-wort-1.996129-2

Drechsel, Klaus-Peter (1993): Beurteilt, vermessen, ermordet. Die Praxis der Euthanasie bis zum Ende des deutschen Faschismus, Duisburg

Eissler, K. R. (1994): Die Ermordung von wie vielen seiner Kinder muß ein Mensch symptomfrei ertragen können, um eine normale Konstitution zu haben, in: Hans-Martin Lohmann (Hrsg.) (1994): Psychoanalyse und Nationalsozialismus. Beiträge zur Bearbeitung eines unbewältigten Themas, Frankfurt a.M., S. 159 – 209

Emmerich, Wolfgang (1980): Heinrich Mann: ›Der Untertan‹, Paderborn

Engels, Friedrich (1960): Zur Wohnungsfrage, in: Marx, Karl/ Engels, Friedrich (1960): Ausgewählte Schriften in zwei Bänden, Bd. 1, Berlin

Engels, Friedrich (1966): Der Status quo in Deutschland, in: Marx, Karl/ Engels, Friedrich (1966): Studienausgabe in 4 Bänden, Bd. IV, Frankfurt a.M.

Etzemüller, Thomas (2012): Die Angst vor dem Abstieg – Malthus, Burgdörfer, Sarrazin: eine Ahnenreihe mit immer derselben Botschaft, in: Michael Haller / Martin Niggeschmidt (Hrsg.): Der Mythos vom Niedergang der Intelligenz. Von Galton zu Sarrazin. Die Denkmuster und Denkfehler der Eugenik, Wiesbaden, S. 157-183

Fleischhauer, Jan (): Political Correctness: »Sprechen ist auch ein anarchistischer Akt«

Interview mit Jan Fleischhauer, in: Novo

Foerster, Manfred J. (2009): Bildungsbürger, nationaler Mythos und Untertan. Betrachtungen zur Kultur des Bürgertums, Aachen

Foucault, Michel (1976): Verbrechen und Strafen in der Sowjetunion und anderswo. Ein Gespräch mit K. S. Karol, in: Michel Foucault (1976): Microphysik der Macht. Über Strafjustiz, Psychiatrie und Medizin, Berlin, S. 68-82

Foucault, Michel (1977): Überwachen und Strafen. Die Geburt des Gefängnisses, Frankfurt a.M.

Foucault, Michel (2003): Methodologie zur Erkenntnis der Welt: Wie man sich vom Marxismus befreien kann, in: Michel Foucault, Schriften in vier Bänden. Dits et Ecrits. Band III 1976-1979, Frankfurt a.M.

Foucault, Michel (2010): Kritik des Regierens. Schriften zur Politik, Frankfurt a.M.

Gans, Herbert J. (1996): From 'Underclass' to 'Undercaste': Some Observations About the Future of the Post-Industrial Economy and its Major Victims, in Urban Poverty and the Underclass (edited by Enzo Mingione). Cambridge, MA: Blackwell Publishers. pp. 141–152

Gauland, Alexander (2012): Warum sich die Deutschen mit Gewalt so schwer tun, in: tagesspiegel vom 23.07.2012

Geronimo (1990): Feuer und Flamme. Zur Geschichte und Gegenwart der Autonomen, Berlin

Glösel, Kathrin/ Strobl, Natascha/ Bruns, Julian (2014): Die Identitären. Handbuch zur Jugendbewegung der Neuen Rechten in Europa, Münster

Gould, Stephen Jay (1988): Der falsch vermessene Mensch, Frankfurt a.M.

Haller, Michael/ Niggeschmidt, Martin (Hrsg.) (2012): Der Mythos vom Niedergang der Intelligenz. Von Galton zu Sarrazin. Die Denkmuster und Denkfehler der Eugenik, Wiesbaden

Haller, Michael (2012): Die Schuld der Medien am Spektakel um Sarrazin, Interview mit Güler Alkan, in: daStandard.at vom 30. Juli 2012, URL: http://dastandard.at/1342948016626/Die-Schuld-der-Medien-am-Spektakel-um-Sarrazin

Halmi, Alice (2008): Kontinuitäten der (Zwangs-)Psychiatrie. Eine kritische Betrachtung, in: Irrenoffensive.de, URL: http://www.irrenoffensive.de/kontinuitaeten.htm

Harten, Hans-Christian/ Neirich, Uwe/ Schwerendt, Matthias (2006): Rassenhygiene als Erziehungsideologie des Dritten Reiches. Bio-bibliographisches Handbuch, Berlin

Hartmann, Michael (2001): Der Mythos von den Leistungseliten, Frankfurt am Main [u.a.]

Heinsohn, Gunnar (2005): Finis Germaniae? Reflexionen über demografische Ursachen von Revolutionen, Kriegen und politischen Niederlagen, in: Die Zeit-Online, Kursbuch 162, 25.11.2005

Heise, Thomas (1971): Urban underworlds: a geography of twentieth-century American literature and culture, New Brunswick

Heitmeyer, Wilhelm (2012): Gruppenbezogene Menschenfeindlichkeit (GMF) in einem entsicherten Jahrzehnt, in: Heitmeyer, Wilhelm (Hrsg.) (2012): Deutsche Zustände. Bd. 10, Frankfurt a.M., S. 15-41

Heitmeyer, Wilhelm (2012b): Rohe Bürgerlichkeit. Bedrohungen des inneren Friedens, in Wissenschaft & Frieden 2012-2: Hohe See, Seite 39–41, URL: http://www.wissenschaft-und-frieden.de/seite.php?artikelID=1786

Helmes, Peter (2010): Sarrazin ... und er hat doch Recht!, Hamburg

Henkel, Hans-Olaf (2008): Globalisierung. Verbreitung von Werten und Ideen. Im Gespräch mit Klaus Methfessel, in:Herzog, Roman/ Clement, Wolfgang/ Dohnanyi, Klaus von/ Uhlig, Jane/ Henkel, Hans-Olaf/ Pohl, Manfred (2008): Mut zum Handeln: Wie Deutschland wieder reformfähig wird, Frankfurt a.M.

Henkel, Hans-Olaf (2010): Spieglein, Spieglein in der Buchhandlung, in: The European. Das Debatten-Magazin vom 01.09.2010, URL: http://www.theeuropean.de/hans-olaf-henkel/4188-sarrazin-und-die-meinungsfreiheit

Henkel, Hans-Olaf (2012): Laudatio für Dr. Thilo Sarrazin, in: Facebook-Seite von Hans-Olaf Henkel, URL: https://www.facebook.com/hansolafhenkel/posts/498026440229101

Hepp, Robert/ Schade, Heinrich/ Schröcke, Helmut (1984): Deutschland – ohne Deutsche, Tübingen

Hernnstein, Richard J./ Murray, Charles (1994): The Bell Curve. Intelligence and Class Structure in American Life, New York/ London/ Toronto/ Sydney/ Tokyo/ Singapore

Herzog, Roman (2008): Einleitung, in: Herzog, Roman/ Clement, Wolfgang/ Dohnanyi, Klaus von/ Uhlig, Jane/ Henkel, Hans-Olaf/ Pohl, Manfred (2008): Mut zum Handeln: Wie Deutschland wieder reformfähig wird, Frankfurt a.M.

Herzog, Roman (2008b): Blockade Perfektionismus. Im Gespräch mit Claus Leber, in: Herzog, Roman/ Clement, Wolfgang/ Dohnanyi, Klaus von/ Uhlig, Jane/ Henkel, Hans-Olaf/ Pohl, Manfred (2008): Mut zum Handeln: Wie Deutschland wieder reformfähig wird, Frankfurt a.M.

Herzog von Braunschweig (1792): Das Manifest des Herzogs von Braunschweig (25.7.1792), in: PSM Data Geschichte, URL: http://www.zum.de/psm/frz_rev/frz_hzgb.php

Hessel, Stèphane (2011): Empört Euch! Übersetzt von Michael Kogon, Berlin

Hildebrandt, Mathias (2005): Multikulturalismus und Political Correctness in den USA, Wiesbaden

Hinz, Thorsten (2006): Fluch der bösen Tat. Warum die Vertuschung des Skandals um die Enteignungen unsere staatspolitische Kultur zerstört, in Junge Freiheit 17/06 vom 21. April 2006, URL: http://www.jf-archiv.de/archiv06/200617042101.htm

Hossfeld, Uwe (2005): Geschichte der biologischen Anthropologie in Deutschland. Von den Anfängen bis in die Nachkriegszeit, Stuttgart

Huhnke, Brigitta (1999): ›political correctness‹ – ein Mantra nationaler Erweckung, in: ZAG Nr. 30, URL: http://www.nadir.org/nadir/periodika/zag/archiv/30politicalcorrectness.html

Jencks, Christopher (1992): Rethinking Social Policy. Race, Poverty, and the Underclass, Cambridge/ London

Junge Freiheit (2010): Fall Sarrazin: Oswald Metzger warnt vor Entfremdung der Politik vom Volk, in: Junge Freiheit vom 6.09.2010, URL: https://jungefreiheit.de/politik/

deutschland/2010/fall-sarrazin-oswald-metzger-warnt-vor-entfremdung-der-politik-vom-volk/

Jäger, Siegfried (2001): Kritische Diskursanalyse. Eine Einführung. Aktualisierte Neuauflage, Duisburg

Katz, Michael Barry (Hrsg.) (1993): The »Underclass« Debate: Views from History, New Jersey

Kellor, Frances Allice (1899): Criminal Anthropology in its Relation to Criminal Jurisprudence I, in: The American Journal of Sociology, Volume 4, 1899

Kemper, Andreas/ Weinbach, Heike (2009): Klassismus. Eine Einführung, Münster

Kemper, Andreas (2009b): Sarrazins Sozialeugenik, in: Klassismus. Kritik an der deutschen Klassengesellschaft (Blog) vom 16.10.2009, URL: http://klassismus.blogspot.de/2009/10/moderne-sozialeugenik.html

Kemper, Andreas (2010): Hamburger Volksentscheid: Wahlbeteiligung spiegelt Armutsverteilung, in: dishwasher. Magazin für studierende Arbeiterkinder vom 18.07.2010 http://dishwasher.blogsport.de/?p=181

Kemper, Andreas (2011): Die grauen Herren der Ungleichzeitigkeit. (Auch) eine bildungspolitische Interpretation der Sarrazin-Thesen, in Forum-Wissenschaft vom 11.05.2011, URL: http://www.bdwi.de/forum/archiv/themen/migration/4792281.html

Kemper, Andreas (2012): Sarrazins deutschsprachigen Quellen, in: Michael Haller / Martin Niggeschmidt (Hrsg.): Der Mythos vom Niedergang der Intelligenz. Von Galton zu Sarrazin. Die Denkmuster und Denkfehler der Eugenik, Wiesbaden, S. 49-70

Kemper, Andreas (2012b): Maskulinismus als Virtualität. Breiviks Antifeminismus, in: Kemper, Andreas (Hg.) (2012): Die Maskulisten. Organisierter Antifeminismus im deutschsprachigen Raum, Münster, S. 101-120

Kemper, Andreas (2013): Rechte Euro-Rebellion. Alternative für Deutschland. Zivile Koalition e.V., Münster

Knauer, Claudia (1990): Das magische Viereck bei Machiavelli: fortuna – virtù – occasione – necessità, Würzburg

Knebel, Leonie/ Marquardt, Pit (2012): Vom Versuch, die Ungleichwertigkeit von Menschen zu beweisen, in: Michael Haller / Martin Niggeschmidt (Hrsg.): Der Mythos vom Niedergang der Intelligenz. Von Galton zu Sarrazin. Die Denkmuster und Denkfehler der Eugenik, Wiesbaden, S. 87–126

Kniebe, Tobias, 2011: Wer hat Angst vorm fremden Mann. Thilo Sarrazin und seine Leser, *Süddeutsche Zeitung*, 08.01.2011

Kolb, Holger (2007): Migranten und (andere) Mitglieder. Personalentwicklung im Staat, in: Rat für Migration: Politische Essays zu Migration und Integration, 4/2007, Osnabrück, URL: http://www.rat-fuer-migration.de/PDF/Kolb-Migranten-und-andere-Mitglieder.pdf

Kolb; Holger/ Fellmer, Simon (2008): Staaten als Clubs: Zur politischen Ökonomie von Bevölkerungspolitik, in: Mitteilungen der Deutschen Gesellschaft für Demographie e.V. – Berlin 2008, Nr. 13

Kuhn, Gabriel/ Wamper, Regina (2011): ›Das wird man ja wohl noch sagen dürfen‹. Wie männliche, *weiße*, sozial Privilegierte zum Opfer der Unterdrückung werden, in:

Friedrich, Sebastian (Hg.) (2011): Rassismus in der Leistungsgesellschaft. Analysen und kritische Perspektiven zu den rassistischen Normalisierungsprozessen der »Sarrazindebatte«, Münster, 252-259

Kulke, Ulli (2011): Erbliche Intelligenz in der DDR – Teil 2 03.03.2011, URL: http://www.achgut.com/dadgdx/index.php/dadgd/article/erbliche_intelligenz_in_der_ddr_teil_2/ (25.08.2011)

Krause, Klaus-Peter (2011): Widerstand gegen Herrschende, in: Blog von Klaus-Peter Krause am 03.11.2011. URL: http://kpkrause.de/2011/11/03/widerstand-gegen-herrschende/

Kronauer, Martin (1996): »Soziale Ausgrenzung« und »Underclass«: Über neue Formen der gesellschaftlichen Spaltung, in: »Soziale Ausgrenzung« SOFI-Mitteilungen Nr. 24/1996

Kroll,Frank-Lothar (2007): Schoeps, Hans-Joachim. In: Neue Deutsche Biographie (NDB). Band 23, Berlin, S. 433-435

Kruse, Hans-Joachim (2003): Zur Geschichte des Bremer Gefängniswesens. Band II (Das Bremer Gefängniswesen in der Weimarer Republik), Norderstedt

Landesverband Psychiatrie-Erfahrener Berlin-Brandenburg (1998): Presseklärung zum 50sten Jahrestag der UN Menschenrechtserklärung am 10.12.1998, URL: http://www.antipsychiatrie.de/io_08/umbenennung.htm

Lehmann, Rainer H./ Peek, Rainer/ Gänsfuß, Rüdiger (1998): Aspekte der Lernausgangslage und der Lernentwicklung von Schülerinnen und Schülern, die im Schuljahr 1996/97 eine fünfte Klasse an Hamburger Schulen besuchten. Bericht über die Erhebung im September 1996 (LAU 5)

Lehmann, Rainer H./ Peek, Rainer/ Gänsfuß, Rüdiger (1999): Aspekte der Lernausgangslage und der Lernentwicklung von Schülerinnen und Schülern, die im Schuljahr 1996/97 eine fünfte Klasse an Hamburger Schulen besuchten. Bericht über die Erhebung im September 1998 (LAU 7)

Ley, Astrid (2004): Zwangssterilisation und Ärzteschaft. Hintergründe und Ziele ärztlichen Handelns 1934-1945, Frankfurt a.M. u.a.

Lohmann, Hans-Martin (1994): Vorbemerkung, in: Hans-Martin Lohmann (Hrsg.) (1994): Psychoanalyse und Nationalsozialismus. Beiträge zur Bearbeitung eines unbewältigten Traumas, Frankfurt a.M., S. 7-11

Lombroso, Cesare (1894): Das Weib als Verbrecherin und Prostituierte. Anthropologische Studien, Hamburg

Lübbe, Hermann/ Mann, Golo/ Spaemann, Robert u.a.(1978): Mut zur Erziehung, in: Welt.de vom 18.9.2004, URL: http://www.welt.de/print-welt/article341284/Mut-zur-Erziehung.html

Lübbe, Hermann (1998): Verfall oder Wandel? Modernität und Moral, in: VIA REGIA – Blätter für internationale kulturelle Kommunikation Heft 56/5

Lübbe, Hermann (2009): Correctness. Über Moral als Mittel der Meinungskontrolle, in: tabularasa. Zeitschrift für Gesellschaft und Kultur 37 (3/ 2009)

Lutz, Helma/ Wenning, Norbert (2001): Differenzen über Differenz – Einführung in die Debatten. in: Lutz, Helma/ Wenning, Norbert (Hrsg.) (2001): Unterschiedlich verschieden. Differenz in der Erziehungswissenschaft, Opladen, S. 11–24

Mann, Heinrich (1988): Der Untertan. Roman, München

Mann, Thomas (1920): Betrachtungen eines Unpolitischen, Berlin

Mann, Thomas (1922): Von deutscher Republik, Berlin

Mann, Thomas (1945): Warum ich nicht nach Deutschland zurückkehre

Marr, Wilhelm (1848): Der Mensch und die Ehe vor dem Richterstuhle der Sittlichkeit, Leipzig

Marr, Wilhelm (1879): Der Sieg des Judenthums über das Germanenthum. Vom nicht confessionellen Standpunkt aus betrachtet, Bern

Marx, Karl (1967): Theorien über den Mehrwert, MEW 26 Teil 2

Mattusek, Matthias (2014): Ich bin wohl homophob. Und das ist auch gut so, in: Welt.de vom 13.02.2014, URL: http://www.welt.de/debatte/kommentare/article124792188/Ich-bin-wohl-homophob-Und-das-ist-auch-gut-so.html

Merchant, Carolyn (1987): Der Tod der Natur. Ökologie, Frauen und neuzeitliche Naturwissenschaft, München

Mettke, Jörg R. (1980): Vorsicht, Werte von rechts, in: Hans Werner Kilz (Hg.): Gesamtschule. Modell oder Reformruine? Spiegel-Buch, Hamburg, S. 165-170

Metzger, Oswald (2007): "Ich bin auf dem Sprung". Interview mit dem Stern, in: Stern.de vom 20.11.2007, URL: http://www.stern.de/politik/deutschland/oswald-metzger-ich-bin-auf-dem-sprung-603071.html?q=metzger

Mommsen, Wolfgang J. (2004): Max Weber und die deutsche Politik 1890-1920, Tübingen

Mönkemöller, Otto (1908): Korrektionsanstalt und Landarmenhaus. Ein soziologischer Beitrag zur Kriminalität und Psychopathologie des Weibes, Leipzig

Mosca, Gaetano (1923): Elementi di Szienca Politica. Seconda editione con una seconde parte idenita, Turin

Mosse, Georges L. (1997): Das Bild des Mannes. Zur Konstruktion der modernen Männlichkeit, Frankfurt a.M.

Myrdal, Alva/ Myrdal, Gunnar (1935): Kris i befolkningsfrågan, Stockholm

Myrdal, Alva (1941): Nation and Family. The Swedish Experiment in Democratic Family and Population Policy. Cambridge/London

Myrdal, Gunnar (1931): Socialism eller kapitalism i framtidens Amerika, in: Tiden Nr 4, vom 27. 03. 1931

Myrdal, Gunnar (1963): Challenge to Affluence, New York

Neujahr, Doris (Thorsten Hinz) (2009): Deutschland verblödet. Arm, aber sexy: In Krisenzeiten erfüllt sich vor allem die Unterschicht ihre Kinderwünsche, in: Junge Freiheit 15/09 03. April 2009 , URL: http://www.jf-archiv.de/archiv09/200915040337.htm

Neujahr, Doris (Thorsten Hinz) (2009b): Wissen ist Macht. Ein Klassenkämpfer plustert im Online-Lexikon sein Gefieder auf: Fallbeispiel eines Wikipedia-Autoren, in: Junge Freiheit 25/09 12. Juni 2009, URL: http://www.jf-archiv.de/archiv09/200925061264.htm

Niederland, William G. (1980): Folgen der Verfolgung. Das Überlebenden-Syndrom, Frankfurt a.M.

Orwell, George (1942): Pacifism and the War, in: Partisan Review No 5, Sept.- Oct. 1942,

Orwell, George (1946): Politics and the English Language , URL: http://wikilivres.ca/wiki/Politics_and_the_English_Language

Pella, Sebastian (2013):Konservative Erneuerung, in: Blaue Narzisse vom 14.10.2013, URL: http://www.blauenarzisse.de/index.php/gesichtet/item/4175-konservative-erneuerung-in-weikersheim

Peter, Karl Heinrich (1961): Reden die die Welt bewegten, Tübingen

Pfeiffer, Martina (2008): Das Erbgesundheitsgesetz im Spiegel der Publikationen aus der Zeitschrift »Der Nervenarzt« in den Jahren von 1928 bis 1945, Dissertation München

Peukert, Detlev J. K. (1986): Grenzen der Sozialdisziplinierung. Aufstieg und Krise der deutschen Jugendfürsorge von 1878 bis 1932, Köln

Pisciotta, Alexander (1994): Benevolent Repression: Social Control and the American Reformatory-Prison Movement, New York

Pittenger, Mark (1997): A World of Difference: Constructing the »Underclass« in Progressive America, in: American Quarterly 49.1 (1997) 26-65

Platt, Anthony (1969): The Rise of the Child-Saving Movement: A Study in Social Policy and Correctional Reform, in: Annals of the American Academy of Politcal and Social Science, Vol. 381, The Future of Corrections (Jan., 1969), 21-38.

Ploetz, Alfred (1895): Die Tüchtigkeit unserer Rasse und der Schutz der Schwachen. Ein Versuch über Rassenhygiene und ihr Verhältnis zu den humanen Idealen, besonders zum Socialismus (Grundlagen der Rassen-Hygiene, Bd. 1), Berlin

Popitz, Heinrich/ Bahrdt, Hans P./ Jüres, Ernst A./ v Kesting, Hanno (1967): Das Gesellschaftsbild des Arbeiters. Soziologische Untersuchungen in der Hüttenindustrie, Tübingen

Press, John (2012): Frances Alices Kellor, in: glbtq. an encyclopedia of gay, lesbian, bisexual, transgender and queer-culture, Online: http://www.glbtq.com/social-sciences/kellor_frances_alice.html (z.a. 07.06.2013)

Rabenschlag, Ann-Judith (2008): Für eine bessere »Bevölkerungsqualität«. Ein Vergleich bevölkerungspolitischer Konzepte in Schweden 1920–1940, in: NORDEUROPA forum, 1/2008, S. 47-67

Rilling, Rainer (2009): Anmerkung zum Weltbild Thilo Sarrazins, in: Mehring 1. Das Blog des Instituts für Gesellschaftsanalyse der Rosa-Luxemburg-Stiftung IFG vom 24.10.2009, URL: http://ifg.rosalux.de/2009/10/24/anmerkung-zu-sarrazin/

Rudolph, Clarrisa / Benetka, Gerhard (2007): Kontinuität oder Bruch? Zur Geschichte der Intelligenzmessung im Wiener Fürsorgesystem vor und in der NS-Zeit, in: Ernst Berger (Hg.) (2007): Verfolgte Kindheit. Kinder und Jugendliche als Opfer der NS-Sozialverwaltung, Wien u.a.

Rusche, Georg/ Kirchheimer, Otto (1974): Sozialstruktur und Strafvollzug, Frankfurt a.M./ Köln

Sarrazin, Thilo (2009): Klasse statt Masse. Von der Hauptstadt der Transferleistungen zur Metropole der Eliten, in: Lettre International 86, Herbst 2009, 197-201

Sarrazin, Thilo (2010): Deutschland schafft sich ab. Wie wir unser Land aufs Spiel setzen, München

Sarrazin, Thilo (2010b): »Die große Zustimmung beunruhigt mich etwas«, Interview in: FAZ vom 4.10.2010

Sarrazin, Thilo (2010c): Debatte: Was tun?, Vorabdruck aus *Deutschland schafft sich ab*, in: Der Spiegel vom 23.08.2010, Nr. 34/ 2010, URL: http://www.spiegel.de/spiegel/a-714082.html

Sarrazin, Thilo (2010d): Thilo Sarrazins drastische Thesen über unsere Zukunft. Deutschland wird immer ärmer und dümmer! Deutschland schafft sich ab!. In: Bild.de vom 23.08.2010, URL:http://www.bild.de/politik/2010/politik/deutschland-immer-aermer-und-duemmer-13712294.bild.html

Sarrazin, Thilo (2012): Widerstand mit Wort und Feder: gegen politische Korrektheit, in: Hans-Herbert von Arnim (Hrsg.) (2012): Widerstand. Beiträge auf der 13. Speyerer Demokratietagung vom 27. bis 28. Oktober 2011 an der Deutschen Hochschule für Verwaltungswissenschaften Speyer, Berlin, S. 111-124

Sarrazin, Thilo (2013a): Die dreizehn Punkte der politischen Korrektheit. Dankesrede zur Verleihung des Sappho-Preises für Redefreiheit der dänischen Gesellschaft für Pressefreiheit (Trykkefrihedsselskabet), Übersetzung von Europe News URL: http://europenews.dk/de/node/66404

Sarrazin, Thilo (2013b): Demografische Entwicklung und Familienpolitik. Versäumnisse und Herausforderungen, Vortrag während der zweiten Compact- Konferenz in Leipzig 23.11.2013

Sarrazin, Thilo (2014): Der neue Tugendterror. Über die Grenzen der Meinungsfreiheit in Deutschland, München

Sauerbrey, Anna (2013): Gutmenschen und Tugendterroristen. Rösler ist der Spießer, nicht Trittin, in: Der Tagesspiegel vom 06.05.2013 URL: http://www.tagesspiegel.de/meinung/gutmenschen-und-tugendterroristen-roesler-ist-der-spiesser-nicht-trittin/8170708.html

Savvakis, Michail (2011): Eine Tat und ihre Täter. ... von wegen Norwegen, in: Der Maskulist vom 30.07.2011, URL: http://www.maskulist.de/UEBERSICHT/Artikel-vom-30.07.2011l/Von-wegen-Norwegen...?type=98

Schäuble, Wolfgang (2004): Zivilcourage vs. Political Correctness, in: Homepage von Wolfgang Schäuble, URL: http://www.wolfgang-schaeuble.de/fileadmin/user_upload/PDF/040926kassel.pdf

Schautz, Désirée (2008): Strafen als moralische Besserung: eine Geschichte der Straffälligenfürsorge 1777-1933, München

Schluchter, Wolfgang (1985): Aspekte bürokratischer Herrschaft. Studien zur Interpretation der fortschreitenden Industriegesellschaft, Frankfurt a.M.

Schulze, Alexander/ Unger, Rainer/ Hradil, Stefan (2008): Bildungschancen und Lernbedingungen an Wiesbadener. Grundschulen am Übergang zur Sekundarstufe I. Projekt- und Ergebnisbericht zur Vollerhebung der GrundschülerInnen der 4. Klasse im Schuljahr 2006/07 herausgegeben von: Projektgruppe Sozialbericht zur Bildungsbeteiligung, Amt für Soziale Arbeit, Abteilung Grundsatz und Planung, Landeshauptstadt Wiesbaden

Schumann, Eva (2013): Fortwirken von NS-Juristen in der Bundesrepublik, in: Unabhängige wissenschaftliche Kommission beim Bundesministerium der Justiz zur Aufarbeitung der NS-Vergangenheit (Hrsg): Die Rosenburg. 2. Symposium. Die Verantwortung von Juristen im Aufarbeitungsprozess. Vorträge gehalten am 5. Februar 2013 im Schwurgerichtssaal des Landgerichts Nürnberg-Fürth, URL: http://www.uwk-bmj.de/plugins/files/705590/UWKBMJ-Rosenburg-Verantwortung_von_Juristen.pdf. S. 70-123

Schütz, Hans Peter (2010): Die entschärften Worte im Buch Sarrazins, in: Stern vom 20. September 2010, URL: http://www.stern.de/politik/deutschland/berlin-vertraulich-die-entschaerften-worte-im-buch-sarrazins-1605318.html

Schwanitz, Dietrich (1999): Bildung. Alles was man wissen muss

Schwanitz, Dietrich (1995): Der Campus, Frankfurt am Main

Schwarze Feder (Andreas Kemper) (2006): Beitrag in Wikipedia vom 26. 5. 2006, 19:12, in: Deutschsprachige Wikipedia, URL: https://de.wikipedia.org/wiki/Wikipedia:Benutzersperrung/Archiv/Dr._Volkmar_Weiss

Seeberg, Reinhold (1914): Erklärung der Hochschullehrer des deutschen Volkes, Berlin, 23.10.1914

Sesin, Claus-Peter (2012): Sarrazins dubiose US-Quellen, in: Michael Haller / Martin Niggeschmidt (Hrsg.): Der Mythos vom Niedergang der Intelligenz. Von Galton zu Sarrazin. Die Denkmuster und Denkfehler der Eugenik, Wiesbaden, S. 28-48

Siever, Holger (2002): "Kommunikation und Verstehen": Der Fall Jenninger, in: haGalil onLine 01-02-2002, URL: http://buecher.hagalil.com/lang/jenninger.htm

Siemens, Hermann W. (1916): Die Proletarisierung unseres Nachwuchses, eine Gefahr unrassenhygienischer Bevölkerungspolitik, in: Ploetz, Alfred u.a. (Hrsg): Archiv für Rassen- und Gesellschaftsbiologie einschließlich Rassen- und Gesellschafts-Hygiene. Eine deszendenztheoretische Zeitschrift für die Erforschung des Wesens von Rasse und Gesellschaft und ihres gegenseitigen Verhältnisses, für die biologischen Bedingungen ihrer Erhaltung und Entwicklung, sowie für die grundlegenden Probleme der Entwicklungslehre, Leipzig und Berlin, Band 1 1916, S.43-55

Simon, Anne-Catherine/ Saiger, Christoph/ Dumbs, Helmar (2011): Die Welt, wie Anders B. Breivik sie sieht, in: Die Presse vom 29.07.2011, URL: http://diepresse.com/home/politik/aussenpolitik/682112/Die-Welt-wie-Anders-B-Breivik-sie-sieht

Sontheimer, Wolfgang (2006): Lange braune Schatten, in: Spiegel-Spezial 8/2006, S.56-58

Spearman, Charles (Volkmar Weiss) (2006): Beitrag in Wikipedia vom 4. 4. 2006, 11:48, in: Deutschsprachiges Wikipedia, URL: http://de.wikipedia.org/wiki/Wikipedia:Wiederherstellungswünsche/Archiv/2006/2#Vererbung_der_Intelligenz

Spengler, Oswald (1933): Politische Schriften. München

Der Spiegel (1954): Die Ehre Preußens, in: Der Spiegel 10/ 1954 vom 03.03.1954, S. 6-10

Der Spiegel (1967): Muff im Talar, in: Der Spiegel 48/ 1967 vom 20.11.1967

Der Spiegel (1968): Eine ›Bild‹-Schlagzeile ist mehr Gewalt als ein Stein am Polizisten-Kopf. Eine Dokumentation über die Oster-Unruhen und ihre Ursachen: die Rolle des Verlagshauses Axel Springer, in: Der Spiegel 19/ 1968 vom 6.5.1968

Staas, Christian (2009): Schickes Ödland Großstadt, in: Die Zeit vom 28. Oktober 2009, URL: http://www.zeit.de/gesellschaft/zeitgeschehen/2009-10/sarrazin-grossstadt-berlin

Statuten der Antisemiten-Liga (1879): Statuten des Vereins ›Antisemiten-Liga‹, Berlin

Steinmann, Gunter (2007): Kindermangel in Deutschland. Bevölkerungsökonomische Analysen und familienpolitische Lösungen, Frankfurt a.m u.a.

Stoddard, Lothrope (1922): The Revolt Against Civilization. The Menace of the Under Man, New York

The New York Times (1890): Criminal Anthropology. Dr. Hamilton D. Wey Before the National Prison Association, in: The New York Times vom 01.10. 1890, Online: http://query.nytimes.com/mem/archive-free/pdf?res=F10614F63B5F10738DDDA80894D8415B8085F0D3 (z.a. 07.06.2013)

Thomsen, Thorsten (2011): ›Die Zeit für Widerstand ist gekommen‹. Pressemitteilung der NPD-Fraktion im Sächsischen Landtag vom 01.11.2011

Treitschke, von Heinrich (1879): Unsere Aussichten, in: Preußische Jahrbücher

Tugendhat, Ernst (1978): Totalitäre Tendenz. Es wird eine Schule anvisiert, die Untertanen, nicht Bürger erzieht, in: Die Zeit 23/1978 vom 2.6.1978, URL: http://www.zeit.de/1978/23/totalitaere-toleranz/komplettansicht

Voland, Claus (1978): Erziehung zum Mut, Die Zeit 14/ 1978 Zeitl-Online vom 31.3.1978, URL: http://www.zeit.de/1978/14/erziehung-zum-mut

Voland, Claus (1979): Mehr Mut zur Redlichkeit, Zeit-Online 11.5.1979, http://www.zeit.de/1979/20/mehr-mut-zur-redlichkeit/komplettansicht

Wacquant, Lois (2013): Bestrafen der Armen. Zur neoliberalen Regierung der sozialen Unsicherheit. 2., durchgesehene Auflage, Opladen/ Berlin/ Toronto

WAZ (2010): Clement wirft SPD Verleumdung Sarrazins vor, in: WAZ vom 6.09.2010, URL: http://www.derwesten.de/politik/clement-wirft-spd-verleumdung-sarrazins-vor-id3660631.html

Weber, Max (1988): Gesammelte politische Schriften. Hrsg. von Johannes Winckelmann. Tübingen

Weiß, Volker (2011): Das wird man ja wohl noch sagen dürfen! Von Carl Schmitt zu Thilo Sarrazin. Über den publizistischen Kampf gegen sogenannte Gutmenschen und die bösen Achtundsechziger., in Jungle World 12/2011 vom 24.03.2011, URL: http://jungle-world.com/artikel/2011/12/42887.html

Weiss, Volkmar (2000): Die IQ-Falle. Intelligenz, Sozialstruktur und Politik, Graz

Weiss, Volkmar (2004): Wikipedia-Beitrag vom 11.3.2004, 15:29, in: Deutschsprachige Wikipedia, URL: https://de.wikipedia.org/w/index.php?title=Benutzer_Diskussion:Dr._Volkmar_Weiss&oldid=802077

Weiss, Volkmar (2004b): Wikipedia-Beitrag vom 13.3.2004, 22:32, in: Deutschsprachige Wikipedia, URL: https://de.wikipedia.org/w/index.php?title=Benutzer_Diskussion:Dr._Volkmar_Weiss&oldid=838796

Weiss, Volkmar (2006): Wikipedia-Beitrag vom 26.1.2006, 21:05, in Deutschsprachige Wikipedia, URL: https://de.wikipedia.org/w/index.php?title=Benutzer_Diskussion:Dr._Volkmar_Weiss&oldid=13060244

Weiss, Volkmar (2006b): Wikipedia-Beitrag vom 5. Apr 2006, 22:24, in Deutschsprachige Wikipedia, URL: https://de.wikipedia.org/wiki/Wikipedia:Wiederherstellungsw%C3%BCnsche/Archiv/2006/2#Vererbung_der_Intelligenz

Weiss, Volkmar (2010): Book Review – Deutschland schafft sich ab, in: Mankind Quarterly, Winter 2010

Weiss, Volkmar (2013): Das Sarrazin-Erfolgsbuch – inwieweit ein Plagiat?, in: Blog von Volkmar Weiss vom 11.08.2013, URL: http://www.v-weiss.de/iq-falle.html

Wilke, Olaf (2010): Die verlorene Ehre des Thilo S., in: Focus vom 23.08.2010, URL: http://www.focus.de/politik/deutschland/deutschland-die-verlorene-ehre-des-thilo-s-_aid_544087.html

Wrobel, Ignaz (Kurt Tucholsky) (1919): Der Untertan (Rezension), in: Die Weltbühne, 20.03.1919, Nr. 13, S. 317

Wyss, Kurt (2007): Workfare. Sozialstaatliche Repression im Dienst des globalisierten Kapitalismus, Zürich

Zawatka-Gerlach, Ulrich: *Sarrazins Abschied.* Sieht Berlins Zukunft wirklich so düster aus?, in: Tagesspiegel vom 17.03.2009, URL: http://www.tagesspiegel.de/berlin/sarrazins-abschied-sieht-berlins-zukunft-wirklich-so-duester-aus/1474652.html

Zimmer, Dieter E. (1993): PC oder: Da hört die Gemütlichkeit auf, in: DIE ZEIT/ Feuilleton, Nr. 43, vom 22.10.1993, S.59-60

Zimmer, Dieter E. (1996): Die Sprache der PC. Leuchtbojen auf einem Ozean der Gutwilligkeit, in: DIE ZEIT/ Themen der Zeit, Nr.11, 23.Februar 1996, S.56

Peter Bierl

Grüne Braune

Umwelt-, Tier- und Heimatschutz von Rechts

Erscheint voraussichtlich 2014
ca. 80 Seiten | ca. 7.80 €
ISBN 978-3-89771-105-1

Ein aktueller Überblick

In »Grüne Braune« hinterfragt Peter Bierl die ökologische Positionen von NPD über Kameradschaften bis zur Neuen Rechten. Er geht auf den völkischen Ideologiefundus ein, skizziert die Geschichte der grünen Braunen nach 1945.
In der Öffentlichkeit löst das umweltpolitische Engagement der extremen Rechten immer wieder Überraschung aus. Verwundert zeigen sich Bürgerinitiativen, wenn extrem Rechte sich beteiligen wollen. Die Verbindung von ökologischen Fragen mit extrem-rechten Forderungen ist nicht neu. Umweltschutz ist hier gleich Heimatschutz. Heute setzt sich die Szene wieder aus ökologischen Bedenken heraus gegen »die Juden« und die Einwanderung und für einen starken Staat und eine geschlossen Gemeinschaft ein.

Jürgen Peters & Christoph Schulze (Hg.)

»Autonome Nationalisten«

Die Modernisierung neofaschistischer Jugendkultur

2009 | 72 Seiten | 7.80 €
ISBN 978-3-89771-101-3

Der moderne Aufmarsch militanter Neonazis

Ein »Schwarzer Block«, Basecaps, dunkle Kleidung und Parolen wie »Fight the system!« – die Verwirrung ist groß, seit vor einigen Jahren erstmals »Autonome Nationalisten« (AN) auf Neonazi-Aufmärschen zu beobachten waren. Es handelt sich um eine Strömung in der militanten Neonaziszene, die sich diverser Symbole, Codes und Sprachformen bedient, die bisher in der Linken verortet waren. Was hat es nun auf sich mit den AN? Haben wir es mit verkleideten Neonazis oder mit einer neuen Form extrem rechter Jugendkultur zu tun? Das Buch nimmt Entstehungsgeschichte, Ideologie, politische Praxis, Habitus und Selbstverständnis der AN unter die Lupe und beleuchtet ihr Verhältnis zu anderen Organisationen der extremen Rechten.

Bernhard Schmid

Die Neue Rechte in Frankreich

2009 | 72 Seiten | 7.80 €
ISBN 978-3-89771-102-0

Geschichte und Strategie eines extrem rechten Intellektualismus

Die französische ›Nouvelle Droite‹ (Neue Rechte) bezeichnet eine spezifische Strömung innerhalb der antidemokratischen extremen Rechten, die in den späten 1960er Jahren entstanden ist. Die damalige ›Neue Rechte‹ entstand vor dem Hintergrund des Scheiterns des rechtsextremen Aktivismus und Militarismus während der Hochphase der französischen Kolonialkriege. Sie versuchte die theoretischen Lehren aus dessen historischem Misserfolg, und zugleich aus den »Fehlentwicklungen« des deutschen Nationalsozialismus - aus rechter Sicht -, zu ziehen. Ihre Vordenker erwiesen sich als Meister darin, Ansätze und intellektuelle Versatzstücke, die aus anderen Denktraditionen stammten, aus ihrem Zusammenhang zu reißen, »umzudrehen« und in ihren eigenen Diskurs einzubauen.

Andreas Kemper (Hg.)

Die Maskulisten

Organisierter Antifeminismus im deutschsprachigen Raum

2012 | 240 Seiten | 16.00 €
ISBN 978-3-89771-523-3

Buchtipp EMMA 4/2012

Seit etwa einem Jahrzehnt formieren sich im deutschsprachigen Raum vorwiegend Männer – vorwiegend im Internet –, um feministische Ideen zu bekämpfen.
Wer sind diese Leute, die sich als Maskulisten, Männerrechtsbewegung oder ganz unverblümt als Antifeministen bezeichnen und frauenfeindliche, schwulen- und lesbenfeindliche, antisemitische, rassistische und antisozialstaatliche Positionen propagieren? Einzelne zitieren gar rechtsextreme Webseiten und verbreiten Vergewaltigungs- und Mordphantasien.

Der vorliegende Sammelband vereint erstmals aktuelle Forschungsergebnisse zum Maskulismus im deutschsprachigen Raum mit persönlichen Erfahrungsberichten in der Auseinandersetzung mit diesem reaktionären politischen Phänomen.

Andreas Kemper

[r]echte Kerle

Zur Kumpanei der MännerRECHTSbewegung

2011 | 72 Seiten | 7.80 €
ISBN 978-3-89771-104-4

Wenn sich rechte Männer unter dem Feindbild Feminismus als Opfer stilisieren ...

Die Männerrechtsbewegung ist ein Netzwerk von Antifeministen, welches Männer als Opfer instrumentalisiert. Unter dem Vorbehalt des vermeintlichen Tabubruchs werden frauenfeindliche, schwulen- und lesbenfeindliche, antisemitische, rassistische und anti-sozialstaatliche Positionen propagiert.
Nach Außen wird versucht, Prominente zu vereinnahmen und sich in einer Art Querfrontstrategie als emanzipatorisch darzustellen; intern dient das Feindbild Feminismus zur eingeschworenen Männerkumpanei, die keinen Widerspruch duldet.

»Verständlicher Überblick über die antifeministischen Hetzer und Homosexuellenfeinde, die sich am rechten Rand der Gesellschaft, aber auch bei der Piratenpartei und Wikipedia tummeln.«

Markus Bernhardt | jungeWelt

Andreas Kemper & Heike Weinbach

Klassismus

Eine Einführung

2009 | 188 Seiten | 13.00 €
ISBN 978-3-89771-467-0

Klassismus ist ein bislang noch wenig bekannter Begriff zur Bezeichnung der individuellen, institutionellen und kulturellen Diskriminierung aufgrund des tatsächlichen, oder zugeschriebenen sozialpolitischen Status. Zum ersten Mal liegt hier in deutscher Sprache eine Einführung vor.

»Nach der scharf skizzierten Einführung folgen bei Kemper/Weinbach Kapitel über verschiedene US-amerikanische Theorien, historische Widerstandskulturen und Verbindungen zur Psychoanalyse. Sehr anschaulich ist die Betrachtung der Unterdrückungsform Klassismus im Lichte aktueller „umstrittener Felder" im letzten und ausführlichsten Teil. (...)

Das Buch eignet sich hervorragend als Einführung in die Diskussionen um Klassismus.«

Sebastian Friedrich
kritisch-lesen

UNRAST Verlag • Postfach 8020 • 48043 Münster
www.unrast-verlag.de • E-Mail: info@unrast-verlag.de